Relatos de un país perdido

Jovel Álvarez

Autor: Jovel Álvarez Solís

Edición: Jeannina Solís y Nehomar Henrández

Diseño de portada: Ana Guiselle Herrera Morúa

Agradecimiento especial: Daniel Lara Farías, Nehomar Hernández,

Nitu Pérez Osuna y Orlando Avendaño

A Valentina y María Antonieta, las primeras en creer

y formar en mí el espíritu del reportero.

A Myriam y Julia, mis abuelas.

Jovel Álvarez

Índice

Una pausa en el silencio

No fue fácil alejarme, pero era necesario. Los motivos de mi exilio periodístico los mantendré en reserva, pues estimo que lo importante es vivir intensamente este reencuentro, dure lo que dure. No es cómodo hacer una pausa al silencio que me he impuesto –aunque en numerosas ocasiones he querido romperlo–, pero la misma necesidad que me impulsó a irme, me invita a regresar.

Vuelvo a estas páginas después de varios años de haberlas abandonado. Vuelvo para reencontrarme con el reportero que fui, que se ilusionó, que creyó en un momento que prometía libertad y que esperaba con toda su alma poder documentarlo. Hoy, a la luz de la decepción vivida, considero oportuno regresar a este libro que había quedado prácticamente listo en 2019.

Lo dejé sin publicar porque era muy joven y reconocía que había –y hay– voces mucho más calificadas que la mía para narrar esta historia.

Sin embargo, tras el fracaso del momento político que vivimos y estos dos años de alejamiento profesional, durante el último verano me reencontré con estas páginas y regresó la pregunta: "¿tendrán algún valor?". Al consultarlo con los amigos y colegas que me acompañaron durante aquellos años –el grupo que ustedes conocen, y conocen muy bien–, me vi convencido de publicarlas.

Fue así que retomé el esqueleto del proyecto original –que va desde el capítulo titulado *Un reportero escondido* hasta *Entrevista a Leopoldo López*. Eliminé dos capítulos en los que hacía un enorme recuento que preparé, donde enumeraba a manera de diario todos los acontecimientos de aquellos intensos meses de crisis, negociaciones, debates, levantamientos, fracasos y huidas. Narradas, sin embargo, a distancia. En su lugar, decidí recopilar algunos de los artículos y entrevistas que publiqué mientras sucedían estos hechos. Así nació la segunda parte del libro, a la que agregué una crónica de mi participación en el programa de Jaime Bayly.

Considero provechosas las entrevistas aquí presentadas a diversos personajes, pues dejan fe de cuánto se advirtió a Guaidó sobre los errores que cometía, sin que nunca tuviese el valor para enmendar el camino desviado.

Soy consciente de los límites de mi trabajo con respecto al de otros colegas a quienes respeto y admiro, pero someto a consideración del lector estas crónicas, entrevistas y artículos de opinión con la esperanza de que puedan constituir una pieza –por mínima que sea– al rompecabezas que habremos de armar en el futuro cuando la dictadura chavista se recuerde como una pesadilla pretérita.

Los datos que se presentan en este libro corresponden al momento en el que fueron compuestas las crónicas. He querido dejarlos así para no manipular la intención con la que fueron escritos los textos originalmente.

Por ejemplo, ACNUR reporta que para 2023, la cifra de personas que han salido de Venezuela asciende a 7,7 millones. En 2019 hablábamos de 3,2 millones. Como este, tantos ejemplos de estadísticas trágica y cotidianamente superadas.

Sé también que el drama que vi en 2019 en Caracas fue superándose con el pasar del tiempo gracias a una burbuja de bienestar procurada por el régimen. De todas formas, seguimos viendo el éxodo dramático por la frontera colombiana y la selva del Darién de quienes –en el interior del país– nunca se vieron beneficiados por aquel *bienestar* cosmético.

Las entrevistas que hice en aquella época hoy, probablemente, las haría de forma diversa. La admiración que profesaba por algunos personajes al inicio de este período hoy ya no existe. Pero aún esas entrevistas reflejan un momento histórico. Por ello las incluyo en este libro, aunque hoy piense de manera diversa de muchos de los personajes aquí incluidos.

Hoy tenemos respuestas para los planteamientos que en estos textos se exponen como interrogantes, pero he querido mantener la esencia del momento en que fueron escritos, esperando que esta sea una imagen fiel al análisis de aquellos días y no al que podríamos hacer ahora que dicho capítulo ha concluido.

Las diferencias de época en la autoría de los textos pueden percibirse en la evolución en el modo de componer la crónica. En la preferencia por el pretérito perfecto simple que posteriormente habría de ser compuesto, y más adelante habría de sustituirse por el presente. En este sentido, este libro es una colección bastante variada, que refleja la búsqueda de una identidad como escritor –que a la fecha continúa–.

El último proyecto que publiqué antes de alejarme del trabajo periodístico de primera línea fue el documental "*Lecciones de un país perdido*", que nació de la inquietud de un venezolano radicado en mi natal Costa Rica, que veía cernirse sobre mi país los peligros que acabaron por destruir Venezuela. Reunidos una mañana en su casa, con vista al Valle Central, le propuse la idea de irme a la frontera de Colombia con Venezuela para que fuesen los caminantes quienes enviaran un mensaje a los costarricenses para invitarlos a la reflexión. Ese trabajo caló en mí hasta el punto de hacerme reconocer mis límites como humano y como periodista.

Me di cuenta de que mi trabajo, por abnegado y riguroso que fuese, no era capaz de cambiar en nada la realidad de aquellas personas que salían caminando de su país en medio de la miseria. Fueron tantas voces, tantas historias. Tanto drama y tanta impotencia. Tras acabar la producción del documental y publicarlo, la vida me impuso el silencio que duró hasta hoy.

Siento un orgullo enorme por dicho documental, sobre todo porque fue un esfuerzo colectivo que permitió contar con gran eficacia la historia de Venezuela por boca de quienes la padecieron. Además, contó con el inestimable aporte profesional y testimonial de Pedro Capmany, Carlos Matute, Margarita Ulacia, Idania Chirinos, Nitu Pérez Osuna, Daniel Lara Farías, Nehomar Hernández, Néstor González González, Daniel Suchar y Carolina Sánchez.

Siento una gratitud inmensa por los venezolanos que acogieron mi trabajo durante aquellos años. Si este libro cayese alguna vez en las manos de un joven reportero, me permito compartir el mismo consejo que me dio alguna vez la conspicua y ejemplar periodista mexicana Anabel Hernández: "nunca seas indiferente". Este libro, esta experiencia, es fruto de un esfuerzo por conocer las realidades de otros. En él afloran los defectos de mi personalidad, de mi carácter, pero ello no debe ser impedimento para hacer el trabajo que sentimos correcto. Errar no es solamente humano, es indispensable.

Por otra parte, les invito a arriesgar, a lanzarse a la aventura del reportero silvestre –como lo llama la periodista mexicana Laura Castellanos–. El primer viaje a Venezuela lo hice con quinientos dólares en el bolsillo, sin ninguna oferta laboral o interés de nadie por mi trabajo. Con lo que sobró compré el boleto para viajar a Cúcuta al concierto humanitario. Ese trabajo permaneció inédito hasta hoy. No hice un dólar de ganancia por aquella experiencia. No obstante, me abrió las puertas de una sociedad que necesitaba ser escuchada. Que me sacó de mí mismo y me permitió seguir el consejo de Anabel.

He querido agregar a esta introducción aquella que escribí en 2019. A aquel reportero en ciernes cedo la palabra.

Jovel Álvarez, 2023

¿Qué pasa en Venezuela cuando se acaban las protestas? ¿Cómo viven los venezolanos cuando ya no son noticia?

Tenía cerca de cinco años de curiosidad acumulada el día que compré mi boleto hacia Caracas. Cinco años tratando de entender una historia que evolucionaba a paso veloz en un país que al mismo tiempo parecía estancado.

Comencé a escribir estas líneas tan solo unos días después de haber regresado de Venezuela, cuando la vida empezaba a tomar forma nuevamente. Pese a ello, en mi mente estaban las personas con las que conviví durante esas semanas. Personas nobles que se esforzaron por hacerme entender su realidad mientras procuraban que estuviera tranquilo en el proceso. No fue fácil.

A las noticias que regularmente vemos en la televisión les hacía falta rostro, acento, mirada y había que despojarlas de cualquier filtro que un medio de comunicación quisiera imponer.

Por años pensé que la situación de Venezuela me era cercana por el hecho de estar informado y asumí que llegaría a Caracas con una noción clara de la situación, pero la imaginación se queda corta al enfrentarte a las dificultades de vivir en una sociedad gobernada por el criminal socialismo bolivariano.

En Venezuela el pueblo es el que resiste. Resiste al régimen, pero también a una oposición que en algunos casos insiste en colaborar con los criminales y se pierde en un marasmo de imprecisiones, aunque hay elementos dentro de esa oposición que parecen tener las cosas mucho más claras.

Hablar con políticos resulta interesante. En algunos casos incluso fascinante, sin embargo, nada se compara con la experiencia de escuchar a las personas. Por ello en este libro se encuentran algunas de las frases que logré anotar en mi cuaderno durante aquellas semanas. Frases contundentes de un pueblo brillante, sagaz. Frases que resumen una realidad profundamente desafiante.

Al llegar a Venezuela percibí un ambiente de escepticismo con respecto de lo que podría suceder el 10 de enero de 2019, cuando Nicolás Maduro tomaría posesión de un segundo mandato pese a la condena de la comunidad internacional.

En una de las primeras conversaciones que sostuve con colegas periodistas en Caracas les hice la pregunta:

– ¿Qué creen que pase el 10 de enero?

– Nada, ¿qué van a hacer? ¿Juramentar a Guaidó? – me preguntaron entre risas –.

Para sorpresa mía, de ellos, de todo el país y del mundo, la historia tenía una sorpresa preparada en ese joven diputado de La Guaira que comenzó un movimiento histórico.

¿Volvería el pueblo a las calles? ¿Lograrían finalmente conquistar su objetivo? ¿Quién los dirigiría en el intento? Todo estaba por verse.

Hice estos viajes con mis recursos y sin pretensiones de ningún tipo. No llevaba una agenda de entrevistas. No sabía con quiénes podría llegar a conversar. No sabía qué vería y mucho menos qué viviría.

Junto a las entrevistas que obtuve, hay una pequeña lista de entrevistas que no pude hacer. Todas fueron solicitadas, mas nunca fue posible concretarlas.

La identidad de muchas de las personas con las que me encontré o conversé para este libro permanecerá protegida con el fin de evitarles cualquier tipo de repercusión por parte del régimen.

El diccionario de la Real Academia Española define la palabra dictadura de la siguiente manera: "régimen político que, por la fuerza o violencia, concentra todo el poder en una persona o en un grupo u organización y reprime los derechos humanos y las libertades individuales". Todo lo vivido en Caracas y Cúcuta respalda por completo esta definición.

En Venezuela nada es fácil. Vivir ahí representa un reto mental que se repite y se supera día con día.

El pueblo venezolano se distingue por su enorme generosidad. Esto pese a que los sectores menos favorecidos viven atrapados por una visión infundada según la cual "el pobre nunca dejará de ser pobre mientras el rico no deje de ser rico".

Este tipo de divisiones permean la cotidianidad de una sociedad fragmentada entre viejos y jóvenes: muchos abuelos ven a los "chamos" como inútiles y delincuentes, mientras la juventud resiente a sus ancianos por haber provocado la ruina del país. Todos guardan un resentimiento.

Desde mi llegada a Venezuela anoté a mano un pequeño resumen de lo que veía durante el día. Sobre todo, durante las primeras jornadas de mi estancia. Normalmente lo hacía en las largas madrugadas de insomnio.

He querido recuperar algunas de esas notas y compartirlas aquí, aportando detalles que ayudan a retratar de forma concisa esa realidad que te pone a prueba de las formas más insospechadas.

El resultado final presenta una mezcla de géneros. Este libro contiene crónicas, artículos de opinión, entrevistas, anotaciones y recuentos. Los textos están acompañados por el extraordinario trabajo artístico de mi amiga venezolana Camila de la Fuente, cuyo aporte a este libro es invaluable. A ella, que logra plasmar en una imagen lo que yo intento describir con miles de palabras, le estaré eternamente agradecido.

¿Qué pasará con Juan Guaidó? El tiempo lo dirá.

¿Qué pasará con Venezuela? Eso es lo que verdaderamente me preocupa.

Jovel Álvarez, 2019

PARTE I

Un reportero escondido

– Chica ¿cómo está tu sistema? – gritó una de las oficiales de migración en el Aeropuerto Internacional Simón Bolívar, en Maiquetía.

– No sé, déjame ver – respondió la oficial que me atendía.

Comenzó a digitar en su plataforma mis datos y en unos segundos concluyó:

– No hay sistema.

De repente, sin entender bien si mis datos habían sido ingresados o no, me dejó pasar. Una falla en el sistema dejó entrar a un periodista. Todo aquel a quien conté este detalle reía diciendo: "así como entras tú que eres buena gente entran otros que no lo son".

Comenzó de esta forma una travesía de periodismo secreto en un país en dictadura. Fue sin duda una de las experiencias más intensas que haya vivido profesionalmente hasta ahora.

Tan solo la primera noche un titular me dejaba atónito: "Periodista alemán cumple cuarenta días en prisión por fotografiar a Maduro". Ese es el nivel de libertad de prensa que existe en Venezuela.

No voy a mentir: tuve miedo. Hubo noches interminables, sonidos sospechosos, un temor constante de que algún contingente me detuviera por el simple hecho de estar ahí. Aún si yo no fuese periodista para este tipo de regímenes resulta muy fácil implantar evidencia para acusarte de ser un agente de la CIA o un narcotraficante.

Hay un factor especial que únicamente incrementaba mis temores: mi nacionalidad. Dicen que adonde vaya un costarricense lleva consigo un poco de paz, pero cuando los militares armados aparecen esa paz se convierte en una ilusión y llega la certeza de que estarían dispuestos a arrestarte o volarte la cabeza si se dan cuenta de lo que estás haciendo.

Reportear en Caracas

"¿Qué estás haciendo aquí? Este no es un buen lugar para ser extranjero y menos periodista", me dijo un reportero gráfico en mi segundo día en Caracas. Mi respuesta a esa pregunta siempre fue consistente: "tenía que verlo, ya no quiero que me lo cuenten".

No sé qué era lo que me ponía en mayor riesgo, si el hecho de estar en contacto con personas consideradas 'non gratas' por el régimen de Maduro, con periodistas de medios críticos o con líderes opositores. Todo unido era una fórmula perfecta para el peligro.

Llevaba conmigo un libro cuyo título era un recordatorio constante. Era, junto al rosario que me dio mi madre, una columna en los momentos de tensión. "El miedo es un pecado", de Oriana Fallaci.

Recuerdo esa entrevista que le hicieron en Irak, cuando le preguntaron por enésima vez si había tenido miedo cuando reportaba sobre la guerra.

"Esa es una pregunta que me ha sido hecha en muchísimas ocasiones y siempre respondo de la misma manera: por supuesto que se tiene miedo en la guerra, quien dice que no es un mentiroso y un cretino. Lo importante no es el miedo, sino reaccionar por encima del miedo, poder funcionar como si no pasara nada", respondió.

Escuchar a Oriana hablar me inspira siempre. Alguna noche escuché de nuevo la entrevista y pensé: eso es lo que tengo que hacer. Voy a trabajar por encima de mis miedos.

Más allá de los esfuerzos constantes por conseguir las entrevistas que anhelaba, había algo que alimentaba cada día mi deseo de seguir trabajando: escuchar a quienes sufrían cada día los efectos de una dictadura. El pueblo.

Me dediqué a entrevistar a Venezuela mañana tarde y noche. Escuchar a Venezuela era lo único que daba sentido a mi estancia en aquel sitio donde la esperanza parece estar enterrada en las profundidades de la tierra, esa misma tierra que da al país el crudo negro que lo condena a ser objeto de la ambición de unos pocos.

"Lo que necesita la gente es un psicólogo, alguien que venga y los escuche", me dijo una doctora en una ocasión. Aún sin ser psicólogo, pensé que estaba ayudando a cubrir esa necesidad, una de tantas que tiene un pueblo cuyo salario es un insulto a la cara.

Para el inicio de mi última semana en Caracas sentía que mi energía no alcanzaría para terminar. No poder dormir me tenía devastado. Dedicaba esas madrugadas de insomnio a escribir en mi cuaderno el resumen del día.

Pese al cansancio tenía que seguir. Cada conversación con la gente me dejaba aún más atónito. La realidad se iba complicando para todos y yo ya formaba parte de una cotidianidad en la que se avanza a marchas forzadas.

Mi familia

La carga más fuerte con la que carga un reportero en una situación de alta tensión política y social es la de su familia. En una de las cartas que Oriana escribió a su madre mientras partía para Vietnam, la periodista le decía: "Tranquila, sabes que siempre lamento verte triste cuando me voy. Para mí sería mucho más fácil si entendieras que esta es mi vida y no podría vivirla de otro modo, o siempre en el mismo lugar, me volvería loca". Suscribo convencido.

Claro está que la madre de Oriana Fallaci no tenía WhatsApp. Maldita herramienta demoníaca. Solo servía para profundizar la culpa en los momentos de mayor temor. Pero después de todo ¿quién soy yo para impedirle a una madre que le diga a su hijo cuánto la hace sufrir? El periodismo por momentos te vuelve cruel con los que más quieres, pero hay un sentido del deber que se antepone al corazón casi siempre. Así es y así seguirá siendo.

Que nos saquen del abismo

Una noche le puse a una conocida un trozo de la entrevista que Jordi Évole, del programa Salvados de La Sexta, le realizó a Maduro. Escuchándola me di cuenta de que su indignación se hacía palpable cada vez que el dictador soltaba una respuesta incoherente. Fue así como decidí planear un ejercicio.

Reunir en el departamento donde me quedaba, a un grupo de diez personas. Gente normal que trabaja día a día para hacer menos aguda su frustración. Había decidido ponerles esa entrevista completa y escuchar los comentarios que proferían mientras escuchaban a Maduro.

Hubo varios elementos sorpresivos en este ejercicio, pero quedé atónito ante el hecho de que nadie nunca lo escuchaba. Todos viven bajo su dominio, pero de no haber sido por este reportero nunca se habrían sentado a escuchar nada que tuviera que decir.

Todos aplaudían el rol del periodista y se burlaban o enfadaban ante las no-respuestas del mandatario.

El pueblo venezolano tiene una sabiduría particular. Un conocimiento que dejan salir en frases. Pequeñas uniones de palabras que son más contundentes que una tesis. Son, sin duda, más profundas que cualquier texto que pueda salir de mi mente. Escuchar a Venezuela no puede dejar a nadie indiferente.

Una hora antes de esta reunión fui al supermercado para comprar dos Coca-Colas y unos paquetes de frituras. Fiel al estilo de mi país, si iba a recibir invitados, debía darles algo de comer.

Nunca borraré de mi mente las miradas sorprendidas de quienes me vieron sacar dos botellas de Coca-Cola del refrigerador. Me sentí hasta cierto punto culpable ¿era acaso un delito?

Poco tiempo después mis invitados me aclararon todo. Algunos tenían años sin tomar Coca-Cola. No declinaban mi ofrecimiento de llenarles el vaso de nuevo, pues afirmaban que tenían que "desquitar" el tiempo perdido.

Solo una de ellas pudo decirme cuándo fue la última vez que tomó una gaseosa: el 31 de diciembre. Había ahorrado durante semanas con el único propósito de que la cena de fin de año fuera especial. Esa botella de etiqueta roja era más preciosa que el champán más caro. Esa botella, el día que la compré, costaba 70 centavos de dólar.

El ejercicio fue un éxito. Las frases de Venezuela ante su dictador eran alucinantes. Para ellos la Coca-Cola era un regalo. Para mí el regalo era escucharlos. El solo hecho de estar ahí me permitía entenderlos mejor.

"Jovel, yo no sé qué vas a hacer con todo lo que has escuchado estos días aquí, pero yo espero que eso llegue a los ojos de alguien allá afuera con poder para que venga a sacarnos del abismo en el que vivimos", me dijo una mujer aquella noche en la parroquia 23 de Enero. Esa frase ocupó mi mente durante semanas.

Un día me desperté con cierto triunfalismo. Pensé que si hasta ese punto nadie me había detenido tal vez era porque nunca supieron que estaba ahí. Tal vez logré pasar desapercibido. A lo mejor mis datos nunca entraron al sistema. Por curiosidad quise entrar a ver el perfil de Twitter de Nicolás Maduro. Lo que vi me causó un escalofrío difícil de describir. Me había bloqueado.

¿Cómo era posible? Desde que llegué a Venezuela no había publicado ni un solo comentario político en mi cuenta. Nada, ni siquiera un retuit a una cuenta ligeramente opositora. Nada. Mi silencio en internet era absoluto.

¿Qué significaba el bloqueo? ¿Cuándo me había bloqueado? ¿Lo había hecho hace meses o durante estas semanas? No lo sabía ¿Era acaso un acto intimidatorio? ¿Lo hicieron para enviarme un mensaje? ¿Sabían que estaba ahí? De repente todo eran preguntas y las respuestas nadie me las iba a dar.

La madrugada en la que me dirigía al aeropuerto para salir de Venezuela un retén policiaco nos paró y nos hizo bajar del carro. A mí y al conductor que me llevaba. Pensé que era el fin. Me habían descubierto. Me estaban esperando. Me pidieron el pasaporte y revisaron minuciosamente mi maleta. Fue buena idea haber dejado atrás los cuadernos de anotaciones y haber borrado todo de mis dispositivos.

¿Qué harían? ¿Se darían cuenta de que detrás de mi amabilidad y aparente serenidad había un temor latente? ¿Imaginaban acaso mi deseo de que me dejaran ir para poder escribir sobre ese episodio? Pienso que no. No lo imaginaron, porque después de unos minutos nos dejaron marchar.

Llegué al aeropuerto de Maiquetía. Muerto, seco y triste cuál bar en Semana Santa. Mi alma no descansó hasta que el avión despegó. Vi cómo la luz de la mañana salía por detrás de la montaña, esa bella montaña que me quitaba el aliento con su enorme majestad. Dejé Venezuela.

Una vez en el aire me di cuenta de que físicamente me alejaba, pero mi mente se quedaba y me pedía hacer un poco más.

Diarios

Hoy es Navidad. Es la primera vez en mi vida que no recibo el amanecer del 25 de diciembre en mi casa y con los míos.

Hoy, en contra de todo pronóstico y consejo, volé a Caracas, Venezuela.

Mientras esperaba en la sala de abordaje del aeropuerto leí un artículo de La Patilla que rezaba: "En Caracas mueren asesinadas 44 personas al día". Preferí no prestar atención. Bloquear, como siempre, cualquier atisbo de miedo. No hay tiempo para eso. Si decidí viajar a Venezuela debo hacerlo tranquilo.

Las aerolíneas que siguen volando a este país son bastante pocas. Tuve que hacer una breve escala en Panamá. Escuché a una sobrecargo decir que íbamos 94 pasajeros. El avión tenía una capacidad aproximada de 150 personas. La verdad es que venían muchos más viajeros de los que imaginé.

Un señor venezolano me dijo que los dólares que traía los escondiera en mi ropa, que no los llevara en la billetera. Esto ya me lo habían comentado: los policías podrían quitarme el dinero.

Aterrizamos en el Aeropuerto Simón Bolívar, no había tráfico aéreo de ningún tipo. Por las ventanillas de ambos lados pude contar exactamente 7 aviones más en la Terminal Internacional.

Una vez adentro salimos a un pasillo por el que no transitaba un alma. Aun así, no era difícil imaginar los días en los que hubo vida en ese lugar.

Llegué a Migración. Vacío. Parecía que éramos los primeros del día. La oficial estaba harta. Como si hubiese revisado 5 mil pasaportes en la última hora. La verdad, no creí que hubiese revisado ni siquiera cinco.

El área de carruseles estaba detenida. No había gente esperando. No había fila. No había oficiales. Nada. Todo muerto.

Logré salir sin problemas. Mis anfitrionas me esperaban afuera y de inmediato emprendimos el camino de Maiquetía a Caracas. El trayecto es espectacular. Las montañas te quitan el aliento. La vista del Mar Caribe es sensacional. No hubo tráfico en ningún momento.

Bastó tomar la autopista para ver en numerosas ocasiones murales de Chávez, Maduro y Bolívar. No había gente en la calle. Claro, la fecha.

Llegamos a la casa.

– Ven. Vamos a explicarte cómo está la vaina – me dijo una de mis anfitrionas.

Me acerqué a una mesa llena de billetes.

– De lo que ves aquí, la mitad ya no tiene valor. La otra mitad va perdiéndolo cada día – me comentó.

En la mesa había billetes de los antiguos conos monetarios del Bolívar Fuerte. Están prácticamente nuevos. Pese a la millonaria inversión que implicó su confección hoy no son más que piezas de colección.

– Debiste ver a la gente cuando ya iban a salir de circulación. Todos corrían a los bancos a depositarlos. Los que no alcanzaron preferían bañarlos en gasolina y quemar las pacas de billetes, otros las tiraban desde los balcones o en el metro. Era un espectáculo – dijeron.

Antes de salir me dieron las indicaciones pertinentes: "no lleves nada. Nada. Ponte ropa que no llame la atención, entre más vieja mejor. Que parezcas elfo doméstico".

Lo intenté, pero, según dicen, soy "full blanco".

Fuimos a caminar al centro de la ciudad. Nadie pensaría que esas calles vacías sean el "centro" de algo. Hay momentos en los que se ven más policías que personas caminando.

Llegamos a Plaza San Jacinto donde cientos de adultos mayores bailaban las canciones más selectas de salsa. Los jóvenes que pasaban caminando por el lugar adoptaban el ritmo y aplaudían con alegría. Los árboles del parque estaban iluminados, la calle había sido decorada con luces blancas que simulan gotas de luz que caen sobre los transeúntes. De repente cualquier dificultad se desvaneció. El baile, la música y las sonrisas daban la impresión de que nada pasaba en este lugar.

– Aquí tratamos de mantener la normalidad, aunque cada día es más difícil – me dijeron.

En una esquina cercana vi una fila bastante larga para entrar a una cafetería. Entré únicamente para ver los precios. Un café equivale al salario mínimo de hoy.

– Tú ves esto y piensas ¿dónde está la crisis? – cuestionó una de mis anfitrionas.

En efecto. No entiendo cuánto dinero pueden tener los venezolanos si su salario hoy es de 8 dólares al mes.

– Aquí todos somos comerciantes... – me dijeron.

Todos encuentran formas de ganar dinero extra. Mucho, poco. Es dinero. Lo que afuera sería un insulto aquí cae como un regalo.

– Hace un año tendrías que haber visto a la gente salir con carretillas a la calle cargados de pacas de billetes. Uno salía con un bolso lleno de pacas solo para ir al supermercado a comprar algo. Y tal vez no te alcanzaba. Ahora cambiaron de moneda, pero ya pasó lo mismo. Ya tienes que salir con pacas a la calle... – me contaron. Me habría encantado ver eso.

– Aquí si tú abres una página de Twitter que se llame "El dólar confiable" y tienes amigos que lo compartan ya controlas el tipo de cambio. Así funciona Venezuela. Nadie sabe de dónde lo sacan. Hoy se les ocurre que está a 750, mañana se despiertan pensando 'que hoy cueste 900'... Esas páginas controlan nuestro dinero – comentó mi segunda anfitriona.

Hoy fue sencillamente imposible conseguir efectivo. No he podido cambiar nada. La sensación de no tener dinero en el bolsillo me es tremendamente incómoda. Bienvenido a Venezuela.

Caracas, 26 de diciembre

Hoy fue un día sorpresivamente positivo. Claro está que no tenía plan alguno cuando me desperté a las 8:30 de la mañana. Nada. El día sería de descanso vista la dificultad de encontrar políticos y personas que quieran hablar en estos días. La sorpresa llegó cuando logré concretar un encuentro con el director de La Patilla a las 10:30. La cita era en el Hotel Palace, justo frente a Plaza Altamira.

Llegué un poco tarde porque tuve que tomar el metro. Ya me habían advertido de la poca frecuencia de este servicio. También había leído que en los días de protestas opositoras se cerraba para que los manifestantes no pudieran desplazarse.

La experiencia no es muy distinta a la de la Ciudad de México. De hecho, los trenes son mejores que esas carcachas anaranjadas que tenemos allá. De todas formas, rescataría algo del viaje: pude ver a un "malandro" (así llaman a los asaltantes callejeros aquí). Fue fácil identificarlo. El pintoresco personaje se detuvo en la puerta del vagón. Miraba a todos de pies a cabeza. Sus ojos no estaban completamente cerrados, pero no alcanzabas a ver toda su pupila. Quería hacerte sentir miedo. Era un personaje casi folclórico, con su gorra roja, camiseta verde perico, jeans gigantes y zapatos viejos. Su actitud es la de un felino que ve desde lo oculto a su presa. Escoge de entre la manada quién será su próxima víctima, a la cual podrá robarle, si tiene suerte, un celular. Dinero no... Nadie tiene.

Llegué a la redacción de La Patilla. Me reuní con David Morán, quien dedicó dos horas de su vida a explicarme la situación del país de la forma más sencilla posible. Es un hombre que habla con gran conciencia de lo que necesitamos los periodistas para trabajar: titulares. Cada frase parecía el título perfecto para un reportaje.

No sé por qué, pero aquí todos parecen hablar así. En frases. No se dan cuenta de la fuerza que tienen sus comentarios tan agudos y audaces.

Con dos tazas de café y un fajo de billetes de dos bolívares me explicó la hiperinflación. Es un genio.

En algún momento de la conversación me preguntó qué había visto hasta ahora. Le comenté del paseo por Plaza San Jacinto, de los señores bailando y las luces navideñas. De inmediato me dijo que quería darme un paseo por la ciudad.

Subimos a su carro y me llevó primero a una zona industrial en las cercanías del Metro Miranda. Me impresionó enormemente ver las agencias de ventas de automóviles completamente abandonadas. Hyundai, Kia y Chevrolet habían decidido cerrar esas oficinas – y otras tantas en el país – ante la absoluta carencia de recursos para la compra de vehículos.

Pasamos frente a las oficinas del periódico El Nacional donde todo parecía viejo.

Mientras veía el triste espectáculo de los negocios cerrados quería pensar que tal vez era por la fecha. Sin embargo, la intuición me decía que lo que estaba cerrado hoy seguiría cerrado mañana y dentro de un mes ¿quién puede vender aquí? ¿quién puede comprar?

La publicidad en las calles luce vieja y desteñida. El color se ha ido.

En Caracas nadie respeta los semáforos. Por tantos apagones ya están desprogramados y en algunas zonas detenerte a hacer el semáforo es un llamado a los asaltantes y secuestradores.

Llegamos a Petare donde vi tomas clandestinas de electricidad. Justo debajo de ellas caminaban Guardias Nacionales y milicianos que, desde luego, no harían nada al respecto.

Finalmente pude ver gente en la calle. Bastante.

En esa zona, una de las más populares y conflictivas de la capital, brotan de la tierra los mercados callejeros. Sucios. Ilegales. Prósperos en algunos casos.

– Aquí consigues de todo. Desde un aguacate hasta un kilo de cocaína – me comentaron.

Petare muestra a sus visitantes una realidad desagradable: se puede ver sin filtros cómo la basura ha pasado a formar parte del paisaje urbano. No falta quien debe tomar de entre los desechos algo para comer. Algo que llega a verse en todos los países del mundo, pero no con tanta frecuencia como aquí.

Las calles que conducían a los cerros estaban casi todas vacías. La gente que caminaba era casi toda adulta. Muchos ancianos, adultos jóvenes. Niños muy pocos, sobre todo recién nacidos.

Según he investigado, la tasa de natalidad en Petare es altísima. Por fuentes altamente adiestradas en el arte de visitar farmacias pude saber que hay carestía de condones.

Esto significa que una noche de pasión conlleva un altísimo riesgo, que casi siempre habrá que asumir.

Nos desplazamos un poco hacia el oeste. Llegamos a un edificio donde lucía en la fachada el logo de Telesur.

Toda esa zona estaba resguardada por militares armados.

Tomamos la carretera Cota Mil Desde ahí pude ver el Cerro Ávila que ya me había dejado sin palabras desde la tarde anterior ¡cuánta belleza natural! Me recuerda por momentos a Costa Rica, pero hay algo en este cerro que me cautiva aún más. Es fuera de serie.

En la autopista encontramos un retén policial. Según me dijo el señor Morán, esa carretera es utilizada por muchos delincuentes como vía rápida de escape tras cometer un secuestro, por eso hay retenes constantes. Pensé que, de ser así, nos esperaría una exhaustiva revisión. Mi sorpresa fue mayúscula cuando simplemente redujimos la velocidad, sonreímos a los oficiales y continuamos nuestro camino ¡vaya retén!

Esa carretera nos llevó hasta Catia y a las cercanías del Palacio de Miraflores, sede del poder ejecutivo. El número de militares era elevado. Debe ser terrible pensar que en ese inmueble está la persona que te tiene viviendo en la mierda.

Todos los accesos a Miraflores parecen un frente de guerra. Barreras con alambre de púas y sacos llenos de sabrá-Dios-qué-cosa como protección para los guardias.

Pese a lo intensa que es la seguridad me parece increíble que nadie haya intentado penetrarla hasta ahora. Todavía se buscan vías democráticas que solucionen la crisis.

No entiendo a los militares. No lo logro. El concepto del ejército es completamente ajeno a mi ADN. He aprendido a convivir con su presencia en México, pero nunca termino de conciliar con su existencia. Eso tiene el ser costarricense. Somos un bicho raro y pacífico en medio de países militarizados.

Seguimos moviéndonos. En un momento llegamos a la ruta por la que pasó hace unos meses el presidente Erdoğan, de Turquía. Decenas de rótulos de bienvenida que lucían todavía una foto del turco con Maduro decoraban el paisaje. Justo en ese trayecto todo estaba pintado. Las vallas, las calles. Eso sí, te alejabas una cuadra y llegabas al mundo real, ese en el que no hay mantenimiento para nada ni para nadie.

Pasamos por Plaza Venezuela y por el SEBIN. El famoso edificio que llaman "La Tumba". Un templo de tortura, muerte y encierro. Pasar por ese lugar aviva tus miedos. Nadie quiere entrar ahí jamás.

Llegamos a Chacaíto. Afuera del supermercado *Central Madeirense* había una fila loca. El motivo era la llegada de productos nuevos de difícil acceso para el pueblo: arroz y harina.

– ¿Harina PAN? – preguntamos.

– No, harina cubana. Es una mierda, como todo lo que llega de Cuba, pero es lo que hay – nos respondieron.

Aquí pude tener por primera vez un poco de efectivo. 500 bolívares. Era un pequeño fajo de veintiséis billetes que equivalía a poco menos de un dólar al tipo de cambio de hoy. No sirve para nada.

Ahí me despedí de David Morán. La gentileza de este hombre me ha dejado sin palabras.

En este punto me reuní con los segundos anfitriones de la tarde. Dos señores venezolanos, uno de ellos periodista.

Cuando me escucharon hablar dijeron que les alegraba que mi acento no fuera mexicano (dicen que ese acento llama a los asaltantes cuál miel a las moscas). Afirman que con mi acento costarricense puedo pasar por venezolano de los Andes. Si eso ayuda, bienvenido sea.

Bajamos en una repostería donde había numerosos pasteles – que nadie compraba – y muy poco pan – del que todos buscaban –. Un pan con jamón, especialmente hecho para estos días, se cotizaba hoy en más de 6500 soberanos. 50% más caro que el salario mínimo.

Un café y un pequeño pan dulce acompañaron una larguísima conversación sobre actualidad e historia de Venezuela.

Esos dos señores, ya mayores, son gente buena, cansada, pero que todavía guarda esperanza.

– Esto se va a acabar, pero ya no me tocará verlo a mí. Les tocará a ustedes, los jóvenes, aprender de los errores que cometimos para que no se repitan nunca más – me dijo uno de ellos.

Con tono reflexivo y didáctico, me explicaban su visión de manera sencilla. Una frase me impactó:

– Para mí, como para tantos aquí, no existe la derecha o la izquierda. Existe lo que es derecho y lo que es torcido – concluyó el señor.

Después de la charla me llevaron de vuelta a Chacao. Ahí me esperaban mis amigas. Fuimos juntos a un parque donde tenían una cita para recoger unos aguacates para la cena.

Esperamos una media hora cuando vimos llegar a una señora delgadita, sonriente y con cara de extravío. Era ella quien nos vendería los aguacates.

Una vez hecha la entrega, se hizo la transferencia. Ni aunque hubiésemos querido habríamos podido pagarle con efectivo, no lo teníamos. Sin embargo, aquí no hay problema, todos se manejan así. Pagas con transferencia o con tarjeta casi todo, incluso los taxis. Esto empezará a representar un problema para mí, pues no tengo tarjeta para pagar, cuenta para transferir ni efectivo para gastar. Empiezo a preocuparme.

Caracas, 27 de diciembre

6:00 a.m.

Hoy a las 5 de la mañana tembló. Estaba despierto, por algún motivo no he podido dormir bien por la noche. Yo duermo en un colchón en el suelo, por lo que fue particularmente fácil darme cuenta del movimiento. Vino a mi boca el tradicional grito: "¡está temblando!".

No fue tan fuerte, sin embargo, desde el Terremoto de México cada sismo se vive distinto.

Curiosamente ayer había preguntado a cuatro personas si aquí temblaba. Dos dijeron que sí, dos dijeron que no. Unas horas bastaron para comprobar quienes tenían razón.

La magnitud es incierta. Hay quien dice que fue de 4.9. Otra versión dice 5.8 y la más dramática afirma que fue de 6.1 grados en la escala de Richter. Solo se pusieron de acuerdo para el epicentro: la Ciudad de Valencia, a dos horas de aquí.

11:00 p.m.

El día transcurrió con normalidad. Me pareció curioso que en Twitter algunas personas de Valencia reportaban daños estructurales después del sismo. En la radio aseguran que no hubo daño alguno, lo decían casi como un mérito para la revolución-bolivariana-protectora-de-todos-los-ciudadanos.

Suficiente del temblor.

Al atardecer dimos un paseo de Chacaíto a Plaza Venezuela. En esa parte de la ciudad se encuentra el Boulevard de Sabana Grande. Cometí el error de llevar conmigo la billetera con los 500 bolívares que me dieron ayer. El hecho de tener algo de efectivo – aun si equivalía a la nada misma – me quitaba la paz al caminar. Debía estar atento a todo por todas partes y en todo momento. He aprendido la lección: no vuelvo a salir con dinero a la calle, por salud mental.

Esta calle está llena de puestos. Nuevamente las tiendas estaban cerradas casi todas. Pregunté si era normal que todo estuviera cerrado a las 6:30 p.m. La respuesta que me dieron fue que en esta zona todo cierra más tarde que en el resto de la ciudad y que algunos de los negocios estaban clausurados de manera definitiva desde hacía ya varios meses.

Ese Boulevard es bastante extraño. Las plantas en las macetas elevadas están todas muertas, el alumbrado público es terrible – llegando a faltar por completo en varios tramos del recorrido –. Además, el olor a basura vuelve la experiencia aún más desagradable.

Aun así, nos detuvimos en un negocio en el que vendían rollos de canela de estilo venezolano. Hay personas que te ven con comida en la calle y se te acercan para pedirte un trozo. Lo hacen resignados a recibir una respuesta negativa, pero no descansan en la lucha por conseguir algo para comer. El corazón se te parte al verlos.

No puedo describir la sorpresa que me llevé al saber que este boulevard fue restaurado hace no más de 10 años.

¿Cómo diablos se logra destruir de esta forma un espacio público en tan poco tiempo? Quien lo ve por primera vez podría asumir – como lo hice yo – que esta calle no era intervenida hace 40 años.

Me lo han dicho: aquí todo envejece más rápido.

Aquí vives un año, pero te parece haber pasado dos. Las calles son un reflejo del desgaste emocional que carga el pueblo mientras respira.

Seguimos caminando y llegamos a una esquina cerca de Plaza Venezuela. Nos detuvimos y escuché decir:

– Ese es el SEBIN.

– La Tumba – respondí.

Mis dos anfitrionas se volvieron a ver y una dijo enternecida e irónica:

– Mira, ya sabe qué es...

Claro que lo sabía. Había escuchado ese nombre decenas de veces. Aquí estuvieron Leopoldo y Ledezma en algún momento. Por una ventana del décimo piso fue lanzado Fernando Albán, quien fue asesinado mientras era torturado.

Ese edificio es un templo de la ignominia.

Llegamos un poco después a Plaza Venezuela. La fuente – como tantas otras que he visto – no funcionaba, sin embargo, todavía imperaba la decoración navideña. Las luces eran bonitas. Esta plaza parece una burbuja de paz.

La gente aquí hace todo para tener una vida normal. El hecho de caminar en la noche les resulta importante, excepcional. Se sienten libres por un momento. Por un minuto la crisis no existe, todo es normal. Tal vez como en los tiempos no tan lejanos en los que Chávez había logrado vender los barriles de Petróleo a $100 USD.

– Toda la ciudad debería estar así... El petróleo da pa'eso... – comentó una de mis anfitrionas.

– El petróleo da pa' que a mí me pongan una alfombra por donde camino, y mira cómo estamos – respondió la otra.

Me hablan de una Caracas que no logro reconocer. Una que no dormía. Hoy eso resulta inimaginable. Todos quieren estar temprano en sus casas. Esta ciudad es de los criminales.

No es que la gente no tenga esperanza, es que la han metido en una caja fuerte para el día en que tenga valor de nuevo.

¿Cuándo será ese día? No se sabe. Nadie lo sabe.

Caracas, 28 de diciembre

Hoy fue un día productivo. Entrevisté formalmente a David Morán, director de la Patilla y a Felipe Pérez, quien fue ministro de planificación de Hugo Chávez.

Fui en metro a Altamira. Esta vez solo. No hubo ningún problema.

La Plaza Altamira es bastante especial. Es bellísima. La vista del Ávila es sobrecogedora. Esa montaña es casi divina. No pierde la magia.

Después de una larga jornada de conversaciones caminé un poco por Chacao en busca del Museo de los Derechos Humanos que Lilian Tintori abrió hace unas semanas. No lo encontré. En internet no aparece la dirección.

Mis anfitrionas decidieron llevarme nuevamente al centro. Caminamos las mismas calles del primer día, pero esta vez sí había gente ¡finalmente una ciudad con algo de vida! Fue difícil encontrarla, parecía no existir, pero sí estaba.

Curiosamente este primer contacto con las personas que viven en Caracas me dejó bastante consternado. Todos caminan con el rostro compungido. Muchos van vestidos con ropa vieja.

La mayoría de los negocios que estaban cerrados, siguen cerrados ¿abrirán algún día?

Tengo la impresión de que en su tiempo de gloria Caracas era una ciudad muy bella. Me lo han dicho una y otra vez, pero hasta hoy no había reparado en la belleza que quedó oculta tras la suciedad y el abandono.

Hoy queda solo el sueño de aquello que ya no es.

Caminamos por algunas callecitas para buscar queso. Compramos tres coca-colas frías. Cada una costaba Bs. 290 ¡nada! Al tipo de cambio oficial serían como 50 centavos de dólar. Al tipo de cambio del mercado negro – que es el que importa – serían como 25.

Pasamos por una esquina en la que había una casa completamente pintada con rostros de Chávez y Maduro, acompañados por consignas bolivarianas. Según me dicen, esa es la sede del Colectivo Catedral Combativa.

En Venezuela los "colectivos" son asociaciones de civiles armados con licencia para matar – dada por el gobierno –. Los veías ahí, en sus motocicletas, esas mismas en las que salen a disparar a quemarropa cuando hay manifestaciones. Ellos son los más temidos. Podrían ser tus vecinos y llegar a dispararte en la cabeza sin que nadie nunca los persiga por sus crímenes.

A la salida del metro Capitolio vi cómo unos señores le pegaban a un ladrón. Era un muchacho joven, tal vez de mi edad. Verlo fue verdaderamente triste.

Hay algo que había olvidado escribir. Aquí el agua se va muy seguido. Según me dicen, en otras zonas la luz también es un problema.

Caracas, 31 de diciembre

– Esto es breve que te lo voy a tirar – me dijo con tono agresivo un joven con camisa azul y pantalones negros que se paró frente a mí – ¿traes teléfono?

– No – le respondí.

– ¿Y si te reviso?

– Bueno, toma – y saqué un pequeño y viejo teléfono que me habían prestado por si se presentaba esta ocasión.

– ¡Coño! ¿Esto tiene chip? – Me preguntó el asaltante, quien no daba signos de portar arma alguna.

– Sí – le dije.

– Bueno, está bien. Déjame hacer una llamada y te lo devuelvo – me dijo.

– Tranquilo, quédatelo – le respondí, y el joven asaltante terminó su robo con una sonrisa.

Continué mi camino por Plaza Altamira tratando de mantener la calma.

Hoy termina el 2018. Fui a caminar por Altamira, pensé que tal vez podría encontrar la casa de Leopoldo López. No la encontré. Esa zona está verdaderamente muerta. Parece que todos los ricos que viven ahí salieron del país para estas fechas. Interesante.

La zona tiene una vista extraordinaria del Ávila. Cada día que pasa, esa montaña me cautiva más y más. Aún si mi objetivo no se alcanzó, pienso en todas las cosas que vi y viví hoy. Cosas que me hacen pensar en la vida.

Hoy en el metro vi muchas personas pidiendo dinero. En los días anteriores no había visto ninguna. Todas querían una cena de Año Nuevo digna.

Un señor vendía unos caramelos por un precio ridículo, una señora únicamente decía "ayúdenme, lo necesito" y otro hombre mayor decidió cantar bastante mal una ranchera pensando que tal vez con ese despliegue de voz desafinada sería merecedor de la caridad de los pasajeros. Lo fue.

No puedo explicar lo que vi. Tenía esa duda desde que llegué: ¿qué le puede dar la gente a un indigente en un país en el que la comida es un lujo y el efectivo es inalcanzable? La respuesta apareció ante mis ojos en ese tren: todos daban. Había quien daba un puñado de billetes de 2 (nada), quien daba un fajito de billetes de 10 (nada) y otro que daba un par de billetes de 50 o de 100 (nada). Aún de la nada, los venezolanos sacan algo para compartir. Esos gestos me tocaron profundamente.

Venezuela tiene un gran corazón. Cansado y reprimido, pero sumamente generoso. Es un corazón capaz de resistir el mal para dar bien. Esos momentos son los que hacen que todo esto valga la pena. Así conoces la bondad de este pueblo.

Hoy pasaré Año Nuevo solo. Me hacen falta todos. En este momento podría estar en mi casa, comiendo todo lo que han preparado. En cambio, he decidido estar aquí. No importa qué pase, debo hacer que este trabajo valga la pena. Debo seguir conociendo a estas personas. Solo así habrá valido la pena esta Nochevieja en solitario.

¡Gracias por todo, Dios! ¡Gracias!

Del asalto no tengo nada más qué escribir. Sería ridículo gastar más tinta en el mal, habiendo visto tanto bien.

Caracas, 1 de enero

El año comienza hoy. La mañana ha sido larga y silenciosa después de una larga noche de fiesta para todos (menos para mí). Debo confesar que me emocioné cuando escuché en la radio la canción del "Año Viejo". Pensé que esa canción era famosa solo en Costa Rica – se ve que solo he pasado Año Nuevo allá –. ¡Cuánta ignorancia de mi parte!

Con respecto a Venezuela, hoy no es un día para trabajar. Sin embargo, he comenzado a preparar las entrevistas que todavía no sé si podré hacer.

Hoy asumió la presidencia de Brasil el ultraderechista Jair Bolsonaro.

He decidido que dejaré este cuaderno aquí en Caracas, después me lo haré enviar por correo postal. Prefiero salir sin nada escondido en la maleta. No es seguro llevar estos textos y anotaciones.

Caracas, 2 de enero

La ciudad sigue desierta.

Había olvidado escribir que la primera cosa que veo al abrir la ventana es un grafiti que dice "Maduro". Por momentos prefiero que esa ventana esté cerrada. Quedarme adentro. No ver más el triste espectáculo de esta ciudad muerta.

Además, llevo tres días sin agua. Ese, según me han dicho, es otro de los clásicos síntomas del socialismo: el racionamiento.

Tres días sin poder bañarme y bajando el baño cada cierto tiempo, con agua recolectada previamente específicamente para ese propósito. Los cortes son recurrentes, ya había pasado uno de un día, y al escuchar las gotas que salían cuando el servicio fue restablecido todos en la casa brincaron de alegría. Corrieron a tomar baldes y llenarlos inmediatamente con miras al día en que el agua se volverá a ir sin previo aviso y por plazo indefinido. Es desesperante.

Yo mismo he llenado (gota por gota, ya que el filtro es sumamente lento) unas ocho botellas de agua. Llenar una botella de un litro me toma aproximadamente hora y media. Comienzo a llenar la última por la noche, cuando me pongo a ver una película. Sé que para cuando termine el filme la botella estará llena y podré guardarla en el refrigerador. No llenar los "potes" mientras hay agua, sería imperdonable.

Caracas, 3 de enero

Hoy el mundo ha regresado a la vida. El mundo externo, no Venezuela.

Por la tarde vi una nota de NTN24 que confirma mis impresiones: según el periodista, el nivel de inactividad de este año en estas fechas es atípico.

De acuerdo con el reporte, se espera que por lo menos un 10% de los negocios que cerraron por las fiestas no abran más este año. El número podría ser aún mayor.

Hoy vi algo bastante curioso. Un carro iba transitando por la avenida Baralt, en el centro de la ciudad, cuando se le estalló un neumático. Lo que en cualquier lugar conllevaría un breve disgusto, aquí significa el fin de la vida útil de ese vehículo. En Venezuela no hay caucho. Perder un neumático es perder el carro hasta que alguien en el mercado negro consiga uno y te lo venda por un precio desorbitado. El deprimido conductor avanzó con los restos de su vieja llanta reventada por la avenida, hasta lograr estacionar en una esquina. Al avanzar hacía sonar estridentemente sobre el asfalto la parte metálica de la rueda. Pobre hombre... Como si no tuviera suficientes problemas en esta vida.

También fuimos a cambiar dólares. 20 nada más. No vale la pena cambiar más porque la hiperinflación hará que pronto esos bolívares valgan menos.

El proceso fue el siguiente: fuimos a un negocio donde un señor africano vende comida. Quienes lo conocen sabe que también compra dólares. Lo hace por un precio levemente inferior al que marca la página de Twitter *Monitor Dólar*. Hacemos entrega del billete verde, él saca una calculadora y nos dice cuántos bolívares serán. Entra a la página de su banco y hace una transferencia a la cuenta de mi anfitriona. Fin de la historia.

Ella sabe que el dinero está en su cuenta, yo tengo que confiar en que así sea. De efectivo mejor ni hablamos. Imposible.

Aquí un extranjero sin un contacto venezolano – que le preste su cuenta de banco – no lograría hacer nada.

Caracas, 4 de enero

Mañana entrevistaré a Lilian.

Hoy Costa Rica ha dicho que no reconocerá el nuevo gobierno de Maduro. No solo Costa Rica, todo el grupo de Lima, excepto México.

Alguna buena influencia debió tener Carlos Alvarado para no unirse a la triste lista de países que se abstienen de ponerse en el lado correcto de esta historia.

México, Cuba, Nicaragua, Bolivia y El Salvador ¡qué grupito! Y lo digo con gran dolor por México, país al que debo tanto y en el cual me he formado como periodista. Este nuevo gobierno se equivoca. El silencio lo vuelve cómplice.

Una nota irrelevante: fui a ver Mary Poppins al cine. En medio de tanto estrés y preocupaciones pensé que sería bueno volver a ser niño por un momento.

Pensé en comprar palomitas, pero mi anfitriona me advirtió que el precio era absurdo. Tal vez no lo era, si lo comparo con México, pero no iba a entrar en el debate de los precios. Aquí casi todo es inalcanzable.

– Vamos a comer una arepa antes de irnos pa'llá. No nos puede dar hambre ahí adentro porque te sacan los ojos – me advirtió antes de irnos.

Ante este panorama, mi amiga me convenció de hacer algo que nunca habría hecho en el "mundo libre": llevar comida escondida. Tomamos dos botellas con agua del filtro, una barra de chocolate que me habían regalado el día anterior y dos galletas que quedaban en el armario.

Si la idea era volver a mi infancia, debo confesar que la experiencia resultó increíblemente envolvente, pues fue como viajar en el tiempo a los destartalados cines de Costa Rica a comienzos de siglo. Esos cines cuyas salas tenían las paredes alfombradas con muchos colores y las pantallas proyectaban en una calidad que hoy resultaría deficiente.

Parece mentira, pero ni siquiera en el cine logré tener paz. Cada vez que veía una sombra levantarse me preguntaba si sería un delincuente que iba a asaltarnos a todos. Venezuela me pone a la defensiva.

Ojalá una niñera pudiera bajar del cielo con una sombrilla para poner orden en este país de gobernantes dementes y ciudadanos cansados.

Caracas, 5 de enero

La entrevista a Lilian se cayó. Pienso que es normal, hoy era un día de gran actividad para Voluntad Popular. De hecho, me extrañó que hubiera accedido a hacerla hoy. Será reprogramada para estos días. Su equipo es sumamente amable.

Juan Guaidó es el nuevo presidente de la Asamblea Nacional. Nadie sabe nada sobre él. Preguntas en la calle y nadie lo ha escuchado nombrar. Él es el hombre llamado a llenar el vacío de poder que "dejará" Maduro el 10 de enero. Claro está que no va a dejar nada.

Una vez asumida la presidencia interina, Guaidó debe convocar a elecciones libres en un plazo de 30 días.

La pregunta es simple: ¿Guaidó jurará también el 10 de enero como presidente? Eso es lo que tendríamos que saber hoy.

Maduro jurará de nuevo, tendrá uno o dos días de fiesta y después le hará la vida pedazos a cualquier persona que pertenezca a la oposición. Me pone mal decirlo, saberlo y escribirlo. Pero es así. Espero equivocarme.

Hoy fuimos a caminar por las cercanías de la Asamblea. Estaba completamente bloqueada. Desde la madrugada empezamos a ver rumores en Twitter que indicaban la entrada de agentes del SEBIN al edificio legislativo. Poco después dijeron que habían encontrado un aparato explosivo en la entrada. Me pregunto cuántas mentiras más tendremos que escuchar en estos días.

En las cercanías de la Plaza Bolívar, en el centro de la ciudad, encontramos una librería. Quise entrar para ver a qué tipo de libros tienen acceso los venezolanos.

Era una librería del Estado. En la vitrina había una imagen de Chávez sonriente. No había gente adentro. Después de todo ¿quién podría comprar un libro en esta situación?

Los estantes mostraban textos de análisis del socialismo y el comunismo. Marx, Castro, Chávez, Stalin, Rubén Darío... Un desfile de autores que alterarían los nervios de cualquier líder de derechas.

El dependiente de la tienda fue bastante hostil. Nos vigilaba mientras caminábamos por el lugar como si fuéramos a robar alguno de sus manifiestos de miseria. Por mi parte, podía estar tranquilo.

Hoy escribiré el primer texto del viaje. No quiero tocar el tema político sin haber hablado antes con los políticos. Me enfocaré en la situación económica y social.

Caracas, 6 de enero

Día de Reyes. Hoy he descubierto una cosa... Digamos que es... Interesante. Nicolás Maduro me bloqueó en Twitter.

Si lo hizo hoy, ayer, hace una semana o dos años, la verdad no lo sé. Nunca lo seguí. Nunca me interesó entrar a su perfil para ver qué estupideces tenía para twittear.

Sería extraño que me haya bloqueado en estos días porque no he subido nada a las redes.

Pese a lo que puede implicar, prefiero tomarlo con humor. Al menos podré contar que un dictador me ha bloqueado.

Malo sería que me siguiera.

Este descubrimiento me ha dejado desconcertado.

Seguiré escribiendo.

Caracas, 9 de enero

Hoy fuimos a la Universidad Central de Venezuela. Vacía. No entendí si seguían en vacaciones – cosa que se me haría muy extraña – o si siempre está así.

Al tomar el metro para Plaza Venezuela fuimos a comprar boletos a la taquilla. El hombre que atendía, de unos 35 años, tomó mi billete y empezó a contar los pequeños boletos amarillos uno por uno hasta diez. Los contó tres veces a la velocidad propia de un anciano. Me provocaba decirle:

– ¿Eres feliz en tu trabajo?

Pero había cuatro guardias nacionales y dos viejitos milicianos en la estación y no quería provocar la rabia de nadie. La respuesta era obvia: ¿quién puede ser feliz vendiendo boletos en el metro mientras gana 8 dólares al mes? Nadie.

La estación de Plaza Venezuela estaba absolutamente llena de gente. Los trenes no pasaban y decidimos salir a caminar hasta Chacaíto. Queríamos ver un mercado de artesanías.

Ese boulevard me había dejado una terrible sensación cuando lo conocí de noche. De día y con gente el panorama no es tan diferente. Negocios cerrados, gente que camina con rostro tenso y basura en la calle. La luz del día solo hace todo más evidente.

Fuimos a un sitio en el que vendían aparatos electrónicos. Curiosamente ahí todos los precios te los daban en dólares.

En Venezuela los productos casi nunca tienen una etiqueta con el precio. Sería ridículo imprimir una etiqueta que al día siguiente habría que cambiar por la inflación. Siempre hay que preguntar, y siempre te van a dar un precio distinto.

Después de la caminata decidí invitar a mis anfitriones a un refresco. Pasamos a una cadena de farmacias colombianas que vende todo a precios elevadísimos para los venezolanos. Fui, tomé tres refrescos con la absoluta certeza de que me alcanzaría. Al llegar a la fila alguien me preguntó:

– Chamo ¿cuánto cuesta la malta?

– No sé, no me fijé – le respondí y me dirigí rápidamente al refrigerador para ver el precio. Mientras iba lo escuché decir:

– Coño, este sí que tiene plata porque para no fijarse en los precios... Hay que tener rial.

Fue así como quedé en evidencia como extranjero.

Vimos a que una de las personas en la fila tenía un gran fajo de billetes de 100 bolívares. En nuestra búsqueda desesperada de efectivo (fomentada sobre todo por mi deseo de tenerlo) mi anfitriona le hizo una propuesta:

– Oye chico ¿y si yo te pago lo tuyo con la tarjeta y tú me das el efectivo?

– Vale, pues – respondió.

Fue así como logramos tener unos 20 billetes de 100 bolívares, con los que al final no resolveríamos mucho.

Una vez pagados los refrescos la cajera me preguntó si quería bolsa. Le dije que no, pues en México procuro no usar bolsa para compras pequeñas. Se sorprendió.

– ¿Tú sabes lo que cuesta una bolsa? – me inquirió mi amiga – ¡Chico te la están dando! ¡Llévatela! – y ella tomó la bolsa y empacó los refrescos.

Así es aquí. Hasta las bolsas plásticas son preciosas.

Pasamos a ver el mercado de artesanías en Chacaíto. Los negocios estaban abiertos, pero no había ni siquiera un cliente. En un país al que ya no llegan turistas ¿quién compra artesanías?

Estas son las cosas que me impresionan más. La soledad y el vacío me aturden por completo.

Había todo tipo de productos en las tiendas, tal vez llevaban años ahí exhibidos ¿alguien los comprará algún día?

Entrevista a David Morán

El mejor diagnóstico de una sociedad siempre te lo van a dar los periodistas locales. Tuve la fortuna de conocer a David Morán apenas llegué a Caracas. Me recibió en su oficina para explicarme la situación del país con gran paciencia. Cada duda fue evacuada con su extraordinaria capacidad de análisis y síntesis.

Este periodista opositor y perseguido es una de las voces más acreditadas para analizar la situación actual de Venezuela.

El primer día me llevó en su carro por la ciudad. Me mostró un panorama desolador y fue testigo de mi silencio analítico. Por momentos temí que pensara que no prestaba atención. Por el contrario, estaba tan concentrado en escucharlo que no quería interrumpir.

Le pedí un segundo encuentro para entrevistarlo sobre la libertad de expresión en Venezuela. Nuevamente me recibió en su oficina y con la misma generosidad en cuanto a tiempos de la otra ocasión, comenzó nuestra conversación.

Su frase célebre es la que reza que "cuando a mí me hablan en nombre de los pobres salgo corriendo, porque los pobres no hablan así". Según Maduro, quienes llevaron a la ruina este país fueron los oligarcas de la derecha.

"Aquí han llamado oligarca a todos los empresarios del sector privado. A la familia de María Corina la han llamado oligarca y ellos nunca han trabajado en la función pública, por lo tanto, oligarcas no pueden ser. ¿Cómo vas a llamar tu oligarca a gente que apuesta de su propio patrimonio? En Venezuela no hay una oligarquía de derecha. Ese argumento es el que utiliza siempre el gobierno para alimentar el resentimiento. Tienen que buscar a un depredador y señalarlo para conseguir una licencia para saquear y depredar en nombre de la justicia", afirma.

Con dos tazas de café y un fajo de billetes de 2 bolívares me explica la hiperinflación y con gran destreza de palabra comenta cuáles son los pilares que sostienen al régimen: "propaganda, relativización y culto".

Mientras conversamos en el televisor se ve un acto militar presidido por Maduro. "Una forma de demostrarle al pueblo que tienen el poder y las armas", reflexiona. Es parte del sistema de propaganda que permite a un régimen como el de Maduro subsistir.

Quien escucha sus análisis puede entrar en un conflicto al saber que este hombre en realidad es un ingeniero industrial. Su primer artículo lo escribió a los 19 años. Se titulaba "El temor frente al espejo" y hablaba de una sociedad que huía de analizarse a sí misma.

"Mi primer encuentro pensando en el periodismo como tal fue en el golpe de Estado que dio Chávez en 1992. Yo lo vi en vivo, lo vi desde que comenzaron a volar los aviones y me surgió la duda de cómo se informaba la gente, porque antes de esto la acción de informar nunca representaba un peligro. Te llegaba la información de todos lados: yo veía la opinión de la izquierda, de la derecha, de los de arriba, de los de abajo y pensé que era casi un proceso natural que estaba ahí para fluir. La primera gran amenaza que yo vi a la información fue justamente en el golpe de Estado, porque esos periodistas habrían podido morir. Se arriesgaron mucho cubriendo. Eso hizo que naciera una gran admiración por el oficio", me comenta.

"La sociedad se estructura en forma de telarañas, el periodista es donde convergen todos los hilos, absolutamente todos, porque la sociedad se nutre de sus capacidades. No hay interacción entre humanos y entre mercados que no pase por un medio en el que trabaja un periodista", asegura.

Pregunto entonces cuál es la relación que debe existir entre el periodismo y el poder. La respuesta es sencilla: "siempre de crítica porque el poder como tal contamina la información. Ellos tratan de poner el periodismo a su favor, y el periodismo nunca está a favor del poder, el periodismo siempre está a favor de la gente y de la nación. El periodismo no escribe para que el poder se lea a sí mismo, el periodismo escribe para que la gente se informe y tome sus mejores decisiones. Ser crítico significa verificar que lo que se está diciendo existe, que hay una verdad, porque el periodismo siempre tiene que usar como referencia la *verdad verdadera*, que existe".

Según Morán, el periodismo "es la vara con la que se mide a la sociedad".

Hablar de la libertad de expresión en este país evoca siempre un ejemplo tristemente célebre: Radio Caracas Televisión.

"Radio Caracas era un monstruo. Era líder en una de las industrias más competitivas que ha tenido Venezuela: la del entretenimiento. Todas las telenovelas fueron desapareciendo, porque creaban referentes de conducta diferentes al sistema socialista. En la música también fuimos líderes, ahora lo que hay de influencia en la música es de Colombia porque nosotros perdimos eso".

Morán comenzó con La Patilla en el año 2010 junto al periodista Alberto Ravell, exdirector general de Globovisión y Venezolana de Televisión. Desde ese momento se posicionó como un medio crítico al régimen de Hugo Chávez.

"La Patilla es opositora al socialismo porque a la edad que tenemos los que editamos este medio no podemos ser estúpidos. Está claro que somos opositores al socialismo, porque es el manual de muerte más grande que ha existido. El socialismo ha causado muchas más muertes que cualquier desastre natural o guerra. El socialismo es la peor plaga que le ha caído a la humanidad", dice.

"Si no fuese crítico y opositor al socialismo yo le daría curso al invento de que Venezuela tiene una guerra económica ¡por Dios! ¡Eso no existe! ¡Abran los ojos! Nosotros no cubrimos 'la guerra económica' ni los números de la Gran Misión Vivienda porque nadie los ha auditado. Son números de fantasía, sin referencia verdadera. Por lo tanto, no propagamos lo que no podemos comprobar", concluye.

El contenido del medio es muy variado. Hay entretenimiento, turismo, política, sociedad, farándula, entre otros.

"¿Por qué dicen que a veces somos sensacionalistas? Por los titulares. La Patilla modificó violentamente la manera en que titulamos, pero en un post nuestro van gráficos, van referencias a otros medios, a documentos, a un video, a fotos. Es decir, va todo un paquete de información que acompaña lo que tú estás narrando. Además, abrir los comentarios fue una revolución. La gente si no puede expresarse no va a ir a un medio, pero la Patilla esencialmente la crítica al socialismo", afirma.

– ¿Antes de Chávez había libertad de expresión aquí?

– Sí, sí había. No había censura, aunque sí había presión. Los gobiernos siempre hacen dos cosas, siempre. Primero, mienten. Y luego presionan para tener una imagen positiva. ¿Qué es nuevo ahorita? Mira, este gobierno miente todo el tiempo. Es decir, la mentira ya es política oficial. Antes la mentira era algo extraordinario, ahora la mentira es el eje de la política oficial, el gobierno miente todo el tiempo. Además, utiliza censura y te amenaza sino le das lo que te pide. Antes iban a buscar a los periodistas, los compraban o les mandaban regalos. Ahora no, ahora te amenazan. Hoy el canciller declaró que los medios ocultan los logros que han tenido en la Gran Misión Vivienda. Le reclama a la prensa mundial que no le dan crédito a la mentira ¿cómo van a reportar eso sin ningún referente que te diga que son dos millones de casas y no cincuenta? Los socialismos desaparecen a los referentes porque se basan en la relatividad. Te dicen: "bueno, esa es tu verdad, pero yo tengo otra verdad. La mía es una verdad oficial, la tuya es una verdad interesada". Lo que está sucediendo con los medios en Venezuela es sencillamente brutal. Es un proceso de demolición de la verdad.

– ¿Y pueden acabar con La Patilla?

Sí, claro. Yo ya tengo un socio afuera. Ahora, si a mí me meten preso La Patilla cae porque un medio periodístico depende de la gente y estos no son robots. Ellos al verme aquí sienten que hay un liderazgo visible. Yo los acompaño en medio de todo lo que nos toca vivir. Pero si eso cambiara ellos comienzan a decaer. Yo soy quien tiene que sostener la Patilla, 40 personas viven de esto y hay que tener ingresos suficientes para mantenerlo.

Google es el mayor productor de libertad de prensa en el planeta porque nos permite a muchísimos medios subsistir dentro de un ambiente muy hostil, como el caso venezolano. Yo vivo del *Google Ads.*

– En un ambiente como este es relativamente fácil mantenerse crítico porque hay mucho por criticar, pero ¿cómo será La Patilla el día que todo esto pase y llegue un presidente o presidenta de la actual oposición? ¿La Patilla va a seguir siendo crítica del gobierno?

– Absolutamente. Jamás vamos a hacer propaganda. Siempre vamos a estar en favor de la verdad. Tal vez criticaremos menos porque seguramente van a tener más éxito. Yo dudo que alguien pueda tener menos éxito que Maduro, es muy difícil. Quizás hablaremos de otras cosas. Cambiaríamos porque posiblemente todo cambiará. Entonces en lugar de decir que la producción va cayendo, diríamos que ha aumentado. En lugar de decir que aumenta la criminalidad diríamos que ha disminuido. Reseñaríamos quizás más cosas del crecimiento empresarial, pero también reseñaríamos los abusos que hay en los aviones presidenciales, los abusos de la oligarquía rancia que se instala en el poder, y que usan los aviones para fines privados, todo eso lo seguiríamos haciendo. Lo que pasa es que posiblemente no sean tan delincuentes como los que están acá actualmente.

Aquí tenemos que al presidente lo declararon culpable de haber recibido millones, y el sistema de propaganda lo minimiza, lo pone debajo de la mesa. Sus sobrinos y su esposa son narcos y traficaban desde la rampa presidencial. Posiblemente eso después no ocurrirá, pero si ocurre lo denunciaremos sin lugar a duda. Aunque sean amigos nuestros quienes estén en la presidencia, porque la amistad no tiene que ver nada con el ejercicio del poder. Quien ejerce un poder público tiene que estar dispuesto a rendir cuentas y a ser escrutado.

– ¿Puede contarme un poco de su situación jurídica actual?

– Sí. Yo enfrenté una demanda por difamación que hizo Diosdado Cabello hace 4 años, porque citamos un artículo que publicó el diario ABC de España con una entrevista a un hombre que había sido militar activo y parte del grupo de escoltas de Diosdado Cabello y dijo que lo estaban investigando por narcotráfico. Nosotros, al igual que El Nacional y Tal Cual, hicimos una cita fiel a esa nota. No agregamos ni una comilla. Pero Diosdado alegó que eso fue inventado, fue una patraña inventada y le teníamos que demostrar que estaba siendo investigado. Me pusieron en medidas cautelares. Desde hace 4 años yo me presento semanalmente en un tribunal a firmar y tengo prohibición de salir del país. En Venezuela, los juicios por difamación tienen una audiencia de conciliación que en nuestro caso se dio después de tres o cuatro años. La mitad de los acusados se fueron del país. En la audiencia, de esa otra mitad todos decidieron conciliar con Diosdado, menos yo. Los que se quedaron aquí conciliaron con Cabello. Hicieron una publicación pidiendo perdón por haberle causado daño a él. Para ellos el juicio se detuvo, la causa ya se extinguió. El único que decidió ir a juicio fui yo. No voy a admitir, ni me voy a disculpar por nada. Yo no he cometido delito alguno. Y el caso no es contra La Patilla, el caso es contra la libertad de expresión, porque la cita fiel es una de las herramientas más importantes que tiene el periodismo moderno.

– En este sistema lo más probable es que, a pesar de no haber delito, fallen en su contra.

– Es probable. Lo triste de esto es que por ahora me tienen con cautelar semanal permanentemente. Esas son maneras de intentar partirle el brazo a todos los que se oponen. En mi caso lo hacen por mi medio, pero a los defensores de Derechos Humanos les hacen lo mismo, les quitan el pasaporte, los amenazan. Es una situación terrible, que tal vez no se ve tan terrible porque nosotros hemos tenido capacidad de lucha. La resistencia que hemos demostrado el pueblo venezolano al socialismo es una cosa heroica. Pero yo te digo una cosa: estamos más cerca del fin de lo que el gobierno está pensando. No tienen viabilidad a mediano o largo plazo. Esto está por acabarse.

Camino al Panteón

Caminar por Caracas durante los días de las fiestas navideñas resulta verdaderamente inquietante. De aquella ciudad viva, intensamente colorida y próspera que nos presentaban en la televisión quedan solo rasgos que no corresponden con el recuerdo.

Hoy la tarde es apacible. Nuevamente hemos tenido que salir con nuestras vestiduras "de elfo doméstico". Nada de valor en los bolsillos. Solo las llaves de una casa de la que esperamos que no nos hayan visto salir. Faltaría nada más que nos asalten, nos quiten las llaves y secuestren el domicilio. Imaginar escenarios caóticos es un pasatiempo en la Caracas de Maduro.

Nos dirigimos al Panteón Nacional.

Si es lo que imagino, no me entusiasma la idea de ir. Supongo que es un recinto similar al Cementerio de Recoleta, en Buenos Aires, bello artísticamente, pero, al fin y al cabo, muerto en esencia. No soy de ir a los cementerios. Procuro vivir la vida lo más alejado que puedo de la muerte – aunque mi madre insista en que este viaje es un suicidio –.

Pese a mi resistencia, la insistencia es abrumadora.

Caminamos por la Avenida Norte y veo pocas almas en la calle. De repente se escucha una fiesta de cumpleaños amenizada por la potente voz de Olga Tañón – aquí la consideran artista nacional –. La música de esa fiesta es lo único alegre que se escucha esta tarde.

Mientras continuamos nuestro camino de repente una fila extensa se forma en la Plaza de las Mercedes. Son personas que van a pedir un plato de sopa a los voluntarios de una Iglesia cristiana que la ofrece de manera gratuita a quienes la necesitan.

La fila es de unos cien metros. Todos están callados, esperan su turno para que un cucharón cargado de caldo con verduras les devuelva un poco de alegría.

De repente, un espectáculo vulgar y miserable me roba la mirada. Una guardia nacional, uniformada y armada, caminaba junto a nosotros con un teléfono en su mano. Está envuelta en una videollamada con un familiar que vive en Argentina.

– Claro, ella sí puede – dice mi anfitriona – a ella nadie va a asaltarla.

Sacar el celular en la calle para presumir a los demás la inmunidad que le dan su uniforme y su pistola es solo una de las muestras de total cinismo de la Guardia

Nacional Bolivariana, ese ente policíaco oprobioso que se ha puesto de rodillas al servicio del dictador.

Tal vez parezca una tontería, pero no lo es. Después de una semana y media en Caracas me he dado cuenta de que sacar tu teléfono en la calle es un acto suicida. Por menos han matado a cientos.

Esta mujer, ataviada con su uniforme de vergüenza, restriega en nuestra cara el sentimiento de libertad que ostenta, mientras nosotros nos sentimos presos, inseguros y frustrados.

Sonríe, habla alto. Dice cifras de dinero abultadas que ha transferido a su novio. Cien salarios mínimos restregados en la cara de quienes hacen fila para pedir un plato de sopa.

Mi indignación era absoluta. El gesto era quizás absurdo, pero para mí era inaceptable.

Me quedé inmóvil, como tantas veces durante estos días. Protestar aquí es delito y se paga con la vida. A las pruebas puedo remitirme.

Seguimos caminando y dejamos atrás esa escena asquerosa.

Llegamos al Panteón. Nada parecido a lo que imaginaba. Consiste en una plaza amplia coronada por una parroquia antigua que fue "resignificada" para dar culto a los próceres de la patria.

Pese a no ser una iglesia el protocolo de vestimenta para entrar es tan estricto como en El Vaticano.

– Coño, me vine en short. Pensé que iba a estar cerrado... Te tocará entrar solo – dice mi indignada anfitriona.

En efecto. Mi amiga no pudo pasar. Entré, recorrí las naves en la que reposan los restos de Francisco Rodríguez del Toro e Ibarra, Ezequiel Zamora, José Gregorio Monagas, Manuel Ezequiel Bruzual y Juan Crisóstomo Falcón, Luisa Cáceres de Arismendi, entre otros.

Los frescos de Tito Salas que adornan la parte superior son estupendos. Enaltecen, por supuesto, la vida y gesta del Libertador.

Sarcófagos y monumentos de mármol captan la atención de los visitantes.

En el sitio donde alguna vez hubo un altar católico hay ahora una placa que señala el punto en el que estuvo el cuerpo de Simón Bolívar de 1876 a 2011 – cuando Chávez ordenó su exhumación –.

El lugar ahora es solo una escala que dirige a un mausoleo de proporciones asombrosas. Para llegar a él se pasa por el antiguo jardín de la parroquia en el que hay dos árboles de granada: "la fruta favorita del libertador", escucho decir a un señor.

Aún sin ser ciudadano de ninguna de las naciones liberadas por Bolívar entrar en su mausoleo me quita el aliento. Es una sensación sobrecogedora. Aquí se unen dos elementos contradictorios: la grandeza de su gesta y las barbaries que se cometen bajo el cobijo – no autorizado – de su nombre.

El sitio es imponente. Gloriosos a la derecha lucen los seis estandartes de los países liberados. A la izquierda, permanece inmóvil y espléndida la bandera de Venezuela.

Un tragaluz inmenso ilumina justo el lugar en el que yacen los restos de Bolívar, resguardados por una guardia de honor de cuatro soldados ataviados con uniformes desgastados, sombreros no aptos para sus cabezas, botas reutilizadas y miradas fijas hacia un horizonte indefinido.

Uno de ellos capta mi atención de forma particular: está encorvado. Denota cierto hartazgo. Me pregunto si podría haber tarea más aburrida que resguardar los restos de Bolívar. Mi mente suspicaz se pregunta si es acaso una pena que deben purgar los cadetes primerizos.

En la parte frontal del altar elevado se encuentra una de las espadas que pertenecieron al "venezolano más grande que jamás haya nacido". Esa misma espada que ha sido replicada y regalada por Chávez y Maduro a personajes tan deleznables como sus colegas Raúl Castro, Bashar al-Ásad y Muamar El Gadafi.

– ¿Qué dirías, Bolívar? – le pregunto en silencio a esa gran tumba de caoba con detalles de oro – ¿qué sentirías si pudieras vivir los ultrajes cometidos por estos idiotas en tu nombre? El pueblo al que liberaste ha sido oprimido de nuevo por quienes se hacen llamar "bolivarianos". Qué lástima.

Salgo del recinto. En la puerta mi amiga me dice que están por hacer el cambio de guardia antes de cerrar. Vuelvo a entrar y me coloco a un lado del salón junto a otras doce personas.

De repente hay tres soldados más que ven de frente la tumba. Comienza un ritual castrense que rinde preces a la memoria del Libertador. El acto se extiende por unos cinco minutos.

Una vez acabada la ceremonia la tumba queda sola y nosotros debemos salir precedidos por los guardias.

Salgo de ahí con un sinsabor particular: el represor manda a dar culto cada hora al antiguo libertador ¿quién puede rendir un homenaje a la libertad en este país? ¿Quién se siente libre en estas calles?

Curiosamente, el Panteón es un remanso de paz en Caracas. Basta salir de ahí para encontrarte nuevamente con la cruda y tensa realidad.

Derechos y Torcidos

— Yo solo me he enamorado una vez en la vida — escuché decir a uno de los guardias nacionales que custodiaban la Asamblea Nacional el 5 de enero de 2019.

— Yo solo me he enamorado dos veces — respondió sonriente uno de sus compañeros. Su mirada alegre lo delataba: recordaba a la perfección los buenos momentos junto a las dos mujeres que se adueñaron de su corazón para después hacerlo sufrir.

Eran siete los militares armados que conversaban distendidamente sobre sus amores. Estaban recargados sobre las rejas metálicas que impedían a cualquier persona acercarse a la Asamblea Nacional donde (dicen) encontraron un artefacto explosivo hace unas horas.

A los diputados opositores sí los dejaron pasar, tal vez pensaron que si algo explotaba era mejor que estuvieran ellos adentro. Mientras afuera yo escucho su conversación, en el interior Juan Guaidó es electo presidente del congreso.

Estos hombres enamorados que sonríen al calor de una cálida tarde de Caracas cargan en su pecho rifles listos para dispararte si demuestras oposición. Están entrenados a conveniencia: los sentimientos no aplican cuando se trata de reprimir al pueblo.

Hoy Venezuela no se divide entre izquierda y derecha: se divide entre derechos y torcidos.

Caracas socialista

"El socialismo no te mete los dedos en los ojos, sino las manos en los bolsillos", me dice David Morán, director del diario digital La Patilla, mientras me da un recorrido por la ciudad.

Las calles están vacías. No hay carros, no hay gente. Impresiona ver el deterioro de la que, según me dicen, fue una ciudad que no dormía. Hoy la delincuencia impone un toque de queda a partir de la hora en que se pone el sol.

Pasamos frente al periódico El Nacional. El edificio luce viejo, descuidado. La rotativa ya no gira, en el estacionamiento hay dos carros, pero de presencia humana no hay rastro.

Las agencias de venta de carros ya fueron abandonadas. Los negocios están cerrados. Es difícil saber cuáles dieron vacaciones a los empleados por la falta de venta y cuáles cerraron para no reabrir. La publicidad en las calles luce pálida. Según Morán, ese es uno de los síntomas del socialismo. "Lo primero que se va es el color".

He perdido la cuenta de cuántas veces he visto la mirada de Chávez en edificios caraqueños. Desde lo alto se impone a varios años de su muerte. Es una suerte de 'Big Brother' que vigila una ciudad por la que ya no puede hacer nada.

"Todo lo que ves aquí son edificios que ya existían antes del chavismo, pero ellos vienen, los 'resignifican' y pintan los ojos de Chávez para que parezca que los hicieron ellos", me dice Morán.

Mientras avanzamos por Petare, una de las zonas populares de Caracas, el panorama se vuelve desordenado. Tomas eléctricas clandestinas te dejan atónito. En esta ciudad la luz y el agua no pueden darse por sentado. Todo está racionado.

El transporte público que te sube a los cerros es ofrecido por unas camionetas de los años setenta reensambladas (o quizás "resignificadas"). No es extraño ver quemas de basura a media calle. Son montañas de bolsas que nadie recogerá jamás. Es mejor quemarlas, no hay de otra.

Avanzamos en el carro y pasamos por al menos seis gasolineras en las que no hay gasolina. "¿Cómo es posible?", me pregunto. Estamos en el país con las mayores reservas petroleras del planeta y no hay gasolina. En las contadas estaciones de servicio en las que hay, la cola de vehículos se extiende por al menos 150 metros.

¿De qué vale que la gasolina sea barata si no puedes conseguirla?

En Petare abundan los mercados callejeros. Me lo han dicho, aquí la gente ha tenido que aprender a ser comerciante. De eso viven. "Aquí quien no tiene plata no compra", sentencian. Parece una obviedad, pero lo cierto es que con un salario mínimo que ronda los 8 dólares al mes, quien no tiene plata no sobrevive.

Hablar del tipo de cambio no tiene sentido. Para el momento en que estés leyendo este texto todo será distinto. La moneda valdrá menos, el trabajo valdrá menos y la vida parecerá no valer nada. El servicio al cliente está muerto. Dicen que sonreír no cuesta nada, pero aquí hasta las sonrisas dan la impresión de tener tarifa y 8 dólares al mes no son suficientes.

La Caracas socialista se ha convertido en una ciudad fantasma, animada únicamente por el cerro El Ávila, que ha estado ahí desde antes de que a algún humano se le ocurriera poner un ladrillo a sus pies. Es bellísimo, te quita el aliento al verlo. Es un pulmón sin ideología, que da aire a una ciudad ahogada.

Llegar a Caracas

Nada más aterrizar en el aeropuerto de Caracas te impresiona. Llegué al medio día y para ese momento había siete aviones en las mangas del Aeropuerto Internacional Simón Bolívar.

Al entrar a la terminal fui recibido por un pasillo con escaleras eléctricas. Las luces estaban mal. Parpadeaban. Preferí omitir el hecho de que parecían ser la puerta de entrada a una película de terror. Llegamos a migración y no había un alma.

El turismo pereció hace mucho. Quienes vienen a Caracas son venezolanos que quieren visitar a sus familias unos días. Eso sí, saben que no pueden quedarse, aunque su corazón lo sufra. Aquí la vida es demasiado complicada.

Pasaron dos días hasta que pude tener algo de efectivo en mis manos. 500 bolívares, poco menos de un dólar al tipo de cambio oficial de ese día. Nada. Eso sí, eran veintiséis billetes. Coloridos, nuevos. Parecía que yo era el primer ser humano que los tocaba. Es de lo poco nuevo que hay en Venezuela, pues el gobierno pensó que la forma más sencilla de acabar con la hiperinflación era cambiar de moneda.

El año pasado el Bolívar Fuerte pasó a ser Bolívar Soberano. Al primero se le quitaron cinco ceros, por lo que aquello que costaba 1 millón de bolívares ahora costaba diez.

En países como México esta medida funcionó en los años 90. Hoy en día la economía todavía funciona con aquellos "pesos nuevos". En Venezuela el cambio funcionó dos horas y desató una dolarización clandestina en los precios que trajo aún más abajo el poder adquisitivo de los ciudadanos. Las medidas socialistas para la "distribución de la riqueza" los empobrecen cada día.

En las tiendas todavía ponen el precio en Bolívares Fuertes debajo del precio en Soberanos. Un paquete de galletas costaría 39 millones. Una Coca-Cola en lata costaría 180 millones.

Pagar 180 millones en efectivo era simplemente imposible. Durante años el billete de mayor denominación fue de 100 Bolívares Fuertes (al cual le dicen el inmortal, ya que aguantó estoicamente hasta que llegó la nueva moneda).

"Para ir a comprar cualquier cosa en efectivo tenías que salir con una bolsa llena de pacas de billetes, y tal vez no te alcanzaba para nada", me comentan.

Fue así como la economía se digitalizó y en este país casi todo se maneja por transferencias bancarias. Sin una persona que te preste su cuenta de banco no podrías hacer nada como turista en Venezuela.

Aquí cada comerciante pone el precio que Dios le da a entender. No hay reglas, no hay límites, cada uno intenta ganar tanto como puede. Para este punto las cosas están claras: el Bolívar Soberano va por el mismo camino del Bolívar Fuerte, pero diez veces más rápido.

Como en toda economía socialista o prohibicionista, el mercado negro ha fructificado como mangos en junio. Aquí todos parecen tener un diplomado de 'bachaqueros'. Es normal ver a dos desconocidos encontrarse en un parque para intercambiar un producto a cambio de dinero (electrónico). Es así como cada quién obtiene lo que necesita para comer o gana lo que necesita para vivir.

"Hasta los malandros se han ido"

Las primeras personas que desaconsejaron por completo mi viaje a Venezuela fueron mis amigas venezolanas exiliadas en México. Las entiendo. Ellas dejaron este país en un momento de convulsión social difícil de describir. Ahora Caracas está en otra etapa, una en la que el éxodo masivo la ha purgado de cosas que antes le eran inherentes: el tráfico, la gente, el comercio y el dinero.

Me llama la atención que pueden pasar minutos y minutos sin que veas a un niño en la calle. Hay ancianos, hay jóvenes y adultos, pero niños no hay. Parece que también se fueron.

"La situación de inseguridad antes era mucho peor... Lo que pasa es que todos se han ido, hasta los malandros", me cuenta una doctora que se ampara en las cifras: entre 3,2 millones de venezolanos han salido del país en los últimos años y según la OEA, de continuar el régimen de Maduro, en 4 años la cifra podría ascender a 10 millones en total.

No voy a mentir. He visto supermercados bien abastecidos durante mi estancia en Caracas. No todos. Sin embargo, ¿quién puede comprar en un supermercado donde una bolsa de detergente cuesta el equivalente a su salario mensual? Pocos.

Es difícil comprender cómo hacen las personas para vivir en este país. El régimen les ha quitado el derecho a tocar su riqueza o su pobreza. Les toca vivirla, asumir que existe en una cuenta de banco y esperar que Dios les proteja de un ataque informático que los deje sin nada.

"Si aquí la situación es difícil, en el interior es tres veces peor", me comentan.

Venezuela no vive en paz. Solo en 2018 murieron violentamente 23.047 personas en el país, convirtiéndolo en el más violento del mundo. Según el Observatorio Venezolano de Violencia, 10.422 de esas muertes fueron por homicidio, 7 523 por resistencia a la autoridad y 5 102 están en averiguación.

Este global es menor en 3 mil muertes al índice de 2017 y a su vez menor en 5 mil muertes al de 2016.

Al leer estos datos me viene una pregunta a la mente, una que le haría a Maduro si lo tuviera frente a mí: ¿una disminución en la cifra de muertos verdaderamente significa algo cuando la vida es tan precaria que parece un castigo? No lo creo. Esa disminución, en mi opinión, corresponde únicamente al éxodo masivo de los últimos años.

Entrevista a Felipe Pérez

Una vez terminada mi entrevista con David Morán, director de La Patilla, comienzo una entrevista del otro lado de la oficina a don Felipe Pérez, quien fue, durante el gobierno de Chávez jefe del gabinete económico, ministro de planificaciones, presidente de la Comisión de Transformación del Estado y de la Comisión del Poder Popular – que veía el tema de la democracia participativa –. La misión es interesante, pues para este punto de la historia resulta evidente que cualquier planificación que pudiese haber tenido el chavismo terminó en un absoluto fracaso.

Su paso por el gobierno de Chávez le valió todo tipo de etiquetas, pues la lógica indica que los únicos motivos que podían llevar al "comandante" a designar a un ministro eran una amistad entrañable y una afinidad ideológica.

Con tono de voz pausado y crítico, don Felipe conversa conmigo sobre su gestión en el gobierno del extinto presidente, quien supo de él gracias a los artículos que publicaba en la prensa de Venezuela.

"Chávez me leía mucho por mi enfoque y cuando ocurrió el golpe de Estado de 2002 él regresó muy mansito, llegó casi pidiendo perdón. Decía: 'vamos a hacer una cosa. Yo voy a cambiar mi gobierno, vamos a convivir, vamos a trabajar juntos'. Fue en ese momento que me trajo y me dio mucho poder. Yo tenía la idea de que era un tipo nacionalista. En esa época no era socialista, de hecho, él criticó públicamente a Cuba y dijo que esa no era la vía de Venezuela. Yo le entregué a Chávez una propuesta para el mercado en la que este elemento era el centro del mecanismo, pero bajo una regulación estándar del Estado", me comenta.

Su gestión al mando de la planificación del gobierno bolivariano duró solo once meses, pues de inmediato percibió los niveles de corrupción de quienes trabajaban en el área de economía.

"El ministro de finanzas me traicionó. Al día siguiente de haberlo nombrado ya era un corrupto. Yo fui el culpable de poner a Tobías Nóbrega en el gobierno. Yo sabía que el tipo conocía de economía, pero no sabía que era un ladrón. Me di cuenta de que él hizo un plan que consistió en que cada ministerio dijera cuanto quería gastar. Él sumaba y fijaba el presupuesto con base en las peticiones de los ministerios de defensa, educación, salud, etcétera. Su plan consistía en sumar sus peticiones y darles el dinero, independientemente de que hubiera suficiente para financiar esas cifras o no", denuncia.

"Yo le dije a Chávez: 'si me estás dando poder voy a hacer un acuerdo con la industria y el comercio en el cual acordamos todo en materia económica pero que en materia política se jalen las greñas. O sea, que peleen todo lo que quieran en lo político, pero en la economía, por favor, vamos a ponernos de acuerdo. Yo impulsé el régimen cambiario más exitoso, el régimen cambiario del mercado puro y duro donde el mercado fija el tipo de cambio, no el gobierno. Impulsé cosas buenas, pero no hubo química", reflexiona.

"Después Chávez se fue a la mano de Fidel y a partir de 2003 dijo que en realidad el modelo cubano era el que nosotros debíamos seguir. En ese momento, empezó a atacar al sector privado a muerte. Atacó a la oposición a muerte y formó su propio empresariado a su gusto", afirma.

La planificación de Chávez

"Lo de Chávez fue una creencia tonta. Él se gastó todo, pero se endeudó para gastar más, una cosa absolutamente absurda e inaudita. Ellos en la práctica se guiaban por lo que les decía Cuba, teóricamente Cuba era el que orientaba todas las opciones de materia económica, planificación, pero fue un desastre total, no tenían ningún plan de desarrollo a largo plazo, ni de tener una ideología de convertir el estado en productor, en regulador, en controlador, un remiendo de Cuba, pero mal hecho. Entonces claro, aquí tampoco funcionaba porque había fuerzas que ellos no podían controlar", afirma.

Según Pérez, el socialismo bolivariano no era ni siquiera socialismo, "era un cuasi estalinismo personalista y militarista. Con Chávez los militares pasaron a ser la mafia regente del cartel que los domina, un cartel que se hace mucho más poderoso y además se envició de una manera totalmente inusual. Se aferraron tanto al poder que mataron a la gallina de los huevos de oro, que era PDVSA – la empresa estatal de petróleo –", recuerda.

Haciendo un análisis de la coyuntura actual, don Felipe asegura que "en los barrios populares hay un odio visceral contra Maduro. Tal vez se mantienen como chavistas, pero odian a su sucesor. Fíjate que cuando trataron de matar a Maduro nadie salió a las calles a pelear", asegura el político.

Según Pérez, el panorama político venezolano podría tener un arreglo.

"Normalmente, para estabilizar la economía hay que tener los principios básicos macroeconómicos. Una de las cosas con las que tienes que acabar es el déficit fiscal. Normalmente tienes que bajar los gastos y subir los impuestos. Aumentar los impuestos tiene efectos contractivos sobre la actividad privada. Aquí es paradójico, porque no hay que hacer eso. Venezuela es el único país en el que tú puedes hacer las cosas sin recurrir a un 'ajuste clásico'. Lo que hay que hacer aquí es quitar la fuente a los corruptos. El cartel de mafias es el único que se va a perjudicar si le quitan la fuente de financiamiento directo", asegura.

"Si tu generas unos equilibrios básicos en el sector público, lo demás lo hace el sector privado. En otros países tú tienes que amarrarte el cinturón y hacer frente a la escasez. Aquí no tienes que amarrarte el cinturón, tienes que soltar las amarras. Si cierras la brecha fiscal, frenas en seco la maquinita de hacer dinero. Por tanto, frenas en seco la hiperinflación y abres la puerta al sector privado nacional e internacional. Si esto sucede veremos un *boom* a partir de los 6 meses en que empieces a ordenar el poder. La cosa aquí está tan desquiciada, que un mínimo de cordura hace milagros", comenta.

Pérez afirma que Maduro resulta cada vez menos efectivo para los círculos que se benefician de la rampante corrupción en Venezuela. Estos caza-renta se han propuesto en varias ocasiones quitar al exdirigente sindical de la presidencia, para poner a un nuevo "títere" que se deje conducir de una manera más eficaz.

"Ellos quieren cambiar al títere y poner a uno que haga algunas reformas para seguir gobernando, con una cuasi democracia. Eso ocurrió cuando Henry Falcón se presentó como candidato para las elecciones del 20 de mayo de 2018, que ganó fraudulentamente Maduro. Henry se presentó como el títere de los caza–rentas", comenta el exministro.

Para el político y analista. Maduro y su pandilla son "drogadictos al poder y cuando tú eres un drogadicto no piensas bien. Por esto no implementaron las reformas adecuadas, porque claro, estas implicaban dejar a Cuba sin subsidio alguno y como este país se mueve desde La Habana, ninguno de los caza-rentas cubanos quiso dejar de percibir su dinero", explica.

Sobre la actual oposición, el exministro asegura que hay líderes que se han separado de aquellos que se habían hecho pasar por opositores, siendo en realidad aliados del gobierno.

"Existía la opinión de que había que unir a toda la oposición para poder salir del gobierno. Con el tiempo se entendió que tú no puedes unir a toda la oposición. Tienes que separarte de los títeres comprados", asegura.

De acuerdo con su análisis, tras la llegada de Guaidó "hay una coyuntura propicia para la conformación de un nuevo pacto que implique la unión de los que tienen coraje en materia política, de la sociedad civil y de los militares en rebelión. La comunidad internacional deberá ser liderada por Trump, Duque y Bolsonaro, que quieren realmente actuar en Venezuela. Si logran unir estos factores podrán sacar a Maduro, poner un gobierno de transición y llamar a elecciones libres".

"Anota esto: Maduro va a caer muy pronto", concluyó.

Torturados

Encontrar el Museo de los Derechos Humanos de Caracas es una misión bastante complicada. Supe de su apertura por las redes sociales de Lilian Tintori y durante mi segundo día en la ciudad me propuse visitarlo.

Para mi sorpresa ningún criterio de búsqueda en internet era capaz de decirme dónde quedaba.

El día en que me confirmaron la entrevista con Lilian me notificaron que ella quería darme un recorrido por el Museo. Acepté encantado.

Llego al lugar, una casa de fachada sencilla y sin rótulos. Nadie imaginaría que en esa casa hay un museo.

Nos recibe un hombre con gran amabilidad. Tiene la cabeza rapada y una barba prominente. Sonríe nervioso. Su mirada delata la emoción que siente al recibirnos.

– Ya le dije a Lilian que están aquí. Esperen un momento nada más en lo que termino de arreglar y les doy el recorrido.

Lilian viene un poco demorada, por lo que delegó el recorrido en uno de sus compañeros para dedicar nuestro encuentro únicamente a la entrevista.

Le pregunto a la mujer de la pequeña recepción cuántas personas han venido al Museo.

– Esta semana, que en realidad es la primera, habrán venido unas tres.

La noche anterior estuvieron aquí Juan Guaidó y los diputados de Voluntad Popular conviviendo con los familiares de los presos políticos.

– ¿Qué fecha es hoy? – pregunto en un momento de distracción.

– 9 de enero de 2014 – me dijo nuestro guía.

– 2019 – corregí y el error le provocó una gran vergüenza –. No se preocupe, siempre que empieza el año todos nos confundimos.

– Claro, lo que pasa es que yo estuve preso cuatro años. Me detuvieron en 2014 y en la prisión perdí la noción del tiempo, entonces mi mente siempre piensa que seguimos en 2014.

Me quise morir de la vergüenza. El hombre que tenía frente a mí era Raúl Emilio Baduel, ex preso político.

Le pedí una disculpa, él sonrió y me dijo: "ya pasó, ahora seguimos luchando".

Finalmente entramos a una gran sala cuadrada con grandes paredes blancas llenas de dibujos y objetos.

Nada más entrar un dibujo hecho en tiza nos recibía. Hecho por Gabriel Valles, buscaba representar la cárcel a cielo abierto que es actualmente Venezuela. Según el artista, aquí todos comparten una condena injusta.

La segunda estación presenta una serie de dibujos hechos por presos políticos. Reconozco inmediatamente los que fueron hechos por Leopoldo López. Uno de ellos muestra al gavilán que llegaba casi todos los días a visitarlo en su celda.

– De hecho, entre sus amigos a Leopoldo lo llamamos *gavilán* – me dice.

Según me comenta nuestro guía, ninguno de los presos sabía dibujar cuando fueron detenidos. El exceso de tiempo muerto les motivó a buscar un refugio en el arte. En todos los casos la evolución con el tiempo fue notoria.

Mientras avanzo por la pared blanca de ilustraciones encuentro una sección dedicada a Leopoldo. De inmediato fijo mi mirada en un rosario que cuelga de la pared. Su historia es impactante. En otro punto de este libro la contaré.

Llegamos a una sección del muro llamada "Poemas para Venezuela". En esta sección cuelga solo un elemento. Un escudo metálico redondo con la bandera de Venezuela y las siete estrellas que representan la era previa al chavismo.

"Este escudo pertenecía a César Pereira, un joven de 21 años asesinado en mayo de 2017 con dos disparos. Tenía este escudo en su brazo para protegerse. Su mamá se lo regaló a Leopoldo López y él nos lo prestó para el museo. Hizo mucho énfasis en que es un préstamo", nos comenta Baduel.

Raúl se fija que no venga nadie y nos dice que va a hacer una excepción a la regla. Descuelga el escudo y me lo da. Lo cargo. Es pesado. Meto mi brazo en la misma posición en la que César lo llevaba. La carga emotiva del momento es tremenda.

César Pereira tenía mi edad. Los dos nacimos en el mismo año, pero él tenía dos años de haber muerto por haber defendido su deseo de libertad.

"Si ves, aquí están los rastros de su sudor sobre el acero oxidado", me muestra Baduel. Le regreso el escudo. Necesito un momento antes de seguir.

Presiento que lo que falta no será nada reconfortante.

Avanzamos hacia un muro lleno de fotografías. Todos esos retratos son rostros de personas asesinadas durante las protestas de 2014 y 2017. Faltan personas, pero al ver esos rostros la conmoción es absoluta. Tantos jóvenes. Tantos. Muchos de mi edad. Todos podrían ser mis hermanos, mis primos, mis amigos. Cada fotografía representa una familia que sufre todavía esa vida eliminada por la dictadura.

Llegamos así la reja de una representación de las celdas de tortura de *La Tumba*. De esa reja cuelgan unas esposas con las cuales Raúl Emilio nos ilustra uno de los métodos de tortura.

Esas esposas están a una altura superior a la del torturado. De esta forma le hacen imposible mantenerse en pie sin lastimar sus brazos. El peso hace que vayan perdiendo el aire. Los mantienen así hasta tres días, esperando a que hayan orinado y defecado encima.

– Ya estando en libertad, hace poco en el Estado de Táchira, fui guindado de esta forma de una reja de la sede del SEBIN de La Fría. Me alzaron a manera de péndulo para luego soltarme y me estrellara contra las rejas. Y tengo evidencias de esas laceraciones – me dice mientras destapa sus piernas todavía heridas –. Porque tú estando amarrado lo primero que haces es meter los pies para no estrellarte – me comenta.

Entramos a la celda del museo. En la pared blanca hay una frase: "Prohibido olvidar". Baduel me explica:

– Esta es una representación de las dimensiones de lo que son las celdas de tortura en *La Tumba*, en el SEBIN de Plaza Venezuela. Aquí aplican tortura blanca. Una tortura con una luz eléctrica las 24 horas del día. No te la apagan para que te desorientes en tus funciones cognitivas. Una tortura donde te cambian la hora de comida en la noche y en el día para que no tengas noción del tiempo. Emplean temperaturas de 8 grados centígrados, porque eso no fue diseñado para una cárcel sino como una bóveda bancaria. Solamente te permiten tener una bata naranja. En este momento mi padre, el general en jefe Raúl Isaías Baduel, se encuentra en esa situación. Cinco pisos bajo tierra en los sótanos del SEBIN – nos comenta.

– Imagínate estar las 24 horas del día en una constante vigilancia, pero estar encerrado. Y en la noche, cada dos horas alumbraban el piso con una linterna para que salieras de los nichos y contarte. Y si no te parabas te echaban agua. Presumimos que era agua, pero es una ironía en un lugar donde solo nos ponían agua diez minutos al día. En *la Tumba* es así. Sin esta reja, pero con una cámara. Es estar preso. En solitario, pero sin tener privacidad. Mira la dicotomía de lo que te estoy comentando: es estar solo, pero no estar solo. Es estar solo, pero sin privacidad. Tienes una cámara las 24 horas del día que no permite que hagas tus funciones personales.

Raúl Emilio se mueve a una de las esquinas de la celda donde hay una pequeña mesita con unas cartas, las toma y me dice:

– Tenemos unas cartas que me envió mi padre y yo las puse aquí para que fueran expuestas. Esta carta en especial se la dio mi padre a mi hermana para que me la entregara a mí dos días después de mi excarcelación. Y la carta dice así:

A Raúl Emilio:

Amado hijo. Pido a Dios omnipotente que ponga su luz en tus sentidos, su amor en tu corazón y su virtud te conceda la fortaleza espiritual y corporal. Convocando al Altísimo te envío mis bendiciones y todo mi amor paternal.

Al enterarme de la buena nueva, elevé mi oración de acción de gracias a Dios Padre y en su tiempo perfecto hizo brillar su justicia que es inexorable e infalible. Te ha resguardado con su escudo protector y permitido que vivas esta dura prueba con el propósito de forjar tu corazón y hacerte un hombre bueno, un hombre de bien que no se deja arrastrar por las vilezas de los abyectos corazones de rastrero proceder.

Hijo mío. Tiempo de mucha prudencia y cautela. Muy válido para ello son los preceptos recogidos en las sagradas escrituras, en el libro de Proverbios. Me permito citar: "Oye hijo mío la instrucción de tu Padre, no menosprecies la dirección de tu madre, porque adorno de gracia serán a tu cabeza y collares a tu cuello".

Que Yahvé Elohim de los ejércitos te bendiga y guarde siempre.

Te ama,

Papá.

Salimos de la celda. Me muestra una pancarta con los rostros de un grupo de ocho policías metropolitanos, presos desde hace quince años.

Ellos, los hermanos Guevara, Iván Simonóvis y el General Baduel son los presos políticos con mayor tiempo de condena.

Nos movemos hacia una columna donde encontramos lo que Raúl llama "artesanías carcelarias". Colgando del techo hay unos rosarios hechos por presos del Helicoide, mismos que se vendían en el exterior por 1 dólar. Según me comenta esa es la única forma que tienen de aportar algo a sus familias.

– Una de las cosas más difíciles de estar preso es convertirse en una carga. Entonces uno busca de cualquier manera aliviar eso. Imagínate estar por dos, tres o cuatro años sin ningún tipo de generación de riqueza. Más bien te conviertes en una carga por los abogados, los expedientes, las copias, la comida que te llevan, etcétera. Entonces los rosarios los hacían los presos en El Helicoide y los vendían en el exterior a un dólar.

Lilian en secreto compró un lote de ellos y fue muy emotiva la sorpresa que se llevaron algunos cuando los vieron aquí", me dice.

– Ahora te voy a dar un mensaje esperanzador con las palabras que más inspiraron a los presos políticos durante su prisión. Durante la ignominia de su cárcel – me dice Raúl al llegar al final de nuestro recorrido. Se trata de un muro lleno de frases escritas a mano.

– La primera es de mi hermano de prisión, "El Gato" Alexander Tirado, quien pasó momentos de tribulación. Él decía que estaba peleado con Dios. En un momento le llegó una musa a su mente en la que recibió esta frase:

Dios tiene un plan perfecto y nos está acumulando las alegrías

También tenemos mensajes de presos políticos actualmente. Este es de Iván Simonóvis:

El peor castigo de un preso político es ser olvidado

Por eso decidimos hacer este museo ahorita y no después de salir de la dictadura.

Para terminar, y me concedo este lujo porque soy yo quien les está dando este recorrido, quiero narrarles este poema, que no es de mi autoría. Es uno que aprendí estando muy joven y le pertenece al escritor argentino Pedro Bonifacio, pero estando en el peor momento de mi prisión, en una celda de olvido, me dediqué a recordarlo. Un día me pasaron un tuquito de lápiz y escribí en la pared el Padre Nuestro y el Ave María, pero este otro tardé un mes recordándolo. Dice así:

No te sientas vencido, ni aun vencido

No te sientas esclavo, ni aun esclavo

Trémulo de pavor, piénsate bravo

Y arremete feroz, ya malherido

Ten el tesón del clavo enmohecido

Que ya viejo y ruin vuelve a ser clavo,

No la cobarde intrepidez del pavo,

Que amaina su plumaje al primer ruido

Procede como Dios, que nunca llora

O como Lucifer, que nunca reza

O como el robledal, cuya grandeza

Necesita del agua y no la implora

Que muerda y vocifere, vengadora

Aún esté en el suelo, rodando, tu cabeza.

– ¿Cómo es que en medio de tanta tortura y tanto sufrimiento al final todos son tan creyentes en Dios? – le pregunto.

– Te lo da la misma tribulación. Yo tuve la oportunidad de leer más de 4 veces el nuevo testamento estando en prisión, dos veces y media la Biblia entera. Más allá de que sea una escritura hecha por hombres, te llega el mensaje. Otras personas me preguntan si deseo perdón. Claro, hay que perdonar, pero tiene que haber justicia llevando al verdugo a la cárcel.

Yo pienso que hay que perdonar, porque si yo no los perdono, sigo siendo preso de ellos. Sigo siendo preso de lo que me hicieron. La única forma de liberarme verdaderamente es perdonando. Por eso hago mías unas palabras de Mandela: "cuando salía por la puerta, que me llevaba a la entrada de mi libertad sabía que si no dejaba todo mi odio y toda mi amargura atrás todavía estaría en prisión". ¡Bienvenido, Hermano! – concluye y me da un abrazo.

Entrevista a Lilian Tintori

Una pared blanca exhibe objetos de particular valor sentimental. Una carta en la que un esposo le pide al amor de su vida que cuente a sus hijos de las extraordinarias aventuras que vive en la selva con los animales, con el fin de que ellos estén tranquilos mientras él está en la cárcel. Al lado de la carta hay un rosario hecho de cobre. Según me cuentan, fue hecho en el peor momento de la detención de Leopoldo López en la cárcel militar de Ramo Verde.

"Siempre que nos ponen en aislamiento los presos buscamos algo en el suelo, lo que sea... Algo con lo que podamos entretenernos. Leopoldo encontró una toma de electricidad dañada y empezó a jalar del cable... Con ese cable de cobre hizo este rosario", me cuenta Raúl Emilio Baduel, ex preso político del régimen de Maduro, quien me conduce por un pequeño y casi clandestino Museo de los Derechos Humanos de Caracas.

Mientras observo el rosario que cuelga de la pared blanca escucho una voz familiar que entra al edificio. Es Lilian Tintori, esposa de López, a quien el régimen mantiene en prisión desde hace más de 5 años. Es una de las piedras más molestas en el zapato de Maduro.

Llega vestida con una camiseta blanca con el rostro de su esposo pintado con los colores de la bandera de Venezuela. Su vestimenta no varía mucho desde hace un lustro. Todo en ella comunica un anhelo de cambio, desde su ropa hasta su mirada.

Atenta, apurada, serena y analítica, Tintori es una mujer hecha para luchar.

"Esta es una lucha lenta. Requiere mucha resistencia, mucha resiliencia. Es una lucha que se basa en la esperanza. Uno lucha sabiendo que esto es lo correcto, que sí vale la pena el beneficio, pero es lento. La comunidad internacional ha sido lenta, tiene otros tiempos, y también tienen sus propios problemas. Eso nos ha tocado entenderlo, pero al mismo tiempo empujar, porque depende de uno que ellos se manifiesten, depende de uno que ellos se pronuncien, que digan que no reconocen a Maduro. Depende de uno que ellos digan que esa elección del 20 de mayo no fue legítima", afirma.

Tintori es una mujer que te habla mirándote a los ojos. Pese al desgaste de los últimos cinco años su abrazo es efusivo y su sonrisa es sincera. Durante los primeros tres años y medio de este periodo viajó por el mundo llevando a los gobernantes las pruebas de la represión que el régimen ha infligido sobre el pueblo de Venezuela, al tiempo que participaba activamente en las protestas que buscaban obtener la anhelada libertad.

Lilian era el brazo internacional de esta lucha, hasta que el gobierno decidió impedirle la salida del país.

"A mí me quitaron el pasaporte. Pero con todo y esto nosotros hemos hecho un trabajo aquí en las embajadas. Hemos hecho giras internas. Yo visito a los embajadores y encargados de negocios de todos los países, incluyendo Rusia, para contarles la verdad de lo que pasa y darles el testimonio directo de Leopoldo, que en este caso es preso político. También les hablo de 400 presos políticos que conocemos", me comenta.

El lugar en el que nos encontramos nació de su propia iniciativa. Es un recinto sencillo, lleno de simbolismo en cada metro cuadrado.

"Este museo es de quienes han estado presos y ahora están excarcelados, no en libertad plena, pero lograron salir de esas mazmorras, de esas cárceles inhumanas, y esas personas que lograron salir se están manifestando y trabajando por la democracia, sin rencor, sin odio, sin venganza", asegura.

Lilian ha tenido que criar a sus tres hijos en una Venezuela adversa, viendo cómo les hacen *bullying* en el colegio por ser hijos de un preso político y contemplando sus rostros asustados cada vez que los policías entran a su casa con armas largas para requisar a Leopoldo.

Si bien las corrientes democráticas de América Latina la perciben como un ícono de la lucha por la libertad, me pregunto cómo la perciben los chavistas.

"La verdad no sé cómo me perciben porque no los conozco. Creo que me perciben como alguien que no para, alguien que está ahí todo el tiempo fastidiando. Yo pienso que ellos saben que no vamos a parar y que nosotros lo que estamos buscando es la democracia, un país diferente del que tenemos", me comenta.

Su hijo, Leopoldo Santiago, tiene una pregunta en su mente: ¿cómo es posible que Maduro salga en los afiches con su pulgar en alto? Según dice Lilian, para el niño de 6 años el pulgar arriba significa que las cosas están bien, pero en su mente infantil todo está mal en Venezuela.

"Cuando mis hijos me preguntan si ellos son malos, si Maduro es malo, la respuesta que les doy a ellos es que yo no los conozco, pero lo que está haciendo es malo. Les digo que nosotros sí queremos hacer las cosas bien. Digo 'nosotros' porque estoy casada con Leopoldo que es un líder político con un plan país desarrollado para lograr un cambio pacífico, constitucional y electoral como siempre lo ha dicho desde el año 2014. Estamos en un momento que siempre dijimos que iba a llegar, donde ya no hay presidente electo ni reelecto. Un lugar vacío que tenemos que llenar los venezolanos, y le corresponde a la Asamblea Nacional asumir la Presidencia".

Es bien sabido que en Venezuela la constitución ha perdido validez para el régimen de Maduro quien se aferra a la silla presidencial.

"Tenemos que seguir luchando, seguir denunciando a este régimen inhumano, ya hay demasiadas pruebas que demuestran que Nicolás Maduro es un dictador, no solo por el trato a los presos políticos, que lo he vivido yo en carne propia, sino por los asesinatos en las protestas, 127 personas muertas porque les dispararon en el pecho o con tiros por encima de la cintura, en el tórax o en la cabeza. La mayoría eran jóvenes. Esto es un método de tortura, un plan sistemático para acabar con la oposición", dice.

"Es difícil lograr la unidad porque lo hace la dictadura. Los regímenes de dictadura dividen la oposición, se llevan a la cárcel u obligan al exilio de los liderazgos más fuertes, eso a todos nos ha pasado desde 2014. Esta dictadura trata de eliminar la oposición y a pesar de todo lo que han hecho, la oposición hoy está firme, unida y fortalecida", afirma convencida.

"¿Por qué Maduro no te ha metido a la cárcel?", le pregunto.

"Bueno ha estado a punto, y eso puede pasar en cualquier momento. Pienso que no lo ha hecho porque Leopoldo está preso, y él es el político, yo soy la esposa y la mamá de sus hijos. Yo lucho por los derechos humanos. El político está preso y sigue preso", recuerda.

Con 40 años, Lilian irradia una energía especial. Su agenda está siempre llena y sus horarios son inciertos. Su cabello está peinado con una trenza bastante sencilla. Ese peinado parece ser parte de su personalidad desde que saltó a la vida pública tras el arresto de Leopoldo.

Con gran serenidad, responde a cada pregunta que le hago. No tiene reparo en hablar sobre los cuestionamientos a los recursos con los que financia su trabajo, sobre las constantes rupturas en la oposición o la separación que hubo de las figuras de Leopoldo y Henrique Capriles.

Este es un extracto de nuestra conversación:

— Leopoldo se entregó por completo a la campaña de Henrique Capriles en 2012 y 2013 ¿qué concepto tenían ustedes de él?

— El concepto que tenemos de cualquier compañero de oposición. Había compañerismo, admiración, una lucha con un mismo objetivo: salir de este sistema, salir de esta dictadura. Evidentemente en el camino hemos vivido muchísimas cosas, en esos momentos le tocó a Capriles asumir esa campaña y toda la oposición lo apoyó. Y lo volveríamos hacer, sea Capriles o cualquier líder de la oposición que quiera salir de esta dictadura.

— ¿Por qué crees que existe la percepción de que Capriles le dio la espalda a Leopoldo cuando fue encarcelado? ¿Esto fue así? ¿Esperabas más apoyo por parte de él?

— Quien sufre por un preso político es la familia, por más que uno quiera transmitir ese sufrimiento jamás lo vas a entender si no te pasa a ti directamente. Y eso lo analizamos y sacamos las conclusiones: te tiene que tocar a ti para saber lo que se siente. En este caso Capriles como otros líderes de la oposición acompañaron esta lucha por la libertad de los presos, que aún no se ha terminado. Luchar por la libertad de los presos le toca al activista de los derechos humanos, y a los familiares directos, por más que tú quieras jalar a un líder a esta lucha es difícil que lo asuman. Es difícil, pero si lo asumen es muy positivo. Y hay liderazgos en la oposición que han asumido fuertemente las libertades de diferentes políticos, pero es lo que te digo: tienes que vivirlo tú y sentirlo tú para llegar al corazón de esos líderes y lograr que asuman el compromiso de sacar un preso.

— En una entrevista con Jaime Bayly, Leopoldo hablaba de Maduro como un "gobernante autoritario" pero la palabra dictadura para describir a Maduro no la usaron sino hasta después. ¿Qué fue lo que hizo que finalmente se hablase de una dictadura?

— La suma de muchas arbitrariedades, la suma de muchas violaciones de derechos humanos, crímenes de lesa humanidad. Chávez lo hizo progresivamente, fue cerrando medios progresivamente, fue expropiando progresivamente tierras que no eran de él. Maduro, en cambio, ha sido descarado sin sentido. Hugo Chávez inhabilitó a Leopoldo en 2008. Maduro lo encarceló en 2014 por miedo a su liderazgo. Aquí quieren eliminar al que es líder, pero la lucha sigue, las protestas siguen, y las ganas de salir de esto siguen, con más fuerza, con más dignidad y con más moral.

— ¿Le reconoces alguna virtud a Chávez?

— La verdad ninguna. Estos últimos 20 años han sido lo peor que le ha pasado a Venezuela. Por él estamos en la peor crisis de nuestra historia. Yo tengo la esperanza de que todo lo que hemos vivido nos sirva para salir adelante.

— ¿A Maduro?

— No... Ha intentado destruir a mi familia. Ha intentado destruir a mi esposo. Lo ha llevado al límite, pero no pudo y no va a poder.

— En estos cinco años de lucha ¿de dónde han salido los recursos para sostener a tu familia? Porque tú eres el sostén, eres quien puede tener más margen de acción para mantener tu hogar ¿de dónde sale el dinero para financiar tanto trabajo?

— En el año 2014 cuando Leopoldo cayó preso, yo pedí ayuda a los venezolanos, para hacer una gira internacional, y muchos nos apoyaron en esta gira que duró 3 años y medio. Esto fue pagado por los venezolanos, que no vivían en Venezuela pero que quieren regresar al país. Venezolanos empresarios, jóvenes, familias completas que se han ido huyendo o que se han ido para evitar que les destruyan su historia de vida, sus empresas, y están en diferentes partes del mundo. Ellos me contactaron para apoyarme y pagaron nuestra gira completa. De ese modo también yo tenía una estabilidad familiar aquí en Venezuela para mantener a mis hijos estudiando, mi casa, mi seguridad – porque tengo medidas cautelares –. Actualmente, desde que me quitaron el pasaporte, esas ayudas internacionales no se dan porque no puedo salir, pero continúan las ayudas por medio de quienes siguen la causa de Leopoldo. Ellos nos ayudan en nuestro día a día para mantener no solo nuestra casa y a nuestra familia, pero también hay que mantener a nuestros equipos de trabajo, a nuestros activistas de derechos humanos, nuestra ONG Todos por la Libertad, al partido Voluntad Popular, que es un partido grande y fuerte a nivel nacional, y mantener la oficina de Leopoldo que no ha dejado de trabajar ni un minuto a pesar de que él está preso.

— Hubo un episodio muy lamentable y confuso. Este del dinero que te decomisaron, 200 millones de Bolívares Fuertes (moneda anterior de Venezuela) que eran unos 10 mil dólares ¿qué buscaba el gobierno con ese escándalo?

— Dañar. La verdad que a ellos nadie les cree. A cualquier persona le pueden sembrar o culpar de cualquier cosa. Ellos estaban buscando quitarme el pasaporte para bloquear todo el trabajo que todavía hoy estamos haciendo y que no va a parar. Hoy no tengo mi pasaporte, se robaron mi carro, y no tengo el dinero que tenía destinado junto con mis hermanos, para cuidar a mi abuelita que estaba en terapia intensiva en una clínica. Hoy, después de un año y medio, todavía no tengo mis cosas y no hay ni una razón o prueba de que hay delito.

— ¿Qué fue lo que llevó al gobierno a darle a Leopoldo casa por cárcel?

— La presión internacional, el trabajo que hicimos muchísimos a nivel internacional para constatar y evidenciar que a Leopoldo sí lo torturaron en Ramo Verde y que el trato que le daban era inhumano. Era un trato peligroso y pudieron haberlo matado. Lo amenazaron de muerte en dos oportunidades, lo apuntaron con un fusil en el pecho. Lo levantaban a las 3 de la mañana, tuvo más de 21 requisas violentas y le destrozaron la celda con las pocas cosas que tenía. Lo tuvieron sin comunicación, sin llamadas familiares, sin visitas, lo aislaron en solitario durante un año en una torre. Leopoldo tuvo que pincharse los dedos para escribir con sangre porque le quitaron el lápiz.

En una ocasión tuvo la oportunidad de gritar desde Ramo Verde que lo estaban torturando. Teníamos un mes de no verlo y cuando él grita con su voz: "me están torturando", ocasionó una impresión muy fuerte porque no era yo quien lo decía. Le dieron comida descompuesta durante varios días, estuvo crítico de salud y no lo trasladaron, perdió 2 piezas dentales y el 70 por ciento de la vista. Él entró sin lentes a la cárcel ahora no puede dejar de usar lentes, porque perdió la vista por todas las horas que lo dejaron a oscuras. Nunca le hicieron el chequeo médico que se merece cualquier ser humano, porque a este régimen no le importa la salud de las personas. Aquí matan a la gente y no les importa, no tienen escrúpulos. Perdieron todo valor democrático en estos 20 años.

— Eres una mujer de fe, católica practicante.

— Sí.

— ¿Cómo haces para mantener la fe en medio de tanto sufrimiento?

— Mira, cuando tú conoces el mal de frente tienes dos opciones: o te dejas sonsacar por el mal o luchas contra él. Son opciones que te da la vida siempre. En algún momento de tu vida se te presentan dos caminos, y tú tienes que decidir por cuál tomar. Si tú tienes unos valores inculcados de familia, que te han enseñado cuál es el bien y cuál es el mal, y además te han enseñado la fe, seguramente vas a agarrar el camino del bien. Yo soy muy católica, y estoy formada en una familia igual a la de Leopoldo, por eso cuando nos conocimos nos enamoramos: teníamos crianzas parecidas, dirigidas a buscar el bien, buscar la democracia y hacerlo con fe en Dios, guiados por su palabra y por la Biblia.

En el momento en que yo fui a Ramo Verde y vi el mal y la tortura de cerca, decidí luchar contra eso. Yo tenía muchas opciones: yo podía irme con mis hijos y protegerlos, porque estaban en riesgo, y siguen estándolo. En el momento en que Leopoldo cayó preso me mataron a mi mejor amigo en El Ávila, lo asesinaron con un tiro en la nuca. Yo tenía a mi esposo preso y a mi mejor amigo muerto. Yo en ese momento decidí luchar contra esto. Ahí yo me fui por el camino del bien, y con fe he logrado aguantar esto. La fe te sostiene para luchar contra el mal. La fe te recuerda que la violencia es el arma de los que no tienen la razón, y esa es el arma de Maduro.

— ¿Como católica crees que la posición del Papa con respecto a Venezuela ha sido la correcta?

— Como católica espero mucho más del papa Francisco. Me he reunido dos veces con él y sabe perfectamente quién es Leopoldo. Le hice una protesta fuerte en El Vaticano. Me encadené 4 días con la mamá de Leopoldo y Mitzy, la esposa de Ledezma. Hicimos una protesta fuerte que no le gustó ni a él ni a los representantes del Vaticano en Venezuela, pero lo hice porque tenía el deber moral. Y lo haría otra vez. Es más, estoy a punto de hacerlo de nuevo porque merecen muchas protestas más. No puede ser que siga pasando el tiempo. Ellos tienen una responsabilidad moral de rescatar a los países que están en dictadura y bajo un comunismo inhumano.

10 de enero

– ¿Todos esos son Chavistas de verdad? – le pregunto a una amiga.

– Podrán ser chavistas, pero ninguno grita Maduro – responde.

Es cierto. Incluso las canciones que hacen sonar por medio de parlantes vulgarmente saturados rinden homenaje a Chávez ¿dónde está Maduro en esas letras infames? Parece que han sido pocos los compositores que se han visto inspirados (o sobornados) por el "dictador bananero" – como lo llama jocosamente Jaime Bayly–.

Por la avenida Baralt suben autos y camionetas blindadas. Son funcionarios o miembros de las cuatro delegaciones oficiales que asisten a la cuestionada investidura (Cuba, Nicaragua, El Salvador y Bolivia).

Por un momento el número de patrullas y el movimiento militar nos hace pensar que Maduro está pasando.

– Tanto cuidarlo... Si yo tuviera una bazuca exploto toda esa mierda –, escuché decir a alguien.

En Venezuela está prohibida la señal de CNN en Español desde 2017. Pese a ello, la cadena ha liberado su señal en YouTube para que sea vista en este país. Es así como logro sintonizar la cobertura de la ceremonia.

Su corresponsal, Osmary Hernández, está a solo unas cuadras de la terraza en la que me encuentro. No se ven tantas personas en la zona. Todos los que bajan aquí deben subir a pie hasta el Tribunal. He vivido el entusiasmo de las masas que quieren asistir a un evento, aquí nadie tiene prisa por llegar. Se saben parte de un teatro cada vez menos efectivo.

De repente una suerte de comparsa móvil intenta instaurar un ambiente de fiesta entre los marchantes. Su música rítmica de mensaje bolivariano saca algunos aplausos entusiastas. Funciona por cerca de cinco minutos. Después deciden seguir avanzando con su carnaval chavista del que participan unas 300 personas.

Las arepas hoy están particularmente deliciosas. Logramos conseguir aguacates, queso y mantequilla. ¡Dios sabe lo afortunados que somos! Los aguacates, por supuesto, se consiguieron en el mercado negro.

La ceremonia comenzó. Era un circo con magistrados ataviados con vestiduras de gala. Maikel Moreno, presidente del Tribunal Supremo de Justicia leyó una serie de enunciados con los cuáles esperaba meter dentro del marco de la legalidad el acto que estaba por cometer. Estaba nervioso.

Moreno trataba de explicar por qué esta toma de protesta tenía lugar en el Tribunal Supremo de Justicia y no en la Asamblea Nacional, ente al que la constitución faculta para juramentar a los presidentes que están por asumir el mandato. La Asamblea Nacional, controlada por la oposición había sido declarada en "desacato" desde 2016, por lo que todas sus decisiones eran consideradas nulas por el régimen.

El ente legislativo, que en ese momento era el único electo legítimamente por el pueblo en las urnas, había renovado su dirigencia el 5 de enero. Juan Guaidó, un desconocido diputado de Voluntad Popular era llamado de esta forma a llenar un vacío de poder que comienza hoy, 10 de enero, ante el fin de un mandato y la carencia de un presidente electo legítimo. La comunidad internacional está del lado de la Asamblea. La Unión europea y casi todo el grupo de Lima, excepto México, han decidido respaldar a Guaidó. Él, hasta el momento en que Maduro está frente a Maikel Moreno listo para juramentar, no ha hecho nada para impedirlo.

¿Pero quién era Maikel Moreno? ¿De dónde había salido ese sujeto que pretendía dar legitimidad a un dictador por seis años más? Fue un hombre que en los años ochenta estuvo preso dos veces por homicidio.

Uno no se explica cómo es que un exconvicto llegó a ser presidente del Tribunal Supremo de Justicia. Solo el socialismo bolivariano da una explicación a un hecho tan ridículo.

Llegó el momento de la verdad: El magistrado presidente tomaría juramento al dictador.

Moreno olvidó sus palabras. Tartamudeó. Se refugió en un papel que tenía al lado con el texto escrito y aun así se volvió a equivocar. Era tal vez la conciencia dando golpes en su mente al saber el peso histórico con el que cargaría al permitir que Maduro se perpetuara en el poder.

En cuanto Maduro comenzó su juramento algunos carros en las calles pasaron tocando sus bocinas. Celebraban.

Comemos, callamos. Todo pasó como sabíamos que pasaría. Desde que llegué a Caracas le pregunté a decenas de personas qué pasaría el 10 de enero: nada, respondieron todos.

La tarde llega a la capital del desencanto. Un hombre vende papelón con limón en las cercanías del Consejo Nacional Electoral. Es el primer comerciante que veo hoy en la calle. Se queda diez minutos en ese punto para después irse sin haber vendido nada.

La calle queda desierta. Todos están en sus casas. Hoy la noche llega con el sabor de la impotencia, la sensación de que nadie más hizo nada por evitar la prolongación de la tortura.

Usurpados

Para a ser honesto nadie en las calles de Caracas esperaba nada de Juan Guaidó ayer, 10 de enero de 2019. Pocos lo conocen. No existe empatía alguna con ese hombre al cual los venezolanos deben reconocer como su presidente legítimo, según la Constitución y la comunidad internacional.

No es claro qué pretende. El 9 de enero intenté saber si habría alguna ceremonia de juramentación simultánea a la de Maduro en la cual Guaidó asumiría sus funciones como presidente interino. La respuesta fue negativa.

Por la tarde del 10 de enero, cuando el desencanto y la resignación se apoderaban del ambiente, los líderes de Voluntad Popular convocaron por redes sociales a un cabildo abierto para hoy, 11 de enero a las once de la mañana frente a la sede de la ONU de Caracas.

La jugada de Guaidó resultaba bastante incierta. Nadie entendía bien qué buscaba con esta reunión. Pregunté si juraría como presidente encargado y pocos lo creían posible. Pregunté también si la Guardia Nacional llegaría a reprimir y las opiniones se dividieron. Según algunos colegas esta era una acción tan débil que no llamaba a una movilización mayor por parte de las "fuerzas del orden".

La gran pregunta era: ¿asistiría la población a esta convocatoria?

Llegué en metro a Altamira. Pensé que vería muchas personas con camisetas blancas y banderas en el tren, pero no fue así. Me desplacé al punto de encuentro. Pasadas las 11 de la mañana la pequeña explanada, donde había sido montada una tarima, no estaba llena. Lo imaginé: la puntualidad no es virtud venezolana, ni siquiera en la clase política.

Pese a ello, me dediqué a escuchar las conversaciones que se formaban a mi alrededor y tomar nota del sentir opositor aquella mañana.

– La oposición es parte de nuestra tragedia. Una oposición sin estrategia, sin dirección... – escuché decir a una señora indignada. Anoté rápidamente la frase.

– Hacer política en dictadura es peligroso, si no estás dispuesto a asumirlo ¡Vete! ¡Renuncia! – pedía una mujer a Guaidó (quien todavía no había llegado).

– Vale... Tú lo que necesitas es un político con pantalones largos, no con pantalones cortos...– me dijo una mujer rubia que iba vestida con camiseta blanca y gafas de sol.

Mientras la plazoleta se llenaba poco a poco, comencé a ver los carteles y pancartas.

"Hola, Nicolás. Hemos vuelto", rezaba uno.

De repente un diputado comenzó a gritar una porra:

– ¿Quiénes somos?

– ¡Venezuela! – gritaron los presentes.

– ¿Qué queremos? – preguntó.

– ¡Libertad! – Concluyeron.

En otra zona de la reunión un grupo de jóvenes empezó a gritar:

– ¡Usurpador!

– ¡Fuera la tiranía!

– ¡Viva Venezuela Libre!

Comenzó a llenarse la tarima. Diputados y periodistas esperaban la llegada de Guaidó, cuando alguien en el gentío exigió:

– ¡Guaidó presidente!

Los presentes le acompañaron.

– ¡Guaidó presidente! ¡Guaidó presidente!

Le pedían asumir un llamado que estaba por encima de cualquier miedo que pudiera tener.

– ¡Maduro! ¡Ladrón! ¡Asesino! ¡Usurpador! – pasó gritando un grupo de estudiantes. Algunos acompañaron la porra.

Los carteles seguían apareciendo. "Maduro, eres la ruina de Venezuela", "Soy Venezuela, Soy Libertad", "Fuera Maduro", entre otros. Apareció también una imagen que desde el día anterior había empezado a circular en redes sociales. Una silueta del cabello y el bigote del dictador en negro con un tache rojo encima.

El cabildo abierto había resultado una tertulia entre ciudadanos. Todos querían lo mismo: la salida del tirano, pero unos eran más radicales que otros.

– ¿Tú cómo sabes que él no se va a juramentar, chica? ¡Pero primero debe tener al ejército! – dijo una mujer.

– ¡Primero tiene que jurar! ¡La constitución no lo invita, le ordena asumir sus funciones! Quien se mete en esta vaina tiene que poner hasta la vida – le contestó otra.

No se conocían, pero habían decidido esperar la llegada de Guaidó discutiendo. Como ellas, muchos.

– No, primero que el ejército se diga que están de nuestro lado y después él va a poder jurar.

– ¡¿Pero cómo se te ocurre que vamos a esperar al ejército?! Esto tiene que empezar hoy...

El lugar comenzaba a llenarse. De pronto hubo que cerrar la avenida.

– Coño... Yo los veo como dormidos.

– No, vale. Estamos despertando...

Mientras ponía atención a las conversaciones procuraba anotar el contenido de las pancartas. "Tenemos hambre y sed de justicia", ponía una de ellas.

Llegó Guaidó. Sonó el himno nacional y comenzó "el parlamentarismo de calle". Un parlamentarismo que emulaba, en la modalidad del cabildo, el inicio de la gesta independentista. Pocos imaginaban en tiempos de Bolívar que un dominio habría de caer nuevamente sobre el pueblo venezolano, y que llevaría como nombre "socialismo bolivariano".

Diputados y representantes de sectores de la sociedad civil tomaron la palabra para hacer un llamado a las Fuerzas Armadas. Pocos guardias estaban en la zona. Retrocedí un poco y me di cuenta de que el equipo de sonido no permitía escuchar nada en la zona donde estaban los policías.

Guaidó no se inmutaba. Había quien invitaba a la esperanza de una pronta asunción del joven diputado a la encargaduría de la presidencia, había por otra parte, quien pedía paciencia para asumir algún tipo de competencia.

Rafaela Requesens, presidenta de la Federación de Centros Universitarios de la Universidad Central de Venezuela, fue la más clara de todos.

– Esto es un mensaje a ti, Guaidó. Hoy no solo representas ni hablas sólo por Juan Guaidó, hoy no solo representas a una Asamblea Nacional. Hoy representas un sentimiento. Hoy representas a una madre que todavía llora a su hijo porque lo asesinaron. Hoy representas a una hermana – dijo en referencia a sí misma – que tiene a su hermano preso, que es diputado y debería estar aquí como el resto que están perseguidos y que están en el exilio. Hoy representas a un pueblo que espera que la Asamblea Nacional dé el paso. Y si ustedes todavía están en duda de que el pueblo venezolano no está dispuesto a acompañarlos miren a quienes estamos aquí. Miren a quienes salen a la calle luchando y alzando las voces por sus derechos.

– ¡Y ya llegó! ¡Y ya está aquí! ¡La juventud que no se ha ido del país! – comenzaron a gritar una y otra vez los jóvenes de las primeras filas.

– Sí. Muchos jóvenes se han ido. Pero muchos también estamos aquí diciendo que estamos dispuestos a seguir luchando y a seguir dando nuestra libertad (...) esto no solo depende de Guaidó, esto no solo depende de los que ahora encabezan la Asamblea Nacional, esto depende de todos los diputados que fueron electos, de los diputados que están aquí en Venezuela y de los que están afuera también. Tienen que redirigir la realidad de Venezuela y la problemática en la que estamos inmersos. Pero, así como depende de estos diputados, que muchos me acompañan en la tarima, depende también de la dirigencia nacional que está aquí, y de quienes no están ¡entiendan que se tienen que unir en una misma línea de acción porque separados no vamos a hacer nada!

Guaidó, inmóvil a su lado. Aplaudía ocasionalmente.

– Yo estoy hoy aquí dándole el beneficio de la duda – dijo una señora –. Mañana no doy más beneficios – sentenció.

– ¿Y si lo meten preso? – inquirió un hombre mayor.

– No es lo mismo un diputado preso que un presidente preso.

– Coño, pero él está más asustado que nosotros – dijo el señor.

Escuchamos hablar a los diputados, pero todo el acto parecía innecesario. Solo queríamos saber si Guaidó asumiría o no.

– ¡Lo que tiene que decir es: soy presidente!

– Si no tiene las bolas para asumir, que no joda y se vaya.

– ¡Proclámate! – exigían los presentes.

Llegó el momento esperado. El joven diputado comenzó su alocución diciendo:

– ¡Gritemos con brío! ¡Muera la opresión! Compatriotas fieles, la fuerza es la unión. Y esa unión es la que está reflejada hoy aquí en las calles de Venezuela.

Aplausos. Sonrisas. Exigencias.

– Hoy le hago un llamado a todos los factores, a todos. Esta es la Asamblea Nacional aquí representada. No de un sector u otro. Por nosotros votaron 14 millones de venezolanos, de izquierda y derecha, de arriba y de abajo. Civiles y militares, pa'que sepan también. Y debemos unir a todo ese pueblo. El 5 de enero mantuvimos, respaldamos, resistimos, instalamos la Asamblea Nacional como único poder legítimo electo por voto popular en Venezuela. El día 10, ayer, vimos cómo toda la comunidad internacional, y agradezco la llamada del presidente Sebastián Piñera, Mauricio Macri, Iván Duque, cancillería de Canadá, de Estados Unidos, del euro parlamento ¿que saben a quién reconocen? ¿Saben a quién? ¡A esta Asamblea Nacional y a su presidente! ¡No a Maduro! El día de ayer fue una victoria del pueblo de Venezuela que no se prestó para la farsa del 20 de mayo y por ende desconoce esa autoridad. Un aplauso para ese pueblo de Venezuela que no cae en chantajes, que se mantiene de pie y está aquí. Agradezco la atención al llamado. Ahora, hay que seguir convocando. Reiniciar ¡escuchen la palabra que utilizo! ¡Porque bastante que hemos luchado! ¡Bastante que hemos puesto el pecho! ¡Y lo vamos a seguir haciendo! ¡Porque no tenemos miedo a arriesgar nuestra vida por la libertad y la democracia de Venezuela! – decía con ademanes bastante exagerados – Hoy los convocamos aquí por un elemento importante: la ruta ¿qué vamos a hacer? Todos sabemos que no es una fórmula mágica. Todos lo sabemos ¿sí o no?

– ¡Sí! – gritaron algunos.

– Todos sabemos que no es solamente un elemento. Lo sabemos ¿sí o no? – preguntó. Al mismo tiempo muchos se llevaban la mano a la frente. La palabra "elemento" en boca de Guaidó denotaba temor a decir "presidencia".

– Sí – respondieron, aunque no muy confiados.

– Todos sabemos que tenemos que aportar a la causa. Y lo hemos hecho. Eso es muy importante. El 5 se instauró la Asamblea Nacional. Ayer el mundo desconoció a Maduro y hoy la gente está en la calle – dijo Guaidó a los cien metros de gente que habían atendido su llamado de ese día – Ahora. Hay un elemento que le hace falta a esa mesa ¿cuál es?

– ¡Presidente! – gritaron los asistentes.

– Así es. El pueblo ya no se chupa el dedo. Sabemos, y por eso le hemos hablado a la familia militar a la que también pasa hambre y la pasa mal. Hay alguien usurpando. Hay alguien que rompió la cadena de mando y ustedes lo saben. Esa familia militar que quiere cambio quiere lo mismo que nosotros. Le hacemos un llamado el día de hoy. Aquí está la legítima Asamblea Nacional que ¡claro que asume su responsabilidad y la va a asumir! También el llamado es a ustedes. Así que, mis queridos hermanos y amigos. Nadie tiene duda de que Nicolás Maduro es un usurpador. Nadie tiene duda de la necesidad de cada uno de los *elementos*. Y que hoy termina el desmontaje de derecho con la usurpación. Invocamos entonces a todo el pueblo. Asumiendo como presidente de la Asamblea Nacional legítima del pueblo de Venezuela, las competencias y representación del pueblo, del Estado de Venezuela. Claro que sí. Apegándonos a la constitución. Apegándonos al *elemento* del 233, 350 y 333: asumir las competencias de la encargaduría de la presidencia de la república porque así lo dice la constitución – dijo, desatando una breve euforia que interrumpió – Ahora ¿es suficiente apegarnos a la constitución en dictadura? – preguntó a la gente.

– ¡No! – respondieron.

– ¡Entonces debe ser el pueblo de Venezuela, las Fuerzas Armadas, la comunidad internacional que nos lleve a asumir claramente el mandato que no vamos a escurrir ¡que vamos a ejercer! Convocamos a todo el pueblo de Venezuela, no solamente a esta actividad el día de hoy, no solamente al decreto de amnistía a presos militares y políticos que va a dictar el Parlamento Nacional. Para empezar a ejercer la autorización del ingreso de ayuda humanitaria que requiere el pueblo de Venezuela. La discusión de las leyes de transición. Asumimos nuestro deber y compromiso. ¿Es suficiente una movilización? – preguntó.

– ¡No!

– ¿Es suficiente un *elemento*?

– ¡No!

– Asumimos entonces la convocatoria a las Fuerzas Armadas, a la comunidad internacional, al ejercicio de los artículos de nuestra constitución 333, 350 y 233 para ejercer mandato y convocamos al pueblo a la calle el 23 de enero a una gran movilización en todos los rincones de Venezuela ¡la lucha de unos es la lucha de todos! ¡Cese de usurpación, gobierno de transición y elecciones libres! ¡Claro que se puede! ¡Que Dios los bendiga! ¡Fuerza y fe! ¡Vamos pa'lante! – concluyó.

– Pero entonces ¿asumió o no asumió? – se preguntaban.

– No entendí...

– ¿Y ahora?

– No sé.

Terminó y nadie entendió si tenían nuevo presidente encargado. Eso sí, se confirmaba el anhelo de todos: regresarían a la calle.

Después del cabildo, antes de volver a casa, pasé por el mercado de artesanías. En Chacaíto nadie parecía estar al tanto de lo que había pasado en Altamira.

El mercado estaba nuevamente desierto. Había una hamaca espectacular con la bandera y el escudo de Venezuela. De esa me dieron el precio en dólares: 140. Impagable.

Según los vendedores solo quedaba una, pues el día anterior fueron a comprar las que quedaban la delegación de Nicaragua y Cuba que asistieron a la toma de posesión de Maduro.

Me pregunto qué pensarían los cubanos y los nicaragüenses si supieran que sus representantes se van a comprar hamacas a Caracas. Ya nada me sorprende. Todos estos socialistas son iguales: descarados, cínicos.

Entrevista a María Corina Machado

En el descanso de la escalera que conduce a la oficina de María Corina Machado hay una gran colección de advocaciones marianas. Queda claro que esta mujer acude a la protección divina para sacar la fuerza que mueve su lucha incansable.

Hoy conversaré con esa exdiputada que un día se atrevió a llamar a Chávez ladrón ante el parlamento. Una mujer que da la impresión de ser una columna de mármol, inamovible, de una sola pieza.

Su apoyo a Guaidó dio cierta calma a quienes no estábamos seguros de la disposición del joven diputado para asumir las competencias del Ejecutivo. El pronunciamiento de Machado nos dio certeza: ella solo se uniría a Guaidó si estaba dispuesto a asumir la presidencia interina.

La casa que alberga las oficinas de Vente Venezuela – el movimiento político fundado por ella en 2012 – es bastante grande. Su tamaño, sin embargo, no conlleva lujo alguno. Debe ser uno de esos gestos de vida con los que un político muestra coherencia con su mensaje.

Agendar una entrevista con María Corina es una misión que requiere tiempo y paciencia. No hay día libre para esta mujer. Cada espacio de su día está ocupado por reuniones, enlaces con medios internacionales y traslados.

La vemos pasar por un pasillo. Nos sonríe con amabilidad y nos dice que en unos minutos estará con nosotros.

En una de las habitaciones de la casa – que ahora son oficinas – se escucha la voz de Nicolás Maduro. Me acerco y veo que su equipo de redes sociales y prensa está monitoreando la cadena nacional.

– Tenemos que ver todos los días qué dice... Hoy lleva dos horas, pero este es breve. Deberías ver el programa de Diosdado... – me dicen con ironía los jóvenes colaboradores.

Ellos ven venir una nueva ola de protestas.

– Deberías haber visto el 2017. Laura Chinchilla, ex presidenta de Costa Rica, vino en esa época y cuando nos vio salir con chalecos antibalas y cascos a reportear quedó impresionada. Era algo muy emocionante. Era como ir al matadero, pero ibas con emoción – recuerdan.

A pesar de que en este lugar todo es paz y tranquilidad, llama la atención que en la esquina de la calle haya tres elementos armados de la policía política. No los dejan tranquilos. Vigilan a todo el que entra y sale de esta casa.

Llega la hora de la reunión. María Corina nos comunica que tiene una agenda apretada y podrá dedicarnos menos tiempo del que esperaba. No importa. El encuentro es importante en sí mismo.

Esta mujer es considerada por muchos como el ala extremista de la oposición venezolana. Curiosamente, cuando Henrique Capriles y Leopoldo López eran las voces masculinas de la oposición, María Corina era señalada como "exagerada" por sus pronunciamientos. Mientras ellos hablaban de un régimen autoritario ella hablaba de dictadura. Cuando ellos dieron el salto hacia el término "dictadura" ella vislumbró un nivel más: el narcoestado criminal.

"Es muy importante entender que la diferencia entre una democracia y una dictadura es menor que la que hay entre una dictadura y un Estado Criminal. Tienen estructuras distintas, incentivos distintos. Por lo tanto, la forma de montarlos y derrotarlos es distinta. En Venezuela no hay una crisis, en Venezuela hay un conflicto. Pero no es un conflicto interno – como algunos tratan de presentar– con el riesgo de una guerra civil como una excusa para disuadir cualquier acción firme interna o externa de mantener el statu quo. El conflicto no es interno, es un conflicto transnacional, que no es de orden político, sino de orden criminal. En Venezuela más del 70 por ciento de nuestro territorio está ocupado por las guerrillas de las FARC o del ELN. En Venezuela el narcotráfico y los carteles operan en absoluta libertad e integran directamente el régimen. Es decir, los altos jerarcas del régimen – desde Nicolás Maduro, su familia, su entorno y hasta las fuerzas armadas – son parte de redes criminales. Pero no es solo narcotráfico, y esto es importante entenderlo, es la convergencia, que se ha producido en Venezuela de las distintas mafias criminales que incluyen contrabando de armas, extracción ilegal de minerales y financiamiento del terrorismo", me explica con voz pausada y viéndome a los ojos.

La visión de esta mujer le permitió ver con realismo los horrores de un régimen que rebasaba el entendimiento de una dirigencia política que se mostró tímida al plantarse frente a un tirano. Mientras todos aseguran que Maduro no supo manejar el país, ella asegura que supo conducirlo exactamente adónde quería.

"Esto es muy importante. Ellos se protegen, se complementan y obviamente convierten al país en un Estado fallido donde el propósito de Maduro y del régimen es convertirnos en una sociedad de prófugos. Ellos quieren que se vayan el mayor número de venezolanos, pero que los que nos quedamos estemos de esclavos. Esto es intencional. No es que no les han salido bien las cosas, esto es lo que ellos querían", asegura.

Este es un extracto de mi conversación con María Corina Machado.

– ¿Cómo se pasa el tiempo en Venezuela? Parece mentira que cuando hablamos de 2014 ya hablamos de cinco años, 2017 fue el año antepasado ¿cómo se pasa el tiempo para usted?

– La verdad es que cuando uno mira hacia atrás, 5 años pueden parecerle mucho. Para los venezolanos es una eternidad, y además con una enorme intensidad. Cada día es impredecible. A veces siente uno que es vivir en los dos extremos: en la agonía y el éxtasis. Y esto en ocasiones sucede en un mismo día. Se requiere una enorme fortaleza emocional y espiritual, ha sido demasiado tiempo de dolor y destrucción, demasiado tiempo.

– Maduro se refiere a la oposición de muchas maneras, pero les ha llamado en numerosas ocasiones "fascistas". ¿Usted es fascista? ¿La oposición en Venezuela es fascista?

– Bueno, en primer lugar, los extremos de derecha e izquierda tienen muchísimos elementos en común y este régimen los reúne a ambos. Yo creo que ya estas etiquetas que tuvieron cierta efectividad interna y externa están muy desgastadas. La gente entiende que, si bien obviamente hay una dimensión ideológica de este modelo muy cercano al Castro-comunismo cubano, la dinámica que estamos viviendo aquí es de otro nivel. Aquí estamos enfrentando un régimen criminal. Entonces la pregunta es: entre el crimen organizado y la justicia ¿usted quiere estar en el medio? Entre la mentira, el cinismo y la verdad ¿hay puntos de indiferencia? Aquí no es un tema tradicional de izquierdas y derechas, es un sistema criminal, corrupto hasta la médula, que ha provocado de manera intencional la destrucción y la muerte de Venezuela y lo que hay que provocar es una ruptura histórica, no es solamente un cambio de gobierno. Tenemos que provocar una ruptura histórica que implique acabar con males y prácticas que venían de décadas previas. Males que tienen que ver con populismo, clientelismo, centralismo, estatismo y militarismo.

– ¿Hugo Chávez fue un dictador?

– Absolutamente y un criminal.

– ¿Hay injerencia cubana en Venezuela hoy en día?

– Hasta la médula. En las fuerzas armadas, en los organismos de seguridad, en los ministerios y en las calles.

– ¿Por qué Maduro no la ha metido presa?

– Pregúntaselo. Pero yo tiendo a pensar que si en algo son claros los cubanos es en evaluar sus costos, y probablemente el costo de meterme presa hasta ahora ha sido mayor que el de tenerme semi presa en la calle, porque al fin y al cabo tengo 5 años con prohibición de salida del país, 2 años que no me puedo montar en un avión, tengo la policía política rodeándome a mí y a mi familia y toda la gente que trabaja conmigo. Y me amenazan que me van a meter presa todos los días.

– ¿Usted cree que a lo largo de estos años de lucha en la Mesa de la Unidad o en cualquier otra alianza de oposición, le han dado el lugar que merecía?

– A mí eso no me importa, yo creo que nadie tiene que darte el lugar, el lugar uno se lo gana. A mí lo que me importa es lo que piensa la gente.

– ¿Cómo la percibe la gente a usted?

– Mira, yo creo que es un momento en el cual los venezolanos estamos hartos de engaños, de medias verdades y de debilidades.

Claro, yo sentí que era mi deber decir cosas que la gente no quería escuchar. Hace 5 años hablar de una dictadura, un Estado criminal o una crisis humanitaria era "una exageración". Te decían que eso no iba a pasar. Desgraciadamente yo siento que me quedé corta.

Al final los hechos y las informaciones que han venido saliendo de distintas realidades de acciones y misiones comienzan a darme la razón y a entender que esto desgraciadamente no iba a salir por las buenas nunca. Cuando yo planteaba una salida de fuerza nos acusaban de que estábamos provocando violencia, pero la violencia con este régimen es política de Estado. Y fuerza es aplicar toda la presión necesaria a un régimen que es violento para obligarlos a llegar a un punto en el cual el costo de permanencia es mayor que el costo de salida. Esas son fuerzas de orden diplomático, de orden judicial, de orden económico, y de orden policial.

– Todos estos años de esfuerzo de su parte y por parte de la oposición no solo han requerido trabajo sino también financiamiento. Esa es una de las grandes preguntas a nivel internacional y se suscita en todas las resistencias del mundo: ¿quién financia a María Corina? ¿quién financia la oposición en Venezuela?

– La oposición es muy amplia. Si a algo yo aspiro es que aquí se sepa con precisión algún día todo lo que ha sido el flujo de recursos a todos los políticos de partidos. Obviamente vivimos una situación de terror colectivo y cuando alguien quiere apoyarte – por ejemplo, un venezolano que vive afuera – lo primero que te dice es: "pero que nadie lo sepa porque si te apoyo en este momento termino preso". Allí está la responsabilidad moral de quien recibe. Debemos conocer cuál es la fuente y es una responsabilidad que no puedes evadir. No puedes decir: "ay, es que yo no sabía" ¡No! Tienes que averiguar y si tienes dudas no lo puedes recibir.

Por eso es muy difícil subsistir en unas circunstancias en las cuales tú tienes a todos los medios de comunicación en contra. Todos. Yo te sugiero que veas cuáles son los programas y quiénes son los entrevistados que están en los medios de comunicación del país. Así tú te vas a dar cuenta de quiénes son los que tienen la venia del régimen.

Pero además de los medios, tienes un pueblo donde literalmente la gente se te está muriendo de hambre. Si tú quieres organizar una protesta o una movilización la gente ya ni siquiera tiene transporte. Mínimo tú tienes que ofrecer cómo se puedan movilizar y así sea darle un jugo. Cada día el subsistir es más complejo y aquí todos ¡todos! Tendremos que rendir cuenta de hasta el último centavo.

– ¿Hay financiamiento por parte de gobiernos extranjeros?

– Obviamente no. No que yo sepa.

– ¿Como católica cree que el papa Francisco ha alzado la voz con suficiente fuerza en torno a la crisis actual de Venezuela?

– Yo creo que los venezolanos esperamos mucho del papa Francisco, y hemos recibido mucho de la Iglesia católica. La Iglesia católica de Venezuela es una de las instituciones que de manera más clara, constante y valiente ha denunciado la naturaleza de este régimen. En la mayoría de sus declaraciones resalta la naturaleza existencial de la lucha que estamos haciendo. Siento que la Iglesia ha sido muy valiente y firme. Ha sido una fuente de protección, de esperanza e inspiración. Igual que algunas otras iglesias.

Ahora, yo creo que ya estamos en otro nivel. El papa Francisco y El Vaticano fueron engañados y burlados por parte de este régimen con el supuesto diálogo del año 2016. El cardenal Parolín como consecuencia mandó una comunicación muy precisa de los términos mínimos que tendrían que cumplirse para plantear un diálogo. Esos términos no sólo no se han cumplido, sino que se retrocedió muchísimo. Así que, si hay alguien que está claro en este momento, de la naturaleza de este régimen es El Vaticano. Maduro no tiene intención alguna de salir del poder ni por la vía de reforma, ni por la vía electoral, ni por el diálogo tradicional.

– Si la institucionalidad de Venezuela está tomada y cinco meses de protestas diarias en 2017 no dieron los resultados que se esperaban ¿qué camino le queda al país?

– En primer lugar, yo reivindico lo que fue la rebelión popular del año 2017. No estaríamos hoy aquí, con un régimen literalmente atrapado, encapsulado, resquebrajándose y aislado si no hubiese sido por esa extraordinaria demostración de coraje cívico de la sociedad venezolana. Con los muchachos y los jóvenes en frente. Estoy convencida que fue esa dinámica la que unió al país y la que quebró la inacción internacional. Obviamente el propósito y objetivo era lograr el quiebre de la tiranía. Y estuvimos muy cerca. Desgraciadamente después del referéndum popular del 16 de julio, salió a flote una dirección política que en mi opinión le falló al país y no estuvo a la altura en ese momento. Desconocieron el mandato del referéndum y a las pocas horas estaban participando en un proceso electoral convocado por la constituyente. La gente se sintió engañada. La gente sintió que después de tanto sacrificio, tanta entrega, tanto dolor, había una dirección política que se había quebrado. Costó realinear y reorganizar a la sociedad y yo creo que estamos nuevamente hacia la posibilidad de ir en una escalada de presión de fuerzas diversas externas e internas.

Las externas las hemos descrito: hay que aplicar muchas más sanciones, hay que asfixiar el financiamiento ilegal de este régimen. Y las internas son populares e institucionales. Hay que sincronizarlas.

Las institucionales son civiles y militares. Cada una tiene una dinámica que se retroalimenta. En este momento le corresponde a una fuerza institucional de la Asamblea Nacional asumir una responsabilidad que el propio grupo de Lima le ha soportado, le ha reconocido y ha abierto ese camino.

– ¿Una invasión militar por parte de Estados Unidos es una opción para Venezuela?

– Aquí ya existe invasión militar y eso hay que hablarlo por la calle del medio. Es una invasión cubana, una invasión de la guerrilla, invasión de grupos irregulares que tienen una presencia enorme en el territorio venezolano. Enorme. Es evidente que la gente dice: "¿cómo enfrentas a estos grupos?". Pues como se enfrenta a los criminales. En ese sentido creo que la Comunidad Internacional incluidos los Estados Unidos tiene un margen de acción importantísimo y van en la dirección correcta. Se han producido una serie de sanciones importantísimas que ya no solo van contra los funcionarios sino contra sus testaferros, contra las empresas que utilizan para mantener este sistema criminal operando. Un sistema criminal sin plata no existe. Digamos que estos conflictos del siglo XXI no son convencionales. Cuando la gente dice que los *marines* van a llegar a La Guaira, es la ridiculización del planteamiento. Está la dimensión del ciberespacio, está en la dimensión financiera y muchas otras dimensiones que en la acción internacional comienzan a activarse.

– ¿Un golpe de Estado sería una opción?

– Igualmente, el golpe de estado ya lo dieron. El golpe de estado ya se dio. Lo dio primero Hugo Chávez y ahora Nicolás Maduro ha dado un golpe continuado. Mi llamado a la Fuerza Armada es el mismo llamado que hago a los ciudadanos civiles. Es desconocer la tiranía y reconocer el poder legítimo que emana de la constitución que ellos juraron defender. Creo que la inmensa mayoría de la fuerza armada no reconoce ni respalda el liderazgo de Nicolás Maduro, por eso los han infiltrado y los quieren aterrorizar. De hecho, han avanzado en la detención y tortura de oficiales y soldados para utilizarlos como ese ejemplo que inhiba al resto de los ciudadanos militares.

– ¿Qué mensaje envía a los venezolanos en el exilio?

– Mira, para mí los venezolanos son uno solo y los que están fuera están aquí también. Estoy segura de que cuando tú los conoces te impresionan porque tienen como un cordón umbilical un poco más estirado, pero no se rompe. Yo me siento tan orgullosa del trabajo que ha hecho cada venezolano en cada rincón del país y del mundo. Venezuela no estaría hoy con el respaldo internacional si no fuera por la forma cruda, sistemática, valiente como ellos han denunciado.

¡Hay que ver el trabajo que da ser un exiliado! ¡Hay que ver lo que significa dejar atrás tu familia, tus ahorros, tu historia y tus sueños! ¡Todo! Y aun así sacan fuerza con todo y el riesgo que implica meterte en una actividad política como esta. Lo que yo les pido es que cuiden ese cordón umbilical. Que no se rompa. Los necesitamos no solamente ahorita, para terminar de producir esta escalada y el quiebre del régimen. Pero los vamos a necesitar también para la reconstrucción de Venezuela. Aquí los estamos esperando con los brazos abiertos.

Me emociona mucho porque me escriben. Esos mensajes son los que me emocionan. Hace poco recibí el mensaje de una muchacha que estudia medicina en Argentina. Me decía: "mira, María Corina yo voy a regresar, estoy estudiando esto, estoy haciendo este post grado. Eso sí, cuando regrese no me vas a mandar a la clínica ni al hospital. No. Yo me quiero ir al ambulatorio que está allá en el Delta Amacuro". Eso es tan emocionante. Me emociona saber que estos muchachos, y otros no tan muchachos, se van a preparar afuera, pero se mueren por volver y nosotros nos morimos por abrazarlos de vuelta.

23E: Guaidó y su cita con la historia

La noche del 22 al 23 de enero fue eterna para todos los que pensamos de manera constante en Venezuela. Todas las preguntas nos atormentaban. Después de la fracasada sublevación militar de Cotiza, el día anterior, quedó claro que el aparato militar, por lo menos de momento, se mantenía del lado de Maduro.

Para este día ya no estaba en Venezuela. Por motivos de trabajo había tenido que salir del país y tuve que ver la actividad de esa histórica jornada a la distancia.

Frustrado, pero atento siempre a un proceso que prometía grandes cambios para el país.

Los cabildos abiertos por toda Venezuela habían surtido efecto. Guaidó se posicionaba poco a poco en medio de una incomprensible ambigüedad al dar entrevistas.

Entrevistar a los opositores venezolanos puede ser complicado, pues al plantearles una pregunta contundente que requiere una respuesta directa tienden a sacar de nuevo los datos que poseen para ilustrar la crisis del país y posteriormente irse por las ramas y contestar por encima.

Ese era el caso de Guaidó. Se le preguntaba constantemente si tomaría posesión el 23 de enero como presidente interino y se negaba a contestar.

El 7 de enero, la periodista Idania Chirinos, de NTN24, le preguntaba al entonces presidente de la Asamblea Nacional qué haría a partir del 10 de enero.

> – *En su cuenta de Twitter, el secretario general de la Organización de Estados Americanos, Luis Almagro, ha dicho: "adherimos a conceptos del Tribunal Supremo de Justicia Legítimo, garante del Estado de Derecho. Ante vacío de poder, señalado también por el Grupo de Lima, deberán instrumentarse pasos para transferir funciones ejecutivas a la Asamblea Nacional, poder electo y legítimo, como determina la constitución". ¿Cómo instrumentar este paso de funciones a la Asamblea? Hay quien piensa que usted debe asumir la presidencia del país y decretar un vacío de poder dado que Nicolás Maduro fue electo en un proceso que no fue reconocido ¿cómo manejar la expectativa de tantos sectores?*

> – *Primero transformar expectativa en esperanza transformadora que genere acción y acompañamiento, que articule sectores, que una y aglutine a todo el país. Creo que eso es lo primero y para eso hay que hablar diáfanamente. Creo que yo coincido con parte de lo que dice el secretario y parte de los Magistrados en el Exilio. Ahora, la clave está ahí... En esa frase: "instrumentar los pasos*

necesarios para...". Ahí está la clave de todo este asunto. Por eso hemos hablado de cese de la usurpación, gobierno de transición y elecciones libres.

– ¿Pero ¿cómo instrumentarla? ¿Qué decir a las personas que señalan que es usted quien tiene que asumir la presidencia por vacío de poder?

– Bueno, es parte de lo que dice el artículo 233 de nuestra constitución, de hecho, lo que dice es que debería ser el vicepresidente – a interpretar que tampoco fue electo ni designado, por jurisprudencia en el orden correspondería a la Asamblea Nacional y que debería convocar en 30 días una elección libre. Entonces fíjate que está ahí claramente estructurado. El tema es que haya condiciones para lograr que cese la usurpación, lograr esa transición – que según nuestra constitución es: vicepresidente o, por jurisprudencia, Asamblea Nacional – y luego ir a una elección libre. Ahí está para instrumentarse en los próximos días con acciones concretas (...) Estamos en una situación de secuestro de la constitución, pero construyendo capacidades desde la Asamblea Nacional, desde los sectores sociales, con los estudiantes para todos poder hacer hábil ese mandato.

Por ende, el presidente de la Asamblea parecía no tener intención de asumir la presidencia interina hasta que el terreno estuviese suficientemente trabajado y cómodo para ello.

El 12 de enero apareció una fotografía que daba una pequeña certeza en medio de la ambigüedad. María Corina Machado daba su adhesión a Guaidó.

Cuenta conmigo para avanzar con fuerza en esta ruta, @jguaido.

A los ciudadanos, civiles y militares, y al mundo democrático, aprovechemos esta gran oportunidad.

Si Machado daba este paso debía ser bajo la inamovible exigencia de que el diputado asumiera la presidencia encargada.

El 15 de enero – una vez ocurrida la usurpación de Maduro y habiendo entrado en efecto el llamado constitucional de llenar el vacío de poder – Jorge Ramos entrevistó a Juan Guaidó para Univisión. En ese momento preguntó de forma insistente lo que todos queríamos saber.

– Déjeme comenzar con algo muy básico. En estos momentos ¿quién es el presidente legítimo de Venezuela?

– Bueno en este momento está claramente usurpada la presidencia de la república producto de que no hubo elección constitucional el pasado 20 de mayo. La gran exigencia del pueblo de Venezuela es lograr que cese esa usurpación,

que logremos un gobierno de transición y que tengamos elecciones libres para tener realmente, a través de la soberanía popular, un elemento que nos unifique a todos y nos ayude a solucionar el problema. *Mientras tanto el Parlamento Nacional asumiendo competencias del 233, del 350 y 333 debe entonces tener la claridad y la capacidad de atender los intereses del pueblo de Venezuela. Debe atender los intereses de la nación. Porque, por ejemplo, en la sesión reciente del Parlamento Nacional aprobamos y autorizamos la ayuda humanitaria, que es importante. Mientras el régimen de Maduro la negó nosotros estamos autorizando este elemento. También lo que es la protección de activos de la nación al no tener cuentadante en este momento el país, porque no es válida la elección de Maduro, tenemos que proteger esos activos y adicionalmente la amnistía, muy importante, para los funcionarios militares y civiles que colaboran a restituir el orden democrático en Venezuela. Es un factor fundamental en este proceso.*

– *Entonces, señor Guaidó. Si la Asamblea Nacional ha declarado a Maduro como usurpador de la presidencia ¿quién está a cargo del país desde su punto de vista?*

– *El Parlamento Nacional es la única institución reconocida por los venezolanos, por el mundo democrático. Ustedes han visto la reacción de los países, el apoyo internacional. En los próximos días queremos ver que se consumen todas estas peticiones que está haciendo el Parlamento Nacional.*

– *De acuerdo. Yo vi una declaración en la que usted se ponía al frente de la "encargaduría" de la presidencia. Para dejar a un lado cualquier mala interpretación ¿es usted el presidente legítimo de Venezuela?*

– *Hay que hablarlo con claridad, Jorge. Y lo dijimos también cuando hacíamos esa frase que asumir hoy en Venezuela no es solamente un tema de constitución. Hoy Maduro trata de robarse los símbolos del poder, trata de robarse los símbolos de la nación. Y no por portar una banda es el presidente de Venezuela. Claramente el Parlamento es el que asume las competencias que asume la constitución y debe defender y salvaguardar los intereses y patrimonios de nuestra nación.*

– *Entiendo que desde su punto de vista Nicolás Maduro no es presidente, pero mi pregunta es si usted es el presidente legítimo de Venezuela.*

– *Entiendo perfectamente tu pregunta y la he contestado a través de la constitución, a través de la norma, a través de la ley, a través sobre todo de lo que debemos hacer para restablecer el orden constitucional...*

– Perdón, es que de verdad no me queda claro ¿Es presidente de Venezuela o no es presidente de Venezuela?

– De nuevo, Jorge. Entiendo perfectamente tu pregunta. Hay algunos elementos hoy que nos dicen que, para ejercer esa competencia, por ejemplo, los funcionarios militares deben acompañar ese proceso porque si no sería un elemento que nos llevaría a no tener las competencias para ejercerlo, para poder cesar la usurpación, lograr el gobierno de transición y la elección libre.

Esa incesante reticencia a reconocerse presidente y su inclinación a hablar de "elementos" y "factores" hacían dudar que el señor Guaidó tuviera disposición de asumir el llamado constitucional que recibió el 10 de enero.

¿Acaso había surtido efecto el secuestro exprés que sufrió por parte de agentes del SEBIN mientras se dirigía al cabildo de Caraballeda, en el Estado de Vargas? ¿Qué le dijeron? ¿Condicionaron su actuar? ¿Se negaba a asumir la presidencia interina por miedo? Todas las ideas cruzaban nuestras mentes.

De no obedecer el llamado de la constitución, los trece días de ambigüedad transcurridos entre el 10 y el 23 de enero, habrían sido tiempo perdido.

El 15 de enero la Asamblea Nacional hizo la declaratoria oficial de usurpación. En aquella sesión los parlamentarios expresaron que las competencias del Ejecutivo Nacional ahora le correspondían al ente legislativo. No se hablaba de la figura de un presidente interino.

Las divisiones en la oposición persistían. Había quienes expresaban sus dudas y rechazo a la posible juramentación de Guaidó y se negaban a llamarle "presidente".

Durante aquellos días, el pueblo se expresó en más de 100 cabildos organizados por los legisladores de todo el país. Guaidó era una nueva esperanza, nacida de la nada.

La mañana del 23 de enero comenzó con relativa calma. Las personas se desplazaban en masa hacia los puntos de encuentro anunciados por la oposición. Era una convocatoria emocionante. Recordé esa ansia que tenían los asistentes al primer cabildo el 11 de enero en Altamira. Pedían a gritos volver a la calle. Ese era su día. Estaban de nuevo juntos pidiendo el fin de la dictadura.

La Avenida Francisco Miranda de pronto estaba a reventar. Las imágenes eran impresionantes. Caracas estaba en la calle.

Los antiguos líderes opositores no aparecieron. En la tarima, Lilian Tintori. En la calle, María Corina Machado. El pueblo estaba en espera del momento que quitó el aliento a todo aquel que tiene a Venezuela en su ADN.

– ¡Levantemos la mano derecha! Hoy 23 de enero de 2019, en mi condición de presidente de la Asamblea Nacional, invocando los artículos de la constitución bolivariana de la república de Venezuela, toda nuestra actuación basados en la constitución. Ante Dios, todopoderoso, Venezuela, en respeto a mis colegas diputados y miembros de la Unidad, juro asumir formalmente las competencias del Ejecutivo nacional como el presidente encargado de Venezuela para lograr el cese de la usurpación, un gobierno de transición y tener elecciones libres. Si así lo hiciere, que Dios nos lo premie, si no que nos condene.

La euforia era absoluta. Quienes lo veíamos por televisión conteníamos la respiración.

¡Se atrevió! ¡Lo hizo! ¡Acabó con las dudas!

Para hacerse acompañar del pueblo, se aprestó a juramentar también a los asistentes.

– Juremos todos juntos, como hermanos, como venezolanos, como hombres y mujeres que no descansaremos hasta lograr la libertad, la felicidad de nuestra gente. Repitan este juramento: Yo, venezolano y venezolana, juro ante Dios y mis hermanos venezolanos respaldar la lucha del cese de usurpación y asumir responsabilidad bajo el artículo 333 y 350 de nuestra constitución para lograr el respaldo de la Fuerza Armada Nacional y de la Comunidad Internacional hasta lograr plenamente restablecer el artículo 233 y toda nuestra constitución. Juro también asumir el compromiso de la no violencia con convicción y con firmeza. Quedan juramentados para restablecer esta constitución de Venezuela y acompañar al Parlamento Nacional a lograr el cambio y el reencuentro. A lograr la felicidad en cada esquina y rincón de Venezuela.

En aquella gloriosa Avenida Francisco Miranda, sonaron como pocas veces las notas del himno nacional. Un himno cargado de esperanza y entusiasmo.

Puedo suponer lo que sucedió en Miraflores en esos minutos. Esa mañana había sido convocada una marcha chavista que llegaría a la Plaza O'Leary. Vistos los acontecimientos se ordenó el desvío de los asistentes al palacio presidencial para asistir a una disertación de un desesperado Maduro.

Vale la pena recordar que unos días antes, el dictador había enviado un mensaje a Donald Trump en una entrevista concedida a María Elvira Salazar. Era un mensaje de entendimiento. Según Jaime Bayly: "Maduro se puso en cuatro, y buscaba una luna de miel con Trump". En esa ocasión dijo:

– Sé que somos dos personas y países diferentes, presidente Trump, pero estamos en el mismo hemisferio. El hemisferio occidental, en América, nuestra América. América es una sola. La América del Norte, la América del Sur, la

América del Centro. Más temprano que tarde estamos obligados a hablar. A entendernos. Yo tengo una visión: que usted heredó errores de las administraciones anteriores, incluyendo de Obama, en la política exterior hacia América Latina. Hay una ideologización de la política exterior de Venezuela, contra Venezuela. Todos estos temas podemos hablarlos. Ojalá se diera la oportunidad de un diálogo franco, directo, cara a cara, para que usted vea que no es lo que dicen sus informes. Que nosotros somos de verdad. Nosotros somos gente con la que se puede hablar, negociar, entender y acordar. Ese sería el mensaje que yo le transmitiría al presidente Donald Trump y mis respetos a Estados Unidos. Tenemos diferencias históricas, de criterio y políticas. Nosotros tenemos nuestro carácter, nuestra fuerza, nuestra forma de ser. Pero los diferentes también nos podemos entender. Le ratifico el ejemplo que le he puesto con nuestros hermanos de Vietnam. ¿No hubo más diferencias con Vietnam en aquellas décadas del 60–70 que los llevó a una guerra? ¿Y cómo está hoy la relación con Vietnam? Es de inversión, de trabajo, de amistad ¿No podemos lograr una relación con Venezuela y América Latina que sea de trabajo, cooperación, entendimiento y respeto?

– ¿Usted invitaría al secretario Pompeo?

– Está invitado desde ya, cuando quiera venir Mike Pompeo lo recibo y le doy la mano respetuosa porque nosotros en esencia somos una gente humana. Y como gente humana sabemos dialogar, sabemos entendernos.

Ese día tal vez esperaba que un nuevo diálogo le diera oxígeno para continuar en el poder y recuperar la calma, pero este 23 de enero había sobrepasado sus expectativas.

En el balcón del pueblo estaba acompañado, por Cilia Flores, Héctor Rodríguez, Diosdado Cabello, Delcy Rodríguez, entre otros. La televisión estatal se deshacía en elogios hacia el "jefe de Estado venezolano". Transcribo algunas de las palabras del narrador.

– Una imagen que nos recuerda las victorias que muchas veces alcanzó el comandante Chávez a nivel electoral y que también nos recuerda los momentos más sensibles de su partida y de su compromiso de lucha de salir adelante, no solamente la causa de Hugo Chávez, sino la causa de Simón Bolívar, que quizás nos remite a la verdadera raíz de lo que está decidiéndose en este momento. El intento de Estados Unidos y Colombia y sus aliados de dominar Venezuela y la lucha de este hombre que vemos empuñando su brazo hacia el cielo, Nicolás Maduro, de continuar el legado no solamente de Bolívar sino del propio comandante Hugo Chávez Frías.

Maduro tomó la palabra para anunciar en su desespero la ruptura de relaciones diplomáticas con los Estados Unidos.

> – *El gobierno de Estados Unidos ayer dio una orden. Como nunca habíamos visto en la historia de Venezuela. A través del Twitter el vicepresidente Pence dio la orden de proceder a nombrar un presidente extra constitucional, de dar un nuevo carmonazo a la constitución. Y hoy se comieron la luz. Se comieron la luz. Por eso anuncio ante los pueblos y naciones libres del mundo que, como presidente constitucional, jefe de Estado, jefe de gobierno, en cumplimiento de mis funciones que juré frente al pueblo, de respetar y hacer respetar la independencia, la soberanía y la paz de la república, he decidido romper relaciones diplomáticas y políticas con el gobierno imperialista de los Estados Unidos ¡Fuera! ¡Se van de Venezuela! ¡Basta de intervencionismo! ¡Aquí hay dignidad, carajo! ¡Aquí hay pueblo dispuesto a defender esta tierra!*
>
> *Y procedo, en este día histórico de liberación... En este día histórico de reafirmación de la soberanía, a firmar la nota diplomática dándoles 72 horas para que abandone el país todo el personal diplomático y consular de los Estados Unidos de Norteamérica en Venezuela. Procedo a firmar a nombre del pueblo de Venezuela.*

Y firmó la nota ante todos.

Para el gobierno de Trump dicho acto no tenía efecto, pues pocos minutos después del juramento de Guaidó, Estados Unidos se convirtió en el primer país en reconocerlo como presidente legítimo.

Maduro daba patadas de ahogado.

Ese histórico 23 de enero significó la resurrección de la esperanza en Venezuela. Esa que sentí enterrada durante las semanas que estuve en Caracas.

Ese histórico 23 de enero acabó con 35 muertos y al menos 696 detenidos.

¿Qué pasó con el Papa?

Valentina Alazraki:

Papa Francisco, usted ha dicho en estos días aquí en Panamá que estaba muy cerca de Venezuela, que se sentía muy cerca de los venezolanos, y hoy ha pedido una solución justa, pacífica, en el respeto de los derechos humanos de todos. Los venezolanos quisieran entender qué significa esto. Quieren saber si esta solución pasa por el reconocimiento de Juan Guaidó, que ha sido respaldado por muchos países. Otros piden elecciones a corto plazo, elecciones libres para que la gente pueda votar. Sienten que usted es un Papa latinoamericano y quieren sentir su apoyo, su ayuda y su consejo.

Papa Francisco:

Yo apoyo en este momento a todo el pueblo venezolano porque es un pueblo que está sufriendo. Incluso los que están de una parte y de otra. Todo el pueblo sufre. Y si yo entrara a decir "háganles caso a estos países, háganle caso a estos otros que dicen esto", me metería en un rol que no conozco. Sería una imprudencia pastoral de mi parte y haría daño.

Las palabras las pensé, las repensé, y creo que con esto expresé mi cercanía, lo que siento. Yo sufro por lo que está pasando en Venezuela en este momento. Y por eso deseo que se pongan de acuerdo, no sé, tampoco decir ponerse de acuerdo está bien. Una solución justa y pacífica. ¿Qué es lo que me asusta? el derramamiento de sangre. Y ahí también pido grandeza para ayudar a los que pueden ayudar a resolver el problema.

El problema de la violencia, a mí me aterra. Después de todo el esfuerzo hecho en Colombia, lo que pasó en la escuela de cadetes el otro día fue terrorífico. No es solución la sangre. Por eso tengo que ser... No me gusta la palabra "equilibrado". Tengo que ser pastor, todos, a ver y si necesitan ayuda, de común acuerdo, la pidan. Eso creo. Gracias.

Esta fue la pregunta que le hizo al Papa la corresponsal de Noticieros Televisa en El Vaticano, Valentina Alazraki, a bordo del avión que los llevaba de Panamá a Roma tras el viaje apostólico para la Jornada Mundial de la Juventud de 2019.

Después de que las declaraciones salieron a la luz, una colega venezolana me comentó: "gracias a esa periodista, que se animó a hacerle la pregunta, ahora sabemos que con el Papa no podemos contar".

Tengo grabada en mi mente la imagen de Lilian Tintori, Antonieta López y Mitzi Capriles encadenadas en El Vaticano. Primero en la *Via della Conciliazione* y – una vez removidas por las autoridades del orden – frente a la Sala de Prensa. Esto ocurrió en diciembre de 2016.

Tres mujeres católicas se manifestaban en la Sede de Pedro. Pidiendo ayuda de una institución que fue fundada por el defensor de los indefensos por excelencia, Jesucristo. Había un elemento que hacía aún más atractiva la protesta: el Papa que vivía dentro de esas murallas vaticanas era latinoamericano.

Ese era tan solo uno de los esfuerzos que se habían hecho para lograr que el Papa Francisco se pusiera del lado correcto de esta historia que se escribía con sangre en su América natal. Entre el crimen y la justicia, un punto medio parecía una velada complicidad con los criminales. Algo imposible de imaginar viniendo de un Pontífice católico, precedido hacía pocos años por el Papa políticamente más activo de la historia – San Juan Pablo II, aquel Papa que viajó a Nicaragua cuando la guerra convertía ese peregrinaje en una aventura para valientes –.

Las preguntas de los analistas eran comprensibles: ¿Dónde quedó esa Iglesia políticamente relevante? ¿Quién convenció al Papa de que lo correcto era limitarse a leer fórmulas diplomáticas cuidadosamente estructuradas para no decir nada?

En su mensaje de navidad del año 2018 el Papa Francisco pidió "que este tiempo de bendición le permita a Venezuela encontrar de nuevo la concordia y que todos los miembros de la sociedad trabajen fraternalmente por el desarrollo del país, ayudando a los sectores más débiles de la población".

La Real Academia Española define la concordia como "conformidad, unión (...) Ajuste o convenio entre personas que contienden o litigan".

¿Por qué el Papa pediría conformidad y unión para Venezuela? ¿Qué clase de convenio buscaba el Pontífice cuando él mismo fue burlado en los intentos de negociación de 2016? – intentos que le costaron al país el referéndum revocatorio –.

Los enviados del Vaticano al diálogo de aquel año vieron con sus ojos el cinismo de Maduro y sus nulas intenciones de ceder. La desconfianza por parte de la Santa Sede se agudizó desde entonces.

Todo atisbo de diálogo significaba una bocanada de aire para la dictadura ahogada y una puñalada en la espalda a un pueblo que pedía ayuda desesperada.

Durante los días de la visita del Papa a Panamá, Pedro Sánchez, presidente del gobierno español, había dado un ultimátum a Maduro instándolo a convocar elecciones en 8 días o, de lo contrario, reconocería a Juan Guaidó como presidente encargado legítimo. A él se unirían 20 países de Europa.

La expectativa de lo que pudiera decir el primer Papa latinoamericano de la historia sobre lo acontecido en Venezuela era máxima. Sin embargo, la norma vaticana es evitar a toda costa que el Papa se refiera a política internacional durante un viaje apostólico para evitar que el mensaje pastoral pierda protagonismo.

El pronunciamiento público del Papa llegó el día 27 de enero, el último de su viaje. Se dio durante el rezo del Ángelus en la Casa Hogar El Buen Samaritano.

> *Aquí en Panamá, he pensado mucho en el pueblo venezolano, al que me siento particularmente unido en estos días. Ante la grave situación por la que atraviesa, pido al Señor que se busque y se logre una solución justa y pacífica para superar la crisis, respetando los derechos humanos y deseando exclusivamente el bien de todos los habitantes del país. Los invito a rezar poniendo esta intercesión bajo el amparo de Nuestra Señora de Coromoto, patrona de Venezuela.*

Con los días, Maduro quiso poner al Papa de su lado. Le envió una carta en la que pedía al Pontífice que interviniera como facilitador del diálogo con la oposición. El Papa diría a bordo del avión que lo llevaba de Abu Dabi a Roma que no había leído la carta, pero que un diálogo con intervención vaticana debía ser por acuerdo mutuo.

La oposición, ya en aquel momento, no tenía interés en caer nuevamente en el juego del dictador. Lo único que podía negociarse era la salida de Maduro del poder.

Hay que dejar claro que la Iglesia venezolana ha sido un referente de valentía a lo largo de estos años. Se han puesto del lado del pueblo y han pedido el ingreso de ayuda humanitaria al país ante la emergencia del desabastecimiento de medicinas y alimentos.

En una carta dirigida a los presidentes Andrés Manuel López Obrador, de México y Tabaré Vázquez, de Uruguay, el presidente encargado Juan Guaidó escribió unas líneas interesantes.

"Desmond Tutu, arzobispo anglicano y Premio Nobel de la Paz, asertivamente indicaba *'si eres neutral en situaciones de injusticia, has elegido el lado del opresor'*. En este momento histórico que atraviesa nuestro país, ser neutral es estar del lado de un régimen que ha condenado a cientos de miles de seres humanos a la miseria, al hambre, al exilio e incluso a la muerte. Es ponerse del lado de unos pocos que han secuestrado al poder para su beneficio propio, y que se han demostrado capaces de perseguir, torturar y hasta asesinar para mantener esos privilegios", decía Guaidó.

El secretario de Estado de la Santa Sede, cardenal Pietro Parolín, diría en aquellos días que "la actitud de la Santa Sede es de *neutralidad positiva*, no es la actitud de quienes se sientan delante de la ventana y observan de manera casi indiferente. Es la actitud de estar sobre las partes para superar el conflicto (...) Son las partes las que deben moverse en este punto, tal como sucedió cuando la Santa Sede aceptó ser parte del diálogo".

La decepción entre los venezolanos se duplicó.

Ricardo Montaner, cantante nacido en Argentina pero criado en Venezuela reaccionaría ante la postura del Papa diciendo que "no se puede ser neutral en ciertas situaciones. Dios es el primero que no es neutral y si hay alguien que sabe de Justicia es Jesús. Él no nos dice 'sean tibios, sean neutrales', Jesús dice: 'estos son los estatutos y por aquí debes ir'. El ser neutral me suena a que es demasiado cómodo".

El 13 de febrero, tras las protestas del día anterior en toda Venezuela por el Día de la Juventud, *Il Corriere della Sera* filtró una carta que el Papa Francisco envió a Nicolás Maduro en respuesta a la misiva que el dictador le envió la semana anterior por valija diplomática.

Los medios del mundo se hicieron eco al hecho de que el Papa llamaba "excelentísimo señor" a Maduro y no "presidente", aunque dicho tratamiento protocolario se le ha dado siempre a los presidentes de todos los gobiernos del mundo.

En dicha carta el Pontífice afirmaba estar profundamente inquieto por la situación y reiteró su preocupación por "el sufrimiento del noble pueblo venezolano, que parece no tener fin".

El Papa le recordó a Maduro que otros ya habían intentado encontrar una salida a la crisis venezolana y en referencia al diálogo de 2016 dijo que "todo se interrumpió porque lo que se acordó en las reuniones no fue seguido por gestos concretos para realizar los acuerdos" y "las palabras parecían deslegitimar los buenos propósitos que fueron puestos por escrito".

Francisco se declaró en favor "no de cualquier diálogo sino de aquel en una mesa cuando las distintas partes en conflicto ponen el bien común por encima de cualquier otro interés y trabajan por la unidad y la paz".

Según *Il Corriere della Sera*, en las palabras del Pontífice "se advierte el eco de la resistencia siempre más abierta de la Conferencia Episcopal del país en contra de Maduro, sus métodos y sus amenazas. Y la exigencia de que "se evite cualquier forma de derramamiento de sangre".

La Santa Sede se negó a confirmar la legitimidad de la carta, pues aseguró que correspondía a una misiva de carácter privado. La pregunta era: ¿por qué el Papa se negaba a hablar con contundencia en el ámbito público tras el fracaso de su propuesta de diálogo y la persistencia de la barbarie del régimen? ¿Por qué se limitaba a responder de forma privada la carta del dictador e ignoraba los llamados de la oposición?

Tal vez esa oposición aparentemente reunificada se equivocaba con el Papa. Quizás el error no fue de él, sino de los miembros de la resistencia, al pensar que, así como el Pontífice polaco contribuyó por la liberación de su patria y de su continente, un Papa latinoamericano sería un héroe salvador.

Cualquier fruto positivo de un diálogo en la Venezuela de Maduro sería un milagro caído del cielo. Un milagro que ya en el pasado se negó a aparecer.

Cúcuta, un mundo entre dos mundos

– Yo me fui a Venezuela con 17 años. La gente en ese entonces pensaba que en Venezuela la plata estaba tirada por la calle. Todo el que iba, volvía rico. De eso han pasado treinta y cinco años – me comenta Javier, un hombre colombiano cuya vida y familia ahora están establecidas en Cúcuta.

– En esa época un Bolívar equivalía a 50 pesos colombianos. Yo me iba a Venezuela a trabajar y para las nueve de la mañana había hecho suficiente como para no trabajar tres días. Uno no pensaba. Imagínese todo lo que habría podido hacer trabajando duro por allá. Pero todo nos lo gastábamos bebiendo – dice Henry, colombiano que vive a menos de un kilómetro de la frontera – Muchos aquí tienen doble nacionalidad. Muchas mujeres iban a parir sus muchachitos a Venezuela. Tener la nacionalidad venezolana era una garantía – afirma.

Escuchar a los cucuteños hablar sobre Venezuela comporta todo tipo de recuerdos. Hubo una época en la que ir y venir era fácil, aunque eran más los que iban.

En esta mesa donde cenamos arepas – colombianas – y morcilla, todos tienen historias que contar.

– Lo mejor que podía hacer uno era irse un domingo en familia a comer a San Cristóbal. Íbamos, cenábamos y volvíamos. La comida era deliciosa y baratísima – me cuenta Cecilia –. Íbamos a conseguir comida buena, lácteos deliciosos ¡tendrías que haber probado los quesos venezolanos! Eran una delicia.

– ¿Y hace cuánto no van? – les pregunto.

– La última vez fue hace cinco años, por lo menos – me dice Henry.

Ese es el promedio que he escuchado en estos días. Hace cinco años los cucuteños dejaron de cruzar hacia Venezuela. Sin embargo, cada día unas 5 mil personas dejan Venezuela para internarse en un exilio que comienza en esta ciudad casi colapsada.

La Parada, última localidad colombiana antes de Venezuela, es una de día y otra de noche. En el día hay un tráfico constante de personas y comercio por doquier. Por la noche, el tráfico se detiene, pero ves a cientos en la calle, sentados o acostados con sus maletas. No piensan quedarse, buscan la forma de salir de Cúcuta hacia otra ciudad o país.

– Es peligroso estar aquí – me dice Henry mientras me da un recorrido por la localidad – de hecho, tal vez no fue buena idea. Esta zona está controlada por los paramilitares.

Llegamos al Puente Internacional Simón Bolívar. Hay una gran fila de camiones que intentan pasar al lado venezolano.

– Mire eso. Por la noche dejan pasar carga, pero no dejan pasar ayuda humanitaria solo porque es de Guaidó – me dice.

No me recomiendan quedarme aquí mucho tiempo. Para regresar a la ciudad hay que seguir la ruta tradicional de entrada al país. Justo debajo de un rótulo de "bienvenidos a Colombia" encontramos un Cristo con los brazos abiertos. En una mano tiene la bandera de Venezuela y en otra la de Colombia.

– En todos los semáforos hay algún venezolano pidiendo dinero. Todo el día, toda la noche. Siempre hay – me dice Cecilia.

Aquí puedes ver a cientos de personas sentadas en el suelo con cobijas y maletas que indican que el viaje apenas comienza.

– Solo aquí, en Norte de Santander, entendemos lo que ha sido el drama de los venezolanos. Hace un año tuvimos una segunda vuelta electoral entre Duque y Petro. Todos teníamos nuestras reservas con Duque porque está manejado por Uribe, pero ¿cómo íbamos a votar por Petro si es amigo de Maduro y su pandilla? Petro perdió porque Norte de Santander se volcó por Duque. No podíamos permitir que Colombia se convirtiera en cómplice de esa dictadura.

La frontera de Cúcuta fue alguna vez una de las más dinámicas de América Latina. Las personas pasaban de un lado a otro sin necesidad de pasaporte. El tránsito era cosa diaria, pero la inmigración era excepcional.

¿Quién podría pensar que en este pequeño departamento colombiano se podría hacer una vida mejor que en la–siempre–rica Venezuela? ¿Quién habría vislumbrado que esos que cruzaban el puente para ir a comer, ahora darían comida a los que alguna vez nadaban en dinero? Cúcuta es Colombia, pero también es Venezuela.

Las personas que ves en las calles mendigando no son de aquí. Vienen de las trochas, de los puentes (cuando están abiertos). Traen hambre, sed y enfermedades.

Muchos en Venezuela sueñan con venir a este rincón colombiano para cubrir sus necesidades de salud. Aquí les atienden gratis a pesar de que el sistema sanitario está cada día al borde del colapso.

En Cúcuta saben lo que era Venezuela antes del chavismo y te lo dicen claramente:

– Ni en el peor momento de la cuarta república venezolana hemos visto algo como lo de ahora. Yo creo que en Venezuela Ya debe haber pueblos desolados. La cantidad de gente que sale es exagerada – dice Henry.

Si pregunto, caigo en lo obvio, pero siempre que los veo tengo que corroborar:

– ¿Todas esas personas que duermen en la calle son venezolanos?

– Sí, todos – me responden.

Se parte el alma. No son sólo adultos. Son también bebés, niños y ancianos. Los vulnerables de una sociedad durmiendo en las calles de un país que no es el suyo.

En esta ciudad me encuentro a una conspicua venezolana. Una artista cuyo rostro me remonta a la época de gloria de las novelas de ese país. Viste de blanco y los reporteros le piden uno a uno una entrevista.

Es Hilda Abrahamz, actriz venezolana. Una de las pocas artistas opositoras que siguen viviendo en su país.

Una colega me presenta con ella, me saluda atentamente y dice que ha venido a Cúcuta "a la brava".

– Yo vengo de Caracas, porque tenía que estar aquí. No solo para el concierto, sino para el 23. Tenemos que hacer pasar la ayuda humanitaria. De aquel lado la gente se nos está muriendo.

Buscamos un lugar para sentarnos y conversar. Solo hay un sillón en toda la sala. Los periodistas están esperando la llegada de las acreditaciones para el Aid Live. Son tantas que la organización se quedó corta.

– ¿Cómo se siente de estar aquí en Cúcuta para este concierto?

– Súper feliz porque uno siente que después de tantos años de lucha por fin está cercano el amanecer. Entonces tengo una gran felicidad. Es una mezcla de muchas cosas porque es una celebración (aunque todos sabemos que esto no es una celebración sino un concierto-protesta básicamente para permitir que entre la ayuda humanitaria). Pero esta es también una celebración para los venezolanos porque sentimos y sabemos que este es el principio del fin de esta dictadura y un comienzo. Un comienzo que no va a ser fácil, pero sabemos que es el comienzo de un cambio.

– ¿Por qué usted no se ha ido de Venezuela?

– Bueno, porque amo Venezuela, porque soy quien soy en Venezuela. Porque sigo trabajando en Venezuela y porque decidí quedarme. Además, decidí quedarme porque quiero vivir este momento histórico, porque yo estoy en las calles desde que cerraron RCTV en el año 2007. He estado en las calles siempre. Entonces yo no me quiero perder este momento, yo quiero vivirlo, ser parte de él, del cambio.

– ¿Cree que la oposición ha encontrado esa ruta que hace un mes no tenían?

– Mira. Yo creo que las condiciones están dadas. Todo lo que pasó llevó a que Guaidó tomara las riendas. Mira, cuando te toca ni aunque te quiten, y cuando no te toca ni aunque te pongan. El universo sencillamente está conspirando a favor de que estas cosas pasen. Gracias a Dios son veinte años y no sesenta como tiene Cuba. Creo que todo se dio para que realmente sucedieran las cosas con Guaidó. Yo siento que de alguna manera han tenido que ponerse de acuerdo, unirse sin pensar en los intereses individuales hay que pensar en el país. No quiero hablar mucho de ese tema porque yo tengo mis diferencias con ellos, particularmente como artista y como ciudadana. Pero creo en la unidad y apuesto a que deben estar unidos para que esto realmente pueda suceder.

– Cuéntele por favor a la gente del extranjero. Si le preguntan ¿cómo está Venezuela? ¿Usted qué responde?

– Está muy mal. Hay una crisis humanitaria muy importante. Grave, diría yo. Hay que vivir en Venezuela para entender cuál es la situación. Se viven dos realidades. La de la gente que tiene dinero, que es la gente cercana al gobierno que han hecho negocios con el gobierno. Y luego una clase media que cada día está más venida a menos por una inflación realmente exorbitante y un sueldo realmente pobre. La gente depende del gobierno que tiene el poder de la comida. Ellos reparten la caja CLAP, yo sé que tú has escuchado hablar de la Caja CLAP. Es una caja que tiene cierta cantidad de alimentos. Antes era mensual y ahora la dan cada cuatro meses. Entonces el gobierno quiere tener el control de todo: de las medicinas, de las armas, de todo. Poco a poco han ido mermando la energía y la voluntad de los venezolanos. Creo que todo eso tiene un propósito que todos sabemos. Pero la crisis humanitaria es grave. Hay gente que se muere de una simple apendicitis. No hay aspirinas. En los hospitales los casos de los niños es una de las cosas más lamentables. Mueren de desnutrición.

Con el sueldo mínimo no alcanza para nada. Ellos acabaron con el aparato productivo y ahora la gente vive de la economía informal. La situación verdaderamente es grave, pero lo más grave es la represión, las muertes y la inseguridad.

– ¿Vamos a lograr que entre la ayuda humanitaria mañana?

– Yo creo que sí. El pueblo está resteado. Venezuela está resteada. Lo vimos ayer en las redes. Ayer precisamente estaba viendo un vídeo de la Guardia Nacional impidiendo que pasara la caravana de diputados que venían para acá, para Cúcuta y la gente resteada quitó todo lo que ellos pusieron en el camino. Yo creo que en este momento los venezolanos estamos absolutamente resteados. Y tenemos que seguir así porque es la única manera de sacar el país adelante. Ahora tenemos que recuperar a Venezuela.

Aid Live: Sentirte libre, Venezuela

Un gavilán sobrevuela de un lado a otro la frontera entre Colombia y Venezuela. Es el único que puede vivir los dos conciertos de esta jornada: el de la esperanza y el de la ignominia. Él puede hacer lo que nosotros no. Él va de un lado a otro sin necesidad de pasaporte, sin miedo a que lo vayan a matar, a que le vaya a faltar la comida o a que no lo vayan a dejar salir. Curiosas aves los gavilanes. Miran todo desde lejos, quieren intervenir.

Frente a mí está la tarima del Venezuela Aid Live, el concierto nacido de la cabeza de Leopoldo López, propuesto por Juan Guaidó y organizado por Richard Branson.

El elenco es sumamente prometedor. Nombres gigantes. El público espera el inicio del evento. Ya lo he dicho: la puntualidad no es virtud venezolana.

Si volteo a la derecha veo a Fernando del Rincón reportando en vivo para CNN en Español. Si doy unos pasos a la izquierda me encuentro a Idania Chirinos haciendo lo propio para NTN24. Como ellos, cientos de periodistas.

Me alegra encontrarme al fotógrafo de La Patilla, a quien conocí en Caracas. Me parece arriesgado que haya salido, pero confía en que podrá regresar.

Caminar un poco más por esta zona me llevaría donde están muchos de mis artistas favoritos, pero llegar a ellos es casi tan imposible como llegar a Venezuela.

La lista es inmensa: Alejandro Sanz, Carlos Vives, Miguel Bosé, Carlos Baute, Paulina Rubio, Chyno Miranda, Nacho Mendoza, Diego Torres, Fonseca, José Luis Rodríguez "El Puma", Juan Luis Guerra, Juanes, Maluma, Maná, Ricardo Montaner, Reik, Silvestre Dangond, Jean Carlos Canela, Danny Ocean, Gusi, Lele Pons, Alesso, Camilo Echeverry, Cholo Valderrama, Jorge Glem, Jorge Villamizar, Mau y Ricky, Reymar Perdomo, Reynaldo Armas, Rudy Mancuso, Luis Fonsi y Santiago Cruz.

Como conductores están previstos Luis Chataing, George Harris, Patricia Velásquez, Patricia Zavala, Nelson Bustamante, Caterina Valentino, Erika De La Vega y Markos Pérez.

No hay agua suficiente para ayudar a aliviar el calor de esta mañana en la frontera, pero no hay calor que merme el entusiasmo de un pueblo listo para cantar por la libertad de un país que hoy pueden ver con sus ojos. Hoy respiramos aire importado de Venezuela.

– Oye, esa bandera que traes ya a partir de mañana no va a servir – escucho que le dice una joven a su amigo. Hace referencia a la bandera de ocho estrellas que instauró el chavismo.

El silencio de los parlantes es roto por los himnos de Venezuela y Colombia. El escenario dispuesto para el concierto es giratorio con el fin de permitir una rápida alternancia de bandas.

Pasado el mediodía una voz dulce y potente dio inicio al festival: Reymar Perdomo cantó con su ukelele en mano "Me fui", un himno autobiográfico que es capaz de llegar al alma del más escéptico. Su voz penetra profundamente en los presentes.

Obligaba a mis ojos a no ver la realidad

Creando excusas para no escuchar

Yo me escudaba, no reaccionaba

Pero tarde o temprano me tenía que marchar

Y mi madre me ayudó, al vacío me lanzó

Me dijo: Mi negrita es con buena intención

Pues soy tu madre y quiero verte volar alto

Y no lo harás si te tengo entre mis brazos

Y yo decía: ¿cómo carajo se hace esto?

Dejar mi casa, mi familia, mis afectos

Dejar mi tierra y mis amigos

¿Por qué no todos se vienen conmigo?

Y yo lloré, grité y pataleé

Pero la vida me lo hizo entender

Y agarré mi guitarra y mi equipaje

Y dije: ¡Maduro coño e' tu madre!

Me fui, me fui

Con mi cabeza llena de dudas, pero me fui

Y aquí estoy, creyendo en mi

Acordándome de todo aquello que un día fui

Despedirme fue duro, en ese terminal

Chillé todo lo que en un año se puede chillar

Pero me fui pa' la frontera

Espérense que ahora es que comienza mi odisea

Me robaron, una maleta me llevaron

Me quedé con la plata porque la tenía en la mano

Seguí pa'lante, pa' atrás no vuelvo

Si Dios me puso esto es porque yo puedo con esto

Y así seguí, haciendo escala noche y día

Crucé cuatro países en cinco días

Corriendo al trote, comiendo poquito

Hablando poco y llorando bajito

Pero llegué, como lo deben saber todos

Pues esto se regó de cualquier modo

No sé si por ahora, no sé si para siempre

No sé si esto es poquito, pa' mi fue suficiente

Me fui, me fui

Con mi cabeza llena de dudas, pero me fui

Y aquí estoy, creyendo en mi

Acordándome de todo aquello que un día fui

No me detengo, sigo en la lucha

Pues yo sigo haciendo música y la gente me escucha

Ser inmigrante no es jodedera

Y el que diga lo contrario que lo diga desde afuera

Ahora camino por el mundo soltando lágrimas

Respirando profundo y mi bandera en la mano

¿Por qué? Si todos somos hermanos

Y somos producto latinoamericano

Me fui, me fui

Con mi cabeza llena de dudas, pero me fui

Y aquí estoy, creyendo en mi

Acordándome de todo aquello que un día fui

Yo me fui

Aplausos y lágrimas no se hicieron esperar.

Una breve espera precede la salida de Richard Branson quien debía estar en el desierto de Mojave para el lanzamiento al espacio exterior de una nave de *Virgin Galactic*. Ha preferido estar aquí para lanzar una pregunta:

Si podemos llevar a la gente al espacio ¿por qué es tan difícil sacar a la gente de la pobreza?

Branson termina su discurso y el escenario gira. Vemos aparecer a José Luis Rodríguez: El Puma. Da gracias a Dios por estar ahí cantando nuevamente. Asegura que la muerte no se lo podía llevar sin ver antes la libertad de su amada Venezuela. Pienso que sus palabras son precipitadas, todavía no ha llegado esa libertad, aunque hoy parece que se puede acariciar.

Canta para sus compatriotas "Agárrense de las manos". Su actuación es agradecida con afecto por parte de los presentes.

Tras unos números folclóricos sale a escena Jean Carlos Canela, las mujeres enloquecen.

No puedo pisar este escenario sin recordar a una gran venezolana. Sin recordar a Mónica Spear y a todos los que como ella se nos han ido en esta lucha. Es por ellos que tenemos que seguir luchando por una Venezuela libre, mi gente. Esto va por ellos.

Chyno Miranda se hace presente poco antes de la una de la tarde. Todos nos preguntamos si Nacho habrá aceptado su invitación para cantar juntos de nuevo. Después de tantas disputas mediáticas sería un gran gesto de reconciliación para acompañar este proceso humanitario.

Miranda canta tres canciones en solitario. El gesto no se da. Mi madre debe estar decepcionada.

Voy a la sala de prensa que la organización ha reservado para que los periodistas podamos trabajar. Los refrigeradores, otrora llenos de agua fría, ahora están vacíos.

Sentada en una mesa junto a su camarógrafo reconozco a Orla Guerin, la corresponsal de la BBC que entrevistó a Maduro hace unas semanas. Esa entrevista mostró la vulgaridad que reside en el abyecto ser del dictador. Su desprecio por la periodista – que le hacía las preguntas más acertadas que hasta entonces se le habían planteado – era evidente. No sé si le hablaba de esa forma por el hecho de ser mujer, extranjera, periodista o por no hablar español, pero ese conjunto hizo que el tirano tratase a esta periodista como una incompetente (por decirlo de forma leve).

Me acerco a saludarla en inglés.

– Señora Guerin. Es un gusto conocerla. Permítame felicitarla por la entrevista a Maduro. Me imagino que fue sumamente desafiante.

– Muchas gracias. Fue muy difícil. Ahí me tocaba sentarme y escuchar lo que él quisiera decir. No podía hacer nada. Todo le molestaba.

Fue un milagro que Orla no fuese detenida ese día en Miraflores.

A lo lejos escucho que el público estalla en júbilo cuando Camila Canabal aparece como conductora. Pocos saben que del otro lado del puente, en el concierto chavista, Winston Vallenilla es quien anima el evento – al que asisten sobre todo milicianos en formación –. Ese dúo dinámico del programa *"Aprieta y Gana"* está ahora dividido: él asociado con la dictadura y ella festejando el deseo de libertad.

El argentino Diego Torres llega a la tarima. Es el primero en decir que no se encuentra ahí apoyando un proyecto político sino una causa netamente humanitaria. Su canción "Color Esperanza" es coreada por los presentes con particular sentimiento.

Silvestre Dangond sale al escenario para poner a bailar a colombianos y venezolanos por igual. Durante su presentación invita a Maluma a acompañarlo en el escenario. El joven llega con bastón en mano tras su reciente operación por desgaste de ligamentos. Pese a estar en recuperación ha querido estar presente, finalmente hacer algo productivo por la humanidad y alzar su voz en contra de la dictadura.

La tarde avanza y llega Miguel Bosé al escenario. Pese a tener una lesión en su voz, se entrega a la causa de la libertad.

> – *¿Preparados para mañana? Mañana nadie nos puede ni nos va a detener. Mañana será el día de la gran unidad internacional y si hay alguien que se oponga a ello, como este señor que se llama Maduro...*

> – *¡Coño e' tu madre!* – grita la multitud.

– ¡Ese! Será capturado y acusado por crímenes de lesa humanidad, porque no se puede ser tan desconsolado y tener tanta falta de compasión. Yo soy padre, a mis hijos jamás en la vida les dejaría morir de hambre o morir por causas de salud. Antes doy mi vida. Un presidente debe ser lo mismo para su pueblo y no lo es. Maduro ¡Lárgate ya! ¡Maduro! ¡Vete ya lo más lejos que puedas! Porque Venezuela no es tuya ni de tu compañía de narcos. No. Venezuela es de los venezolanos y los venezolanos no te quieren ¡lárgate ya! Este tema yo lo vengo peleando hace veinte años. Hace once años en el Puente Simón Bolívar hacíamos un concierto también. Hoy es el día más importante de mi vida porque si esto va a pasar (y va a pasar) entraré en éxtasis. Así que aprovecho para decirle a la señora Michelle Bachelet, altísima Comisionada de los Derechos Humanos en las Naciones Unidas que venga ya de una puñetera vez a ver la ruptura de derechos humanos. Y se le está haciendo tarde porque ha tardado quince años. Le a-cagan – nunca mejor dicho–, le acaban de dar su cargo. Con lo cual, Michelle Bachelet, ven aquí, mueve tus nalgas y usa de una vez la autoridad que tienes, sino para esto no sirves ¡fuera! Escucha esto, Venezuela ¿sabes qué? Pase lo que pase, digan lo que digan, sea lo que sea, yo siempre te amaré.

Bosé es sucedido por el venezolano Carlos Baute, quien cumple en 2019 ocho años sin poder volver a su país. Comienza cantando "Viva Venezuela", ese himno que recuerda el nacimiento del Libertador. Sigue con "Te regalo" y hace una pausa para dirigir unas palabras a sus compatriotas.

¡Qué emoción cuando veníamos, nos traía la camioneta para acá y veía la cantidad de gente que sigue llegando con esa mirada de esperanza y libertad! Estamos cerca. No sé si será mañana. Yo creo que ni los políticos lo saben, no sabemos cuándo vamos a salir, pero estamos cerca. Es pronto. Y ojalá que a partir de mañana seamos libres ¡Fuera Maduro! ¡Sí señor! Esta canción es muy especial para mí porque la canté hace veinticinco años. Los venezolanos, como ustedes saben, no somos emigrantes. Siempre estuvimos acostumbrados a los inmigrantes, a recibir gente y darles ese abrazo. Ahora damos las gracias a quienes nos abrazan. Esta canción yo sueño con cantarla libre. Esta canción no solo dice que yo me quedo en Venezuela, es que Venezuela se quedó en mí, como en todos ustedes.

Comienza una de las canciones más coreadas de la tarde:

No hay mal que dure mil años

ni cuerpo quedo lo resista

yo me quedo en Venezuela

porque yo soy optimista.

Hay quienes dicen que el pueblo

está cansado de esperar

si seguimos este rumbo

a donde vamos a parar

pero si sacas la cuenta

lo que podemos ganar

una cosecha de campo

un paraíso tropical

no me importan los colores

ni la magia electoral

con todo y eso me quedo

este es mi país natal

Hay quienes dicen que el pueblo

está cansado de esperar

la prosperidad que vuela

y tan difícil de alcanzar

pero si tu oyes mi canto

y la voz se hace regar

tenemos la tierra fresca

que tus hijos sembraran

no me importan los colores

ni la magia electoral

con todo y eso me quedo

este es mi país natal

Termina su presentación con "Colgando en tus manos". Es fenomenal.

Mientras Luis Fonsi canta "Despacito" veo que Carlos Baute toma una salida distinta a la de todos los artistas. Pasa en medio del público y canta la canción de Fonsi junto a la gente. Sus fanáticas enloquecen y le piden fotos. Parece que se dirige al área de prensa. Es el primer artista de la tarde que entra en nuestro territorio.

Los periodistas lo ven, lo siguen, lo abordan. Su mánager no sabe qué hacer. Carlos habla con calma.

Intenta avanzar hacia un camión donde será entrevistado en vivo para Antena 3. Cuando pasa por el punto de NTN24 escucho a Idania Chirinos decir para sí misma: "siempre tan bello".

Me acerco a él una vez que pasa la ola periodística. Rocío, su encargada de prensa nos presenta y él escucha con atención mis historias en Caracas. Se ríe al escuchar la anécdota del asalto pues sabe que en Venezuela los delincuentes pueden ponerse a negociar para no hacerte daño.

En Carlos Baute veo un pesar que no distingo en otros cantantes exiliados. Tal vez sea la cantidad de años afuera o el no haber podido volver por las amenazas de no dejarlo salir una vez que entre en territorio venezolano. Pese a ello, hoy ve con nostalgia las montañas que coronan esta tarde de esperanza.

Me despido de él.

Comienza a cantar Juan Luis Guerra, quiero correr para verlo, sin embargo, veo a Idania Chirinos sola por primera vez en la tarde y siento un llamado al deber.

– Señora Idania ¿Cómo se siente hoy en este concierto a unos metros de Venezuela?

– Es imposible no emocionarse. No conmoverse con lo que he visto. Sobre todo, como bien dices, estando a unos metros de Venezuela. Hace una semana estuve donde están los contenedores. Me parecía que estiraba la mano y podía tocar mi país. Hace seis años que no he podido volver. Es muy duro... Muy duro estar tan cerca y tan lejos a la vez, pero creo que ha sido un gran día, ha sido un evento maravilloso y creo que va a tener repercusiones.

– Mañana vamos a caminar desde esta frontera hacia aquel lado con la ayuda humanitaria ¿Usted qué espera de este 23 de febrero?

– Yo estoy convencida de que una parte de esa ayuda va a pasar. Yo no sé si va a pasar toda, no sé si va a pasar por todos los puentes, pero estoy segura de qué parte de esa ayuda va a entrar. La van a ingresar desde aquí y allá la van a recibir. Hay mucha presión sobre el régimen y no creo que la vayan a poder parar.

– ¿Usted cree que haya algún tipo de represión sobre quienes iremos mañana caminando?

– No lo sé. Maduro siempre es impredecible pero las imágenes que vimos ayer con la caravana de los diputados son la muestra de que la gente perdió el miedo. Bajaron a los camiones, les quitaron las llaves, quitaron los camiones de la vía. Algo varió y la reacción de ellos también es diferente.

– ¿Usted reconoce en esa reacción al país que dejó hace seis años?

– Yo reconozco en esas reacciones al país que hemos sido siempre, no solo al que dejé hace seis años. Al país que defiende sus principios y defiende sus derechos. Hemos despertado todos. No solo por Guaidó, sino porque por una vez hay una unidad de criterios en la oposición y eso siempre es importante.

– ¿Usted ve la mano de Leopoldo López detrás de todo esto?

– Absoluta y totalmente. No me cabe la menor duda. A Leopoldo lo encerraron en la casa y le dieron por lo menos 18 horas al día para pensar y estructurar. Para planear, hacer llamadas y hablar. Creo que es uno de los principales arquitectos de todo esto. Desde la casa le dan un margen de maniobra bastante amplio. Pero creo que hay otros factores opositores que han sido importantes como María Corina Machado.

– ¿Cuando usted salió pensó que iba a trabajar en un medio que sería censurado en Venezuela?

– No. Nunca pensé que NTN24 como tantos otros canales después pudiesen ser borrados de la pantalla. Te doy un ejemplo. En este momento, todos los canales que están transmitiendo el concierto están siendo bajados de la parrilla. Eso lo acabo de leer. Lo estaba viendo entre los comentarios de mis amigos. Al régimen no le gusta la información porque exponemos lo que pasa en el país y va a hacer todo lo posible por bloquearnos.

– ¿Qué mensaje envía a sus compatriotas en Venezuela?

– A mis compatriotas: me encanta la frase de Leopoldo López que dice: Fuerza y Fe. Nunca como ahora estuvimos tan cerca de lograr lo que tanto hemos deseado.

– Espero poder entrevistarla mañana del lado de Venezuela.

– Espero que sí, porque voy a intentar pasar.

Vuelvo al área del concierto donde están por presentarse los últimos artistas de la tarde.

Carlos Vives, Ricardo Montaner, Alejandro Sanz, Maná, Juanes y Nacho.

Hay ocasiones en las que me resulta verdaderamente fácil saber que no soy Clark Kent, esta es una. Dudo mucho que un periodista de Kriptón llegue a ser visto bailando entre sus colegas y cantando a todo pulmón "La Bicicleta", de Carlos Vives. No creo que el tímido Kent le haya dedicado a Luisa Lane "Tan Enamorados" de Ricardo Montaner o que la garganta helada de Superman haya sufrido una lesión por cantar a todo pulmón "*Corazón Partío*" de Alejandro Sanz.

Hace ya unos minutos dejé mi posición de reportero. Tantas horas de sol merecen unos minutos de entrega a la alegría de la música.

Juanes, mi ídolo de la infancia, termina su presentación y el pueblo aclama al único artista que falta:

– ¡Nacho! ¡Nacho! ¡Nacho! – gritan los presentes.

Su voz se escucha:

Ya casi rompo las cadenas

Ya casi grito que llegó la libertad

Siento que mi alma estará llena

Y mi corazón también en paz

Volveré a poner mis pies sobre la carretera

Caminaré a un mejor futuro

Ya la espera desespera

Desespera perder tanto en el daño de una era

Yendo hacia atrás con tantas ganas de llevar la delantera

Cómo quisiera ver que se regrese el tiempo

Volver a los momentos de magia y de ensueño

La suerte que yo tuve cuando pequeño

Tengo que ser valiente, valiente

La fe nunca la debo perder

Tengo que ser más fuerte, más fuerte

Subir mi voluntad a otro nivel

De espíritu rebelde, valiente

Para mejorar este presente y saber lo que se siente

Librarse de la tiranía

De un movimiento en agonía

De la dura situación de cada día

Que vuelva la alegría

No pares que ya vamos en la vía

Seguir luchando es la garantía

Si es que mis horas se fueran parando en tierra y guerreando

Prefiero eso que estar con la crisis modelándote

Un carro, mil joyas

Y otro anhela tener comida en la olla

Valiente, valiente

La fe nunca la debo perder

Tengo que ser más fuerte, más fuerte

Subir mi voluntad a otro nivel

De espíritu rebelde, valiente

Para mejorar este presente y saber lo que se siente

Caminar en libertad

Ir por las calles así normal

Como ayer, sin temer, cuando llegue la paz

Caminar en libertad

Ir por las calles así normal

Tiempos que añoro

A veces lloro, pero casi siempre río

Caminar en libertad

Ir por las calles así normal

Así nomás, valiente

Caminar en libertad

Ir por las calles así normal

Venezuela no se olvida

Todo lo que nos ha dado

A los que estamos aquí

Y a los que están del otro lado

Que puede ser tu hermano

Que puede ser tu amigo

Que puede ser todo lo que yo he querido

Tengo que ser valiente, valiente

Salir a caminar contigo

Y rescatar nuevamente

La sonrisa de mi gente

Gente que desde temprano labra con sus manos

El despertar de un futuro que pronto verá

Vamos a sembrar semillas de amor y de cambio

Por nuestra libertad

Tengo que ser valiente, valiente

La fe nunca la debo perder

Tengo que ser más fuerte, más fuerte

Subir mi voluntad a otro nivel

De espíritu rebelde, valiente

Para mejorar este presente

Y por fin saber lo que se siente

Ser libre

Ser libre

Nacho es amado por sus compatriotas. Es un fenómeno interesante el que comporta este cantante que durante tanto tiempo fue parte de un dúo que conquistó al continente entero. En mi cabeza surge una duda: ¿pasará? ¿ocurrirá lo que esa mañana parecía descartado?

Ya que estamos hablando de unión y de reconciliación quiero llamar al escenario a alguien muy especial en mi vida. Alguien que me hizo una invitación que era imposible de rechazar y que en este momento vamos a recordar viejos tiempos para ustedes. Mi compañero, mi amigo, el grandioso, Chyno Miranda.

Abrazo en el escenario. Furor. Yo mismo pierdo el control por un momento.

Al escuchar los acordes de "Mi niña bonita" todos acompañan el canto con las manos en forma de corazón, como en el vídeo del 2009. El verdadero espectáculo no está en el escenario. El show más hermoso está dándolo la gente. Es el cierre perfecto para un evento que ha dejado por lo alto los valores democráticos de un pueblo esperanzado en un cambio inmediato.

A Chyno le lanzan una bandera. La extiende. Es de Colombia. La toma junto a Nacho y cantan con ella en mano, hasta que una mano que sobresale de entre la multitud le lanza la bandera de Venezuela. Chyno responde efusivamente.

"¿Quién está ahí adelante?", me pregunto. No hay señal de internet, llevo un rato alejado de la zona de los periodistas. Las noticias no llegan hasta aquí.

La canción termina. Nacho sigue haciendo gala de su don de palabra y dice:

– Está tarde nos acompañan cuatro presidentes – dice Nacho – El presidente de Colombia, de Chile, de Paraguay y de Venezuela.

El público explota en júbilo. Todos nos volvemos a ver sorprendidos ¿es posible? ¿Guaidó había cruzado? ¿Cómo? ¿Cuándo?

Lo vimos por las pantallas. Saludó junto a los otros mandatarios desde el pie de la tarima. Camisa blanca y arrugada, despeinado, sonriente y convencido de que "sonreír en dictadura es un acto de rebeldía".

La emoción es tanta que cuesta contenerla. Este es el momento en que la libertad ha estado más cerca de nosotros.

Richard Branson vuelve al escenario y pide al público que le acompañe en la última canción de la tarde: Imagine de John Lennon, interpretada por Fonseca.

Mientras suenan esos acordes me dirijo al área de prensa. En lo alto de la tarima de transmisiones veo a la señora Chirinos y le digo:

– ¡Qué día! ¡Qué día!

– Mucho con demasiado. He llorado todo el día.

– ¿Usted sabía que venía Guaidó?

– ¡No! Me enteré poco antes pero no dije nada porque no podía confirmarlo, pero fue sumamente emocionante verlo llegar.

Salir del puente de Tienditas es una misión complicada. Me toca caminar a contraflujo de la gente para llegar a la casa. Todos van felices. Sonríen, hablan de Guaidó, de Chyno y Nacho, de Carlos Vives. El ánimo es óptimo para mañana.

Llego a la casa. Me ven y me preguntan qué me pasó en la cara. Me he quemado. No me importa. En el televisor las noticias hablan de una cruel represión contra los indígenas pemones en la frontera con Brasil, aunque dedican más tiempo a lo ocurrido en el concierto y las expectativas para mañana. Comienza Conclusiones en CNN en Español y los cuatro presidentes están de invitados.

Después de ver las entrevistas me voy al cuarto. Debo grabar lo que siento hoy para mi podcast. La emoción me gana, hoy no puedo escribir nada. Diré lo que me sale del corazón. Siento que mañana es el día. Mañana lo lograremos. Mañana entraremos a Venezuela.

23F: Rosas Muertas

Hoy el café colombiano sabe distinto. Sabe al triunfo de ayer. A la alegría con la que nos fuimos a dormir y la esperanza de un cambio que vemos inminente. Algo me dice que hoy lo lograremos: pisaremos Venezuela.

La decisión es complicada: ¿a cuál puente debo ir? ¿Al puente de Tienditas o al Simón Bolívar? Sentado en la mesa veo un tweet de Idania Chirinos, ella está en Tienditas. No se diga más. Si ella está ahí, es porque ahí estará Guaidó.

Llego al Puente, camino con varios reporteros hacia el punto donde será la primera rueda de prensa del día.

Esperamos pacientemente. El sol empieza a subir y el calor quema la piel. El sombrero que traigo es insuficiente. Las quemaduras del día anterior se hacen sentir. No importa: hoy es el día.

Mientras espero de pie junto a colegas de todo el mundo, una periodista venezolana me cuenta su historia. De baja estatura, cabello canoso y anteojos de gran aumento, esta aguerrida mujer habla con contundencia. Está acompañada de su esposo, quien carga la videocámara.

– Nosotros somos jubilados, mi esposo y yo. No pude traerme a mi camarógrafo porque lo detuvieron en Venezuela. A mí me pueden meter presa en cualquier momento, pero traigo mi pasaporte europeo por cualquier cosa... A mí me han secuestrado los tupamaros, tengo toda la pierna llena de perdigones, porque yo estoy dónde están tirando el gas lacrimógeno. Yo estoy corriendo con la gente. Vivo en Mérida, que es una de las ciudades más aguerridas. Ya a esta edad uno suele hacer periodismo en escritorio, somos jefes de prensa, estamos tranquilos, tomamos Pepsi con hielito, le decimos a los muchachos que corran y nosotros nos quedamos tranquilos, pero nosotros no. Yo ya tengo 24 horas sin dormir ¿cómo lo vives tú? ¿Qué te parece esta situación como joven?

– Es difícil de entender si no lo vives. Y aun viviéndolo no logras entenderlo.

– Claro, es que ¿cómo podemos entender que hagan bolsos con nuestros billetes? ¿Cómo entender que un kilo de queso te cuesta 18 mil bolívares a las ocho de la mañana y a las dos de la tarde te cuesta 20 mil? ¿Cómo entender que mi esposo iba a comprar una finquita y cuando hicieron el nuevo cono monetario le alcanzaba solo para tres kilos de carne? ¡Podría haber comprado una finca! ¡Ustedes nunca lo van a entender...! Es muy difícil entender que un director del Liceo me diga que el sueldo no importa, que solo importa el bien común ¡son cosas que no entiendes! En el lugar donde me estoy quedando en Venezuela, a una hora de aquí, ves que todo se maneja en pesos colombianos. El noventa por ciento de la población es contrabandista. A los guardias les das 20 mil bolívares y pasas. Los guardias tienen unos carros que no los tiene ni el presidente de Colombia. Yo debería estar en mi casa comiendo un emparedado, pero esto que tú ves hoy no lo vas a ver más nunca. Es muy difícil que un país caiga en lo que cayó Venezuela.

– ¿Usted cree que logremos pasar hoy?

– Sí. Bueno, nosotros sí. Pero ustedes los extranjeros no. Aquí solo estamos siete venezolanos, pero con los seis o siete que somos vamos a dar la cara.

Termino mi conversación con esta periodista. La espera continúa. No hay señales de que los presidentes estén por llegar.

Volteo a mi derecha y veo a lo lejos a Camila Canabal. Espectacular. Vestida con una camiseta blanca, jeans y un rosario con los colores de la bandera que cae por su cuello. Me acerco a ella y le pido una entrevista. Asiente sonriente. Veo ilusión en su mirada.

– ¿Cómo te sientes de estar tan cerca de Venezuela?

– Yo tengo un año y nueve meses de no poder ir a Venezuela. Estar ahí en la frontera es estar en Venezuela, es pisar mi tierra, respirar su aire.

– Y ver estos Andes venezolanos, estupendos.

– ¡Sí! Esto es respirar el aire de mi tierra. Nos está acariciando el aire de Venezuela en este momento.

– Hace unos días estaba viendo un reportaje de Celia Cruz, que no pudo volver nunca a Cuba, pero fue una vez a Guantánamo y ella dijo "yo hoy estoy respirando el aire de Cuba".

– ¡Ay mira! Yo estoy diciendo lo mismo sin haber leído nunca esas palabras de Celia.

– ¿Cómo te sentiste ayer en el concierto? Te dejaron toda la tarde animando ¿estaba previsto que estuvieras todo el evento?

– No. No estaba previsto. Los eventos en vivo, en tarima donde suceden cosas imprevistas han sido siempre mi fuerte. Es lo que me gusta hacer. Entonces estaba previsto que yo participara en una parte, pero me ofrecí para quedarme y ellos aceptaron y yo feliz.

– La gente estaba feliz de verte porque tienen años de no encontrarse contigo ¿sentiste el cariño?

– Sí, total. Muchísimo. Y aquí entrando al puente fue impactante. Fue una cosa loca porque yo venía adelante en el carro y todo el mundo me vio... No me esperaba que me reconocieran tan rápido. No esperaba tener este encuentro tan especial.

– Dicen que cuando la televisión se acaba te olvidan rápido.

– Eso es cierto. Yo me subí en la ola de las redes sociales apenas terminé de hacer televisión en Venezuela. No sé si esta gente me siga en redes, pero eso me ha ayudado a estar activa. Fue muy lindo.

– Del otro lado del puente ayer estaba Winston.

– Allá se quedará, del otro lado del puente.

– ¿Qué te parece esta coincidencia? La historia pone a dos compañeros que trabajaron mucho tiempo juntos, en dos lados opuestos de una misma realidad.

– La historia no. Las decisiones que cada uno toma. Los valores de cada uno. Cada uno siguió el valor que le dictaba su corazón. El mío me trajo a este camino y el de él lo llevó al otro lado de este puente.

– ¿Nunca has vuelto a hablar con él?

– Hablamos durante los primeros años después de que se arrodilló ante el régimen, pero en estos últimos dos o tres años, cuando la cosa se ha puesto tan apretada, ya no hay espacio para seguir comunicándonos. ¿De qué? ¿En torno a qué? La verdad es que él está apoyando algo cruel y no hay nada de qué hablar. A menos que algún día vuelva arrepentido y pida perdón...

– ¿Hay espacio para la reconciliación en Venezuela?

– Cien por ciento. Yo soy creyente y soy una persona que confía plenamente en los valores de la reconciliación, de la unidad y sobre todo del perdón. Yo sí creo en el perdón. Pero para que alguien sea perdonado debe estar arrepentido. Debe pedir perdón y ofrecer una serie de cosas que ninguno de ellos ha ofrecido. Una vez que se ofrezca, en mi corazón no entra el odio, el resentimiento o la rabia. Si yo permitiera eso me convertiría en lo que critico y eso es contrario a mis valores y a lo que soy como ser humano.

– ¿Hoy va a caer la dictadura?

– Ay, no lo sé. Yo lo deseo. No sé si hoy, si mañana o pasado. Pero sé que vamos bien y que estos son los últimos días o meses. No hay vuelta atrás.

– ¿Ya viste a Guaidó?

– No lo he visto. Espero verlo hoy. Lo vi ayer de cerquita porque estaba en la primera fila del concierto que yo presentaba, pero no lo he vuelto a ver.

– Camila, en medio de la esperanza ¿cabe el miedo? ¿Sientes miedo de la respuesta de los militares y colectivos?

– Sí, claro que sí. Cabe el miedo y hay miedo. Pero ante el miedo, la acción. Vamos a hacer pasar esa ayuda humanitaria. Eso es lo que más quiero.

– ¿Piensas volver a Venezuela cuando todo esto acabe?

– Obviamente Venezuela va a ser siempre mi casa y será un lugar al que volveré siempre. Tengo mi casa en Barquisimeto. Iré y vendré como hacen la mayoría de los artistas que tienen un país en democracia. Ellos van a trabajar y vienen. Los artistas generalmente vivimos donde está el trabajo. Obviamente voy a volver, porque para mí volver es trabajar en mi país, para mi país. En el fondo, si hablamos de una forma más metafórica, yo nunca me he ido de Venezuela porque tú te vas cuando olvidas, cuando no estás pendiente, cuando no estás presente, cuando dejas de ser la voz de tu pueblo. En ese momento te fuiste de Venezuela. Yo digo siempre que el amor no se muda. Yo me mudé de país prácticamente obligada pero el amor está aquí, está vivo y latente. Está deseoso. Mi amor está en Venezuela. Venezuela es como una madre. Yo a mi madre no la he dejado ni siquiera después de muerta. Con esto no quiero decir que Venezuela haya muerto, para nada. Está más viva que nunca y está renaciendo. Lo vimos ayer. Pero quiero decirte que no importa dónde estoy yo, mi madre, y mi madre patria, son insustituibles. Eso es Venezuela para mí. Un espacio de poder y amor – concluye.

De todos los famosos que vi ayer solo Camila, Nelson, Hilda y Nacho se quedaron para participar en la entrada de la ayuda humanitaria.

De repente, una ola de periodistas corre a toda velocidad detrás de nosotros. Llegó Guaidó. Se dirige al que será el centro de mando durante esa jornada y va acompañado por los presidentes Abdo, Piñera, Duque y el secretario general de la OEA, Almagro.

Trato de acercarme. Logro ver a Guaidó. Es el más alto de todos. Despeinado y con camisa blanca. Los policías intentan apartarnos. Una periodista le reclama a una oficial por haberle pegado en la cabeza. Estas estampidas de reporteros son todo un espectáculo.

A las afueras de Tienditas ya hay miles de personas esperando la orden del presidente: todos listos para pasar al puente, remover los contenedores y hacer entrar la ayuda a cualquier costo.

El calor es intenso y los periodistas empezamos a resentirlo. Veo a Idania Chirinos, todos los políticos hablan con ella en exclusiva. Me sorprende la resistencia de esa mujer. Pequeña en estatura, pero firme en su labor. Imparable. Al verme me saluda con una sonrisa.

Mientras esperamos la salida de los presidentes veo que se acerca el embajador Diego Arria. A lo lejos Julio Borges. Todos están aquí.

Me muevo por el lugar. No soy de estar quieto. No se me da. De repente veo llegar a la fiscal general en el exilio, Luisa Ortega Díaz y corro para hacerle algunas preguntas que me contesta mientras camina presurosa.

– ¿Cómo se siente de estar hoy en Cúcuta?

– Muy bien – me dice sonriente.

– ¿Va a entrar la ayuda humanitaria hoy?

– Sí

– ¿Qué siente al saber de la represión que ha sufrido el pueblo por parte del régimen? Ayer en la frontera con Brasil atacaron a los indígenas.

– No se puede esperar más nada de ese régimen represor.

Los reporteros llegan corriendo, la abordan. Ella prefiere no responder "de momento" si entrará a Venezuela hoy o no. Hace solo minutos se ha encontrado por primera vez con el presidente Guaidó, pero prefiere esperar a que la rueda de prensa de los presidentes comience antes de adelantar algo.

De pronto escuchamos hablar al presidente Duque. La rueda de prensa estaba dando inicio. Todos corrieron, pero yo me quedé cerca de la fiscal.

– Fiscal ¿me permitiría hacerle una pregunta?

– Una sola porque tenemos que escuchar al presidente.

– ¿Espera poder regresar hoy?

– Yo pienso más que en mí, en todos los venezolanos que están en mi país y también en los que están dispersos por todo el mundo. Pienso en la tragedia que todos ellos viven. En la situación tan precaria en la que nos han sumergido allá en Venezuela.

– ¿Espera regresar?

– Muy pronto.

La fiscal me sonríe amablemente y se despide.

La rueda de prensa concluye y Guaidó avanza hacia el camión número uno. Se sube para una foto de la ayuda saliendo hacia los otros puentes y todos empiezan a correr.

Veo a Camila Canabal correr a toda velocidad. Voy detrás de ella y nos subimos a un autobús que – nos han dicho – va para el Puente Simón Bolívar.

De pronto nos dimos cuenta de que estábamos equivocados. Guaidó se quedaría en Tienditas. El bus entró a las garitas migratorias y nos dejó a las orillas del puente. Bajamos y caminamos hasta la frontera.

Decido quedarme con Camila, ella acepta gustosa. Descubro que ella va acompañada del equipo de Guaidó. Casi todos cruzaron ayer junto al presidente de forma clandestina la frontera. Son jóvenes, poco mayores que yo. Amables, esperanzados. Me acogen con amabilidad en el grupo.

Hay una cadena que nos impide el paso hacia los contenedores y unos cuantos policías colombianos vigilan la zona.

– ¿Quién puso esta cadena? – le pregunto a un oficial.

– Colombia, aquí todavía es territorio colombiano.

– ¿Y más tarde la van a quitar? ¿Cómo va a pasar la gente?

El policía encoge los hombros y me dice:

– No sé.

Desde aquí vemos los contenedores metálicos puestos por el régimen de Maduro para impedir el acceso de la ayuda humanitaria. Uno de ellos tiene escrita la palabra "PAZ".

Hemos sabido que durante la madrugada fueron soldados al pavimento para impedir su remoción. Sobre uno de ellos hay tres personas subidas.

– ¿Esos quiénes son? – pregunta Canabal.

– Nadie sabe – le dicen unos periodistas.

Las versiones empiezan a correr: dicen que son del SEBIN, francotiradores o periodistas de TeleSur – me parece chistoso que esas sean las tres opciones –.

Nos miran. Los vemos. Están vestidos de civiles. Nadie sabe qué quieren o quién los mandó.

Rafael es uno de los miembros del equipo de Guaidó.

– A él deberías entrevistarlo – me dice Camila.

Está tan atareado que no quiero pedirle una entrevista, pero escucho lo que nos cuenta y quedo absorto. Estos jóvenes han puesto la vida por la causa.

– Nosotros cruzamos ayer con el presidente. No sabes lo que fue eso, chamo. Salimos en una caravana, atravesamos el país, la Guardia Nacional y los colectivos nos bloqueaban el paso. La gente salía a defendernos ¡bajaban a los militares de los camiones! ¡Les quitaban las llaves y corrían los camiones para dejarnos pasar! ¡Ahí ya no hay miedo! Nosotros tuvimos que correr para pasar porque literalmente estaban cayéndonos a piedras. El presidente logró pasar, pero después nosotros tuvimos que pasar tres barricadas más, incendios y todos los obstáculos que nos pusieron. Al final pasamos por Ureña como si nada, pero teníamos al SEBIN persiguiéndonos. Pero te voy a decir algo. En un momento nos detuvieron. Yo iba en mi camioneta, que por cierto me la quitaron. Cuando esos guardias vieron que el que iba ahí era Guaidó no sabían qué hacer. Después de unos minutos discutiendo entre ellos, nos dejaron pasar.

– ¿Cómo piensa regresar Guaidó? – le pregunto.

– Claro, es que a lo mejor no lo dejan pasar – le dice Camila.

– Tiene que regresar. Si se queda aquí se cae el movimiento – le digo.

– Sí, claro – acepta Rafael – se acaba. Él tiene que regresar a Venezuela, con o sin ayuda humanitaria.

Volteo a la izquierda y veo a un hombre vestido de negro. Su cara está roja (como la de todos). Es Fernando del Rincón quien está transmitiendo en vivo desde la frontera. Lo saludo y sonríe amablemente. Le pregunto si puedo entrevistarlo. Me dice que sí, pero una vez que acaben los enlaces, pues entra en vivo de forma inesperada.

– Los camiones ya están en la mitad venezolana de los puentes – nos informa una periodista que logró tener un poco de señal en el celular.

Desde el día anterior había corrido el rumor de que los chavistas habían colocado inhibidores de señal, por lo que todos los periodistas estamos batallando para saber qué pasa en los otros puentes.

Llevamos poco más de media hora de pie en primera fila. Los voluntarios todavía no han podido pasar. Suponemos que antes deben llegar los políticos a este punto para que después entre la gente.

Son decenas de miles. Llegaron desde temprano. Esperan solo la indicación de su presidente para tratar de hacer lo que puedan por pasar con la ayuda humanitaria.

Decidimos ir a sentarnos unos metros antes de la cadena, en la acera. Unas voluntarias llegan con un ramo de siete rosas blancas y se lo entregan a Camila.

– Dicen que pusieron a mujeres militares en el otro lado, entonces queremos ir a hablarles como mujeres y entregarles estas rosas como signo de paz – le explican.

– Yo les voy a hablar como madre venezolana – afirma Canabal con emoción.

De repente la imagen de lo que pasará golpea mi mente: Camila caminando por el puente junto a las mujeres voluntarias, entregando las rosas a sus compatriotas. Esas rosas tenían un propósito en esta vida: llevar paz a Venezuela. Es poesía pura.

De hecho, nos muestran cómo en el puente Francisco de Paula Santander un grupo de mujeres militares lloraban mientras sus compatriotas les pedían que pensaran en sus hijos y su país para que dejaran pasar la ayuda humanitaria. Lo hicieron. Rompieron la barrera, pero del otro lado los hombres no se tocaron el corazón y salieron a reprimir.

Pasan unos minutos y un señor toca mi espalda.

– Te llama Fernando – me dice.

Me dirijo al punto de transmisión en el que estaba Fernando del Rincón, quien me dice con gran amabilidad:

– Aprovechemos este rato, por ahora ya terminamos.

– ¿Qué le pareció la presencia del presidente Guaidó ayer en el concierto y hoy en Cúcuta?

– Sorpresiva. Ayer tuve la oportunidad de entrevistarlo a él, al presidente Duque, al presidente Piñera y al presidente Abdo. La primera pregunta que yo le hacía a Juan Guaidó era: "¿cómo va a regresar y qué podría pasar?" Porque tenemos que recordar que el Tribunal Supremo de Justicia del régimen de Maduro tenía un impedimento de salida del país en contra de Juan Guaidó además de retención de bienes. Le preguntaba: ¿será que le van a echar mano? Según el mismo presidente Duque, eso no ocurriría. No se atreverían a hacerlo. Habrá que ver en las próximas horas. Tendrán que definir si regresa hoy o en los próximos días y en qué condiciones lo haría.

– Pero tiene que regresar.

– Claro, claro. Además, siendo presidente reconocido por más de 50 países tiene que volver. Estaban ahora conmigo los parlamentarios europeos y me decían: "es un presidente ¿cómo es posible que un presidente no pueda salir y entrar de su país libremente?".

– Estamos en el Puente de Tienditas, muy cerca de Venezuela. Un país en el que le estiman muchísimo ¿ha sentido el cariño de los venezolanos acá?

– Siempre, aquí y en todos lados. En cualquier parte del mundo. Donde me los encuentro, encuentro una sonrisa, un abrazo o agradecimiento. Es siempre muy emotivo mi encuentro con los venezolanos, sobre todo entendiendo la tragedia que atraviesan, porque es eso. Es una tragedia.

– ¿Qué lugar debe tomar el periodismo ante estas situaciones?

– Pues mira, yo creo que tenemos que ser primero humanos y cuando hay una tragedia humanitaria tenemos que ponernos del lado de la humanidad. Así de fácil. Lejos de cualquier escenario político o de cualquier ideología las tragedias humanitarias se reconocen como tal. Yo puedo dar fe de la tragedia que viven los venezolanos porque la viví. Los acompañé. Lloré hasta cierto punto. No hago caso a declaraciones de nadie más, a parte de lo que yo puedo comprobar fehacientemente. Estoy del lado de esos seres humanos que necesitan ayuda, apoyo y viven una tragedia. Ya en el escenario político lo manejo de una forma muy diferente. Escucho a las partes, puedo estar o no de acuerdo con ellas, pero hay que ser veraz antes que cualquier otra cosa.

– Christiane Amanpour dice "veraz, mas no neutral".

– Sí, yo estoy de acuerdo. Estoy en la misma línea de periodistas de Christiane Amanpour. Me parece que esta es otra línea, a lo mejor algún día la asuma Christiane, pero yo digo que la imparcialidad es una utopía. Es falsa. No podemos ser imparciales por el simple hecho de nuestros orígenes latinoamericanos. Tenemos una percepción de la vida completamente diferente a la de un africano o a la de alguien de Medio Oriente. Tenemos una influencia religiosa y cultural que nos hace percibir la vida de formas distintas y eso se ve reflejado en el reporte que haces tú, el que hago yo o el que hace cualquier otro latinoamericano. Tendríamos que ser un ser de probeta criado en el espacio exterior sin ninguna influencia para llegar aquí y ser realmente imparciales. Esto de la imparcialidad me parece una utopía. Ser veraces me parece lo más importante y buscar ese balance, pero si una de las partes no quiere participar del mismo, tampoco tenemos por qué censurarnos.

– ¿Usted cree que va a poder pasar hoy a Venezuela?

– No. Yo hoy de todas formas no puedo porque no me deja entrar desde 2014 el régimen de Maduro y sería arriesgarme a ser detenido. Además, vengo representando una empresa como CNN y hay que hacer el trabajo con responsabilidad. Ganas no me faltan. Muchas. Quisiera cruzar la frontera, pero creo que eso se dará en el momento adecuado y con la responsabilidad que debo tener como empleado de CNN y también con la responsabilidad que debo tener con mi familia que ya bastante padece la ausencia y el vernos por la pantalla desde aquí – concluye.

Me despido de Fernando y le pido una fotografía. Sabía que algún día debía entrevistar a Fernando del Rincón sobre el tema venezolano, pero nunca pensé que lo haría en este marco: justo en la frontera, con los andes de fondo y los voluntarios esperando para hacer pasar la esperanza a su tierra.

Cuando busco a Camila nuevamente todos los medios quieren entrevistarla. Ella sigue diciendo que es "presentadora de RCTV" a pesar de que el canal fue cerrado por Chávez hace casi doce años.

– ¿Volverá RCTV? – le pregunta un reportero.

– ¡Por supuesto que volverá! Y yo sé que estaré ahí también – responde emocionada.

Con una gran cámara colgando de su cuello, el director Gustavo Tovar Arroyo llega al puente de Tienditas.

– Camila Canabal. Yo tengo que decirte una cosa – dice Tovar en voz alta –. Mi esposa te sigue todo el tiempo y me dijo que tú compartiste un trabajo que yo realicé. Yo soy el director del documental *Chavismo: la peste del siglo XXI*.

– ¡No puede ser! ¡Qué gusto conocerte! – le dice Camila – no sabes cuánto me emocioné viendo tu documental. Yo quería compartir todo en mis redes. Pasé semanas compartiendo el enlace porque me lo pedían una y otra vez ¡qué gran trabajo!

– Fue un documental hecho desde la herida.

– Lo sé... ¡Gracias por haberlo hecho! Yo fui a Venezuela por última vez en 2017, participé en las protestas como una ciudadana más. No podía estar ahí y quedarme callada. Tenía que salir y viví la represión como todos ¿tú vives en Venezuela? – le pregunta Camila.

– No, allá tengo orden de captura. Imagínate lo que siento al estar aquí.

– Yo lo sé. Siento lo mismo que tú. Yo quiero pasar esta ayuda. Sentir que volví – le dice Canabal.

Tras una conmovedora charla, fotos y llamadas, nos movemos a un lugar con un poco más de sombra.

– Camila ¿a qué hora te tienes que ir? – le pregunto.

– Tengo que estar en el aeropuerto a las 6 p.m. Pero creo que voy a cambiar el boleto. No me importa. Son seis horas de escala en Bogotá, pero yo tengo que pasar con esta ayuda a Venezuela – me dice mientras llama a su esposo para pedirle que haga el cambio.

Para este punto el sol es inclemente. No hay agua. No hay noticias.

– Rafa ¿sabes si hay agua en algún lado? – le pregunta Camila a Rafael, el asistente de Guaidó.

Él nos hace una seña pidiendo discreción y nos dice que lo sigamos.

Avanzamos sobre la calle que conduce a las garitas, cuando un hombre con una bandera gigante de Venezuela pasa a nuestro lado. Canabal se la pide para tomarse una foto, tras la cual seguimos en nuestra búsqueda de agua.

En uno de los lados de la calle, donde están los restos metálicos de la tarima del concierto, había una tela blanca enorme. Rafa la levanta y descubre una hielera llena de bolsas de agua fría. No damos crédito. Tomamos una cada uno para el momento y guardamos otras en mi mochila para cuando logremos cruzar. Camila mete también las rosas dejando los pétalos por fuera para que no se marchiten.

Las horas pasan sin que haya noticias. Nos sentamos en la acera y empiezan a surgir las preguntas.

¿Qué pasa con Guaidó? ¿Qué está pasando en los otros puentes? ¿A qué hora van a dejar pasar a los voluntarios? ¿Cómo vamos a remover los contenedores? ¿Qué pasó con la grúa con la que dijeron que los moverían?

De pronto, una periodista nos informa:

– ¡Hijos de puta! ¡Están quemando la ayuda humanitaria! – dice.

– ¡No puede ser! – exclama Canabal.

Todos corremos. Vemos el video. Nos quedamos sin palabras. La imagen es impactante. Vulgar. Terrible. Camiones quemándose en el puente Francisco de Paula Santander. Un momento de silencio sucede a la noticia.

Mientras nosotros estamos en esta tensa calma, en los otros puentes masacran voluntarios.

– Me está entrando angustia – me dice Camila con la mano en el pecho.

¿Qué pasa? ¿Dónde está Guaidó? ¿Por qué no vienen al puente? ¿La gente sigue afuera esperando? ¿Por qué nadie informa nada?

– El internet está terrible – escucho decir a Idania Chirinos – tengo quince minutos tratando de mandar este video.

Su comentario es el espejo de la falta de comunicación en la que estamos. Es imposible saber qué pasa con los presidentes. La señal va y viene, pero cuando llega no trae buenas noticias.

Camila recibe la llamada de una de sus hijas. Le pide que no se arriesgue, que se aleje del puente por la represión que ve en la televisión.

– Mami, tranquila. Yo tengo que intentar pasar. Para eso me quedé. Aquí no está pasando nada. Está todo tranquilo. Vamos a pasar con la ayuda humanitaria y después regreso para irme al aeropuerto. Todo va a estar bien – le dice.

Me dirijo con Camila a la orilla del puente. No entendemos por qué nada se mueve ¿qué es lo que está pasando? Buscamos al equipo del presidente. Ellos tampoco saben por qué no hemos comenzado el intento.

– Creo que deberíamos caminar hacia el puesto de mando – propongo – si se mueven nos movemos con ellos, pero tenemos que estar cerca.

La idea tiene buena acogida. Empezamos a caminar y escuchamos aplausos a la derecha. Unos militares venezolanos acaban de cruzar la frontera para entregarse. El movimiento de sublevados comenzó esta mañana. Desconocemos el número total pero no dejan de llegar. Cruzan la frontera corriendo y aquí deponen las armas y se entregan a las autoridades colombianas para pedir refugio. De repente esos hombres y mujeres se convierten en valientes después de haber sido auténticos cobardes. Admirable.

Caminamos hacia el puesto de mando, los periodistas empiezan a correr. Corremos todos y vemos que está por empezar la rueda de prensa de los presidentes.

Nos acercamos al lugar, donde encontramos a Fabiana Rosales, esposa de Guaidó. Camila se acerca a ella y le da un gran abrazo. Esa joven periodista ha dejado todo para acompañar a su esposo en un sinuoso camino en el que las complicaciones crecen por minuto. Es una mujer joven, tiene 26 años. Es delgada y parece frágil.

Canabal habla con ella, pide que le explique qué está pasando, si vamos a intentar pasar o no. Los ánimos aquí adentro empiezan a decaer ¿qué estará pasando afuera? ¿seguirá la gente ahí?

El rostro de Fabiana me hace entender que no pasaremos por aquí. Se abortará el intento de hacer entrar la ayuda humanitaria.

Después de unos minutos de conversación mientras su esposo comparece ante la prensa Fabiana se va. Veo a Camila. Toma el teléfono y llama a su esposo.

– Oye. Ya no cambies el boleto – le dice con un tono de voz que denota absoluto dolor.

– ¿Qué pasó? – le pregunto.

– No sé. Ellos deben saber por qué, pero ya no vamos a intentar pasar – nos dice Camila a mí y al equipo de Guaidó.

No podré olvidar jamás la mirada de esos jóvenes. Impresión, incertidumbre y tristeza.

– Yo creo que lo mejor es que me vaya – dice Canabal.

– ¿Ya no vas a entregar las rosas? – le pregunto.

– No. Ya no – me dice con decepción.

– ¿Alguien va para Cúcuta? – pregunta Camila a los presentes. Un grupo de periodistas asiente y deciden irse juntos. Tendrán que caminar hasta encontrar un taxi.

– Gracias por haber querido pasar el día conmigo – me dice Camila – confiemos. Ellos saben por qué.

Me da un abrazo efusivo, y tratamos de reconfortarnos en esa súbita caída de ánimos.

– Yo me voy, pero si ustedes saben que algo va a pasar y yo puedo ser útil de alguna manera ¡me avisan inmediatamente! Yo cancelo el vuelo. Avísenme, por favor – dijo a dos miembros del equipo.

Nos toca verla irse con el corazón en la mano. Algo me dice que no volveré a verla aquí.

El equipo de Guaidó me acoge a pesar de la partida de Camila. Nos quedamos conversando.

– Coño, se nos alargó la estadía en Cúcuta – dice uno.

Todos ellos saben que sin Guaidó no pueden volver a Venezuela, sería demasiado arriesgado.

Las horas empiezan a pasar de forma lenta y pesada. Muchos periodistas se desesperan ante la inactividad y deciden irse a los otros puentes. Aquí no pasará nada.

Voy a caminar con Rafael, el joven asistente de Guaidó. Salimos de las garitas migratorias y empezamos a escuchar cómo dos dirigentes, cuya identidad no logramos confirmar, anuncian a los miles de voluntarios que su presencia ya no sería requerida. La molestia es evidente y la policía de Colombia debe hacerse presente para bloquear el paso.

– ¡Compañeros! ¡Por favor! ¡Tranquilícense! ¡Estamos actuando por instrucciones del presidente Guaidó! Recuerden que hasta el día 5 de enero teníamos una realidad diferente en la Asamblea, a partir del 10 de enero tenemos un usurpador. Y a partir del

23 de enero tenemos un presidente legítimo y democrático. Esto va paso a paso seguro. Por favor ¡paciencia! ¡Yo no puedo hacer más nada! ¡Ustedes tampoco aquí! ¡No tenemos instrucciones de pasar! ¡Si lográramos pasar allá nos matan! ¡No podemos comprometer así a la Policía Nacional de Colombia! ¡Tenemos que actuar cívicamente! ¡Por favor! – grita con un megáfono uno de los dirigentes.

– Compañeros. Estamos aquí llevando sol. Ayer estuvimos todo el día llevando sol. Pero muchos tenemos más de 20 años luchando contra este régimen y por unas horas que no salga eficaz nuestra estrategia ¡yo no me voy a rendir y sé que ustedes tampoco! ¡Porque estamos en un momento histórico y coyuntural y no se hace lo que nos da la gana! ¡Vamos a seguir instrucciones! ¡Hay un plan! ¡Guaidó en este momento está elaborando una estrategia y con base en esa estrategia es importante que todos los que estamos aquí y vinimos de diferentes países del mundo, nos retiremos y mantengamos la paz! – pide otro.

Nos retiramos. El fracaso ha sido anunciado.

Las noticias que llegan son pocas, pero a mitad de la tarde nos damos cuenta de que Maduro ha hablado en Caracas. El canciller colombiano, Carlos Holmes Trujillo, sale a leer un comunicado que ha escrito a mano. A su lado Luis Almagro, secretario general de la OEA, con rostro de preocupación.

> *Colombia no reconoce la legitimidad del usurpador Maduro. Colombia reconoce al presidente Juan Guaidó, a quien le agradece la invitación que hace a los funcionarios diplomáticos y consulares colombianos a permanecer en territorio venezolano. No obstante, con el fin de preservar la vida e integridad de los funcionarios colombianos dispondrá su viaje a Colombia a la mayor brevedad. Colombia responsabiliza al usurpador Maduro de cualquier agresión o desconocimiento de los derechos que tienen los funcionarios colombianos en Venezuela conforme a las normas internacionales en las próximas horas o días. Colombia continuará actuando de conformidad a la Convención de Viena de Relaciones Consulares de 1963 y demás disposiciones de derecho internacional. Colombia siempre ha obrado, y seguirá haciéndolo, con criterio humanitario y pacífico a fin de ayudar a crear condiciones que den lugar a que haya nuevamente democracia y libertad en Venezuela.*

El canciller da la palabra a Almagro.

> *Nosotros definitivamente tenemos la misma posición. Respaldamos el comunicado que ha leído el canciller Carlos Holmes Trujillo. El gobierno ilegítimo de Nicolás Maduro ha sido declarado como tal por resolución del Consejo Permanente de la Organización de Estados Americanos. Las elecciones sobre las cuales se reeligió Nicolás Maduro también fueron declaradas*

ilegítimas por la Asamblea General de la OEA. Por lo tanto, corresponde establecer o romper relaciones diplomáticas a Venezuela a un gobierno que no haya sido declarado ilegítimo. Este es el gobierno de Juan Guaidó. Definitivamente estos exabruptos de una dictadura usurpadora que agregan una nota negra más a un día cruento que tiene por lo menos cuatro muertos y decenas de heridos. Definitivamente son hechos que no podemos dejar pasar por alto en la Comunidad Internacional y merecen toda nuestra condena.

Los diplomáticos se van. Maduro rompió relaciones diplomáticas con Colombia justo como lo hizo hace un mes con Estados Unidos. De Guaidó no hay señales. Sigue reunido con los presidentes.

Las preguntas son muchas, las respuestas no las tiene nadie. Si algo sucedió con Lilian Tintori o María Corina Machado en Caracas, nadie lo sabe.

Mientras comemos unas hamburguesas que tuvimos que encargar. Empiezan a llegar las primeras indicaciones para el equipo de Guaidó. El trabajo para ellos apenas empieza. Tendrán que acompañar al presidente a una gira internacional que no estaba prevista hasta hace unas horas.

La nueva estrategia empieza a dibujarse ante mis ojos.

El cansancio empieza a sentirse. Voy a buscar un baño, al entrar me encuentro de frente con un espejo y al verme no me reconozco. Me quedo inmóvil unos segundos ¿qué le pasó a mi cara? Nunca me había quemado tanto en la vida. Mi rostro está inflamado y resulta difícil imaginar que en realidad soy blanco. El sombrero y el bloqueador fueron insuficientes. El sol no tuvo clemencia.

Horas más tarde el canciller vuelve a salir, ahora acompañado por el ministro de la Defensa y el director de Migración Colombia. Lo hace para dar el parte del día. Esta vez el comunicado no está escrito a mano.

Hoy el mundo ha sido testigo de que Colombia, Chile, Paraguay, Estados Unidos y muchos países de la región han estado en una acción multilateral humanitaria y pacífica para llevar alimentos y medicinas a los ciudadanos venezolanos. Colombia y la comunidad internacional han cumplido y han recibido violencia desde Venezuela.

Todo este proceso ha sido llevado a cabo con el acompañamiento de la OEA, con la presencia de su secretario general y varios observadores internacionales.

Esta acción pacífica y de carácter humanitario ha sido interrumpida desde Venezuela, bajo el régimen usurpador de Maduro con una represión violenta y desproporcionada contra ciudadanos inermes venezolanos que venían pacíficamente a llevar la ayuda como lo demuestran los informes de nuestras comisiones de verificación y las de la OEA.

Estos hechos violatorios de derechos humanos causados desde y en territorio venezolano dejan un número hasta el momento de 285 lesionados, principalmente por efecto de gases lacrimógenos y uso de armas no convencionales, de los cuales 37 han requerido hospitalización y han sido trasladados a los hospitales de la zona. De los 285 lesionados, 255 son de nacionalidad venezolana y 30 son colombianos.

Además de eso, en el día de hoy han llegado desarmados a territorio colombiano más de 60 militares, varios de ellos oficiales, quienes han solicitado refugio en Colombia, demostrando la pérdida de confianza con el usurpador régimen de Maduro.

En todo este proceso se han venido tomando las medidas de orden público necesarias por directas instrucciones del señor presidente de la República.

La prioridad para el Gobierno del presidente Duque es proteger la integridad de las personas en la zona de frontera y por eso se ha dispuesto el retorno de los camiones para proteger la ayuda, con excepción de los camiones que tenían medicamentos y alimentos que fueron quemados en territorio venezolano.

De ser necesario, se tomarán medidas adicionales que se irán analizando en seguimiento al tema y continuaremos actuando con medidas pacíficas y en protección a los ciudadanos colombianos.

Colombia y la comunidad internacional han cumplido de manera pacífica y han recibido violencia proveniente del régimen del usurpador Maduro desde Venezuela.

Para este punto el balance es absolutamente descorazonador.

¿Es posible que la oposición haya sacado a Guaidó de Venezuela confiando en que los militares se plegarían ante la ayuda humanitaria? ¿Cómo lo harían entrar? ¿Están conscientes de que ahora las opciones son exilio o cárcel? ¿Entienden que ninguna de las dos le sirve de nada a Venezuela? ¿Puede entrar Guaidó a Venezuela sin la ayuda humanitaria? ¿Qué significaba realmente "sí o sí"? ¿Qué pasó con las manifestaciones en Venezuela? ¿Qué pensaba Leopoldo López de este resultado?

Hay quienes dicen que la dictadura mordió el anzuelo. Demostraron ante el mundo su peor cara, pero la oposición no estaba demostrando la pericia que pensábamos que había alcanzado.

Salgo del recinto y camino por la Avenida que conduce del anillo vial al ahora llamado Puente de la Unidad. En el suelo veo cientos de rosas blancas tiradas, pisoteadas y deshechas. De pronto recuerdo: en mi mochila tengo las rosas blancas de Camila. Las veo, las tomo en mis manos y me doy cuenta de que ya han perecido. Ellas sí murieron en vano: no llevaron esperanza, no significaron paz. Hoy esa calle cubierta de pétalos blancos significa decepción.

Somos víctimas de ese tobogán emocional que significa Venezuela. Despertamos ilusionados y nos dormimos devastados. Hoy Maduro ganó.

Cali, decepciones y promesas

– Disculpe joven ¿usted sabe para dónde queda Cali? – me pregunta un señor en una de las plazas del barrio La Parada, último punto de la geografía colombiana antes de Venezuela.

Es un hombre de estatura media, tez morena, ojos oscuros, y manos gastadas. Su frente parece tener un signo permanente de angustia.

– No, señor. Disculpe. Es que yo no soy de aquí – le contesto.

– ¿Ah, no? ¿De dónde es usted?

– De Costa Rica.

– ¿Costa Rica? ¡No me diga! Dicen que ese es uno de los mejores países para irse... Que nos dan los papeles y nos ayudan mucho – afirma con un entusiasmo que hace cambiar su mirada cansada.

– La verdad no estoy seguro – le respondo.

– Es que fíjese que tengo que llegar a Cali caminando, y no sé a cuánto está de aquí... Tengo una oferta de trabajo en una construcción. Tengo 50 años y quiero ir allá con mi esposa y mi hija ¿usted es periodista, Jovel? – me pregunta al ver la acreditación que cuelga de mi cuello.

– Sí señor. Soy periodista.

– Muchas gracias por venir a vernos. Gracias por venir a contarle al mundo el desastre que cometieron con Venezuela. Esos desgraciados no tienen nombre. Nos robaron el país. Son una bola de criminales ¡cómo nos equivocamos con Chávez! – me dice, mientras se quita la vieja gorra negra que cubría su cabeza y descubre su escasa cabellera.

– ¿Usted fue chavista?

– ¡Yo no solo era chavista! ¡Yo fui golpista! Yo era transportista en Caracas y me tocó llevar a Chávez y a sus soldados a darle el golpe a Carlos Andrés Pérez. Él llegó y me dijo: "gracias por unirse a las filas de la libertad", y yo ni me imaginaba que íbamos a dar un golpe de Estado. Pero le repito, lo que hicieron con mi país no tiene nombre – enfatiza mientras su voz se corta y la mirada cae – Nos saquearon. Nos quitaron todo. Nos dejaron en la miseria y nos obligaron a salir.

– ¿De dónde es usted, señor? – le pregunto.

– De Rubio, pero viví en el centro del país por muchos años.

– ¿Cuándo entendió usted que las cosas iban mal?

– Cuando empecé a ver el ecocidio que cometieron en todo el país para sacar pepitas de oro que pesaban entre 5 y 6 kilos. Robaron todo lo que pudieron. Yo solo me pregunto qué tiene que pasar para que los saquen.

– Eso nos preguntamos todos ¿usted tiene alguna idea?

– A ese hombre tienen que tirarle un misil o una bomba atómica en Miraflores para que se muera con toda su pandilla de maleantes. Él, Diosdado, Tibisay, Delcy... Todos tienen que morirse.

– ¿Usted cree?

– Bueno... – Un breve momento de reflexión pausa su enérgico discurso – No. ellos no pueden morirse. Tienen que pagar en vida todo lo que nos han hecho. No merecen morir sin haber pagado en esta tierra. Y Dios va a hacer justicia por nosotros.

– ¿Hace cuánto está en Cúcuta, señor?

– Dos meses. Dos meses en los que he recuperado un par de kilitos. Mire – y sube su camisa para enseñarme su dramática delgadez – así nos dejaron.

– ¿Y lo han tratado bien los colombianos?

– Sí, casi todos. Han sido muy generosos a pesar de que hay muchos venezolanos que se vienen a aquí a hacer lo mismo que hace Maduro: cagarla.

– ¿Ya comió hoy?

– A eso vengo. Aquí nos dan almuerzo – me dice en referencia a la Casa Divina Providencia, administrada por la Iglesia Católica cucuteña, que da 5 mil desayunos y 5 mil almuerzos diariamente en ocho centros.

– Déjeme ver a cuánto queda Cali, señor. Lo busco en el celular y le digo.

– Sí, sí. Búsquelo por favor.

Dígito en el buscador "distancia entre Cúcuta y Cali" y el resultado me genera un nudo en la garganta.

– Queda a 950 kilómetros – le digo. Me mira y distingue de inmediato mi impresión. De repente, viéndome todavía a los ojos, me sonríe.

– Imagínese. Si camino 30 kilómetros al día me tomaría un mes llegar. Dicen que lo más difícil es un Páramo que hay aquí cerca. Me han dicho que es muy frío. Pero no se preocupe… Yo sé que me van a ayudar. Dios no me desampara. Él me va a ayudar a conseguir alguien que me lleve por tramos hasta llegar a Cali.

– ¿Cuándo tiene que salir para allá?

– Pronto – se queda en silencio, pensando y mirando al suelo. Vuelve en sí y comenta – Parece mentira… Yo aquí, sufriendo por un boleto de bus que no puedo comprar y María Gabriela Chávez es la cuarta mujer más rica del mundo ¿usted puede explicarme eso? Qué bueno que usted está aquí, Jovel. No sabe cuánto me alegra, porque yo quiero que el día que todo esto pase alguien haya contado que también los mayores supimos salir adelante.

– Yo le prometo que voy a contarlo.

– Yo sé que sí… ¿usted ve este pantalón? ¿Ve esta camisa? – me dice, señalando las dos piezas de color negro y verde en relativo buen estado – esto me lo regalaron hace un mes. Es todo lo que tengo.

– ¿Y sus cosas?

– ¿Cuáles? Si me vine fue porque me quitaron mi casa. Me dejaron sin nada. Querían que les vendiera una parte, pero como no quise me la quitaron toda.

– ¿Qué piensa usted de Guaidó?

– Es mi última esperanza. Si él no puede, no sé quién va a poder. Yo recuerdo cómo era Venezuela antes de todo esto. No es que tuviéramos políticos de primera. No. Pero imagínese que a Carlos Andrés Pérez lo juzgaron por 250 millones de bolívares ¿qué son 250 millones de bolívares al lado de lo que se han robado estos?

Pero permítame darle las gracias de nuevo, Jovel – me dice mientras toma mi mano – Usted le ha hecho un gran favor a este hombre mayor al escucharme y hablar conmigo. Usted no tiene idea… – sus ojos se llenan de lágrimas – de lo que ha significado para mí.

– Un día vamos a volver a Venezuela, señor. Va a ver. Y va a ser el país que usted y su familia se merecen.

– Yo sé que así será. En el nombre de Dios, así será. Lo dejo, voy a comer.

– Hasta la próxima, señor.

Un día en la frontera

La jornada comienza temprano. Tengo una cita con Monseñor Víctor Manuel Ochoa, obispo de Cúcuta, para hacerle una entrevista a las 7:30 a.m. Llego a su casa y me recibe en la puerta. Antes de poder saludarlo me dice con rostro de preocupación:

– Esto está muy mal.

Subimos a su vehículo. Me llevará a un centro en el que la Iglesia asiste a los venezolanos que deciden salir de su país.

En el trayecto monseñor reza un misterio del Rosario, prende la radio y escucha el análisis de la reunión del Grupo de Lima que habrá en Bogotá.

Hoy es el primer día en que la Casa de la Divina Providencia abrirá con la frontera cerrada. Como administradores no saben qué esperar. Muchas veces ellos dan comida también a los venezolanos que están en Colombia durante el día para después regresar a su país.

Si nos dejamos guiar por lo que hemos visto estos días, a la menor provocación, habrá respuesta armada.

Llegamos al comedor. En la entrada hay retratos del Papa Francisco y de Santa Teresa de Calcuta. Están entregando los últimos desayunos del día y una parte de los voluntarios ya trabaja en el almuerzo.

– Monseñor ¿cuándo empezaron con este trabajo?

– Comenzamos el 17 de agosto del año 2015 con la deportación de los colombianos. Poco más de 6700. Ellos llegaron a la parroquia y comenzamos a atenderlos. Les dábamos el desayuno y una sopa. El padre José David Caña, otros sacerdotes y 12 diáconos asumieron ese trabajo. Comenzamos a ayudar en la parroquia de San Antonio en el centro de la ciudad dando cena.

Trabajamos de esta manera, como lo tenemos ahora, desde el 7 de junio del 2017. Más de año y medio trabajando en la atención de los hermanos venezolanos viviendo una profecía de la caridad de nuestra frontera.

– ¿De forma ininterrumpida?

– De forma ininterrumpida. Tenemos que descansar los domingos. Los voluntarios y los sacerdotes tienen empeños pastorales. No es óbice, hemos abierto también los domingos cuando la presión ha aumentado.

– ¿Cuánto alimento se reparte en esta casa?

– Esta casa tiene el principio de dar alimento al que tiene hambre. Mateo: 25, 35 Jesús dice: "tuve hambre y me disteis de comer, tuve sed y me disteis de beber, fui forastero y me hospedasteis". No dejamos ir a ninguna mamá en embarazo sin comer. No dejamos ir a ningún niño o anciano sin comer.

Las raciones varían. Más o menos estamos en unas cinco mil raciones diarias calientes. Además, tendríamos que sumar el desayuno que es un pan de 120 gramos, queso y avena con leche para los niños.

Tenemos una expresión colombiana muy particular: "el repele", que es lo que queda en la olla. Cuando terminamos las raciones preparadas hacemos pasta con atún o hacemos arroz con atún y verdura – que sacamos del repele –. A veces tenemos unas mil raciones más. Son entre 5 mil y 6 mil raciones calientes al día. Hoy hay otras 8 parroquias en Cúcuta que tienen casas como estas.

– Más allá de su labor como obispo, a nivel humano ¿cómo le llega a usted esta realidad?

– Este es un hospital de campaña, como dice el Papa. Es un lugar donde el alma se rompe cuando una madre viene con un chico cuya desnutrición es irreversible médicamente. Tenemos médicos acá. Recuerdo hace unos días que una madre vino con una infección en una axila y hubo que llevarla inmediatamente al hospital porque estaba entrando en una septicemia grave. Duele el alma. Pero queda la fe que nos consuela en esta situación difícil, este momento de prueba y tristeza. Jesús es consuelo, nos acompaña, nos ayuda.

– ¿Han recibido ayuda por parte de la Conferencia Episcopal o está es una iniciativa de la Iglesia local?

– Es local, pero hemos tenido ayuda de la Conferencia Episcopal, de Cáritas internacional, de algunas diócesis de los Estados Unidos como Miami y Nueva York y del Programa Mundial de Alimentos.

Además de la comida tenemos una unidad de servicios, porque no tenían duchas donde bañarse. Aquí las tienen. Hay también 4 dispensarios médicos que atienden y distribuyen medicina cada día. Pero nada de esto es suficiente. Si tuviéramos el doble de disponibilidad la repartiríamos. Cada día pasan 50 mil personas por el puente. Nosotros damos atención a 5 mil o 6 mil. Es el 10% de quienes pasan legalmente por los puentes y hay que agregar los que pasan por las trochas.

– ¿Qué mensaje puede enviar para los venezolanos y para los gobernantes en ese país?

– En esta casa la caridad de Cristo nos urge. Tenemos que ayudar a los hermanos venezolanos necesitados. Pero tenemos que ayudarles también a tener esperanza y alegría. Eso me ha impresionado. En medio de estas dificultades tan grandes padres y madres no pierden la esperanza. Ese es el primer elemento. El segundo es que la Iglesia tiene una caridad que está viva. La Iglesia tiene dificultades de índole moral por el comportamiento de sacerdotes o religiosas, pero aquí se vive lo más bonito que tiene la Iglesia que es la caridad. El servicio y la entrega de muchas personas generosas.

El obispo de Cúcuta es solo una pieza pequeña de este trabajo. Hay pocos sacerdotes para esta labor. Destaco que hay ochocientos laicos dedicados a preparar todo. Es la caridad de la Iglesia que está viva.

A los gobernantes de esta nación les digo que tienen que ver esta realidad dramática de un pueblo que sufre. Faltan medicinas, faltan alimentos, faltan servicios y atención a enfermedades catastróficas muy graves. Creo que es el momento de tomar decisiones y buscar una salida de diálogo y sin violencia – concluye.

Monseñor se despide. Debe ir a la curia. Antes de irse me advierte:

– Hoy las cosas se pondrán tensas. Si tienes problemas o hay disturbios, te vienes para aquí y te quedas hasta que pasen.

– Gracias Monseñor – le digo.

Me quedo en la entrada del recinto, donde hay una especie de barbería. Cortan el cabello de manera gratuita a quien lo solicite.

Durante mi espera, comienza una misa bastante particular: han preparado un altar sobre la tarima que hay en la entrada. Un sacerdote celebra desde ahí, pero cualquiera pensaría que no hay nadie participando. Todos trabajan.

Deben seguir. Perder un minuto podría significar no servir los almuerzos – que empiezan a dar a las 10 de la mañana –. La misa transcurre como cualquier otra, pero los fieles están cocinando mientras escuchan.

Únicamente se detienen para la consagración y la comunión.

Estos centros reciben venezolanos sin distingo de creencias.

Llega Alejandro, un reportero panameño a quien conocí en estos días. Vamos a una plaza de La Parada donde hay cientos de personas haciendo fila para obtener un boleto azul que les asegure una comida. Hay gente de todas las edades.

– ¡Tss! San Antonio – escucho decir a alguien en voz baja. Es un ofrecimiento. Paso de largo.

Veo a un señor mayor, ronda los 70 años. Tiene el rostro compungido, usa lentes de sol y me mira fijamente.

– ¿Cuánto tiempo lleva aquí en Cúcuta, señor? – le pregunto.

– Cuatro meses – me dice.

– ¿Y por qué tanto? ¿Piensa irse en algún momento?

– Con mi edad ya no puedo estar moviéndome tanto. Si me vine a Cúcuta fue porque tenía que comer, pero no puedo irme a Perú. Aquí no tengo nada, pero por lo menos tengo un plato de comida. Lo que traigo puesto es toda la ropa que tengo.

– ¿Qué solución ve usted para este escenario?

– No sé. De verdad no sé.

– ¿Una intervención militar?

– No, chico. No. Esto es un problema venezolano. Tenemos que arreglarlo los venezolanos. Nosotros pusimos ahí a Chávez, a nosotros nos toca sacar a este mamagüevo.

– Yo sí creo que los gringos tienen que llegar y explotar toda esa vaina – me dice un joven que está al lado del señor.

– ¿Cuántos años tenés? – le pregunto.

– Diecisiete.

– ¿Hace cuánto estás aquí?

– Dos semanas.

– ¿Vas a quedarte aquí?

– Por ahora sí. Después ya veremos.

– ¿Ya comieron hoy? – pregunto al pequeño grupo que me rodea.

– No, para eso estamos aquí.

– Señor ¿qué mensaje le mandaría a Guaidó si usted supiera que él está viendo esto?

– Bueno, que si es el presidente de verdad organice todo allá adentro para que haya un quiebre militar.

– ¿Vos? – le pregunto a uno de los jóvenes.

– Que estamos con él. Es nuestro presidente. Que haga lo necesario para sacar a Maduro.

A nuestro lado un grupo de jóvenes está improvisando rap con contenido social. Los veo y pienso que en Caracas habrían sido justamente las personas de las cuales habría tenido que alejarme. Aquí, sin embargo, están tranquilos.

– Yo sé que tenemos cara de malandros – me dice uno – pero aquí no pasa nada.

Su capacidad de improvisación es impresionante. Son talentosos. Cuando uno termina el otro entra de inmediato. Jamás habría imaginado que en estos jóvenes residía una capacidad de palabra tan grande.

Después de quince minutos de improvisación continua los interrumpo.

– Perdón. Yo tengo una pregunta – les digo – ¿Para ustedes Guaidó es el verdadero presidente?

– ¡Claro! – empezaron a gritar todos mientras aplaudían.

– ¿Qué mensaje le mandarían si supieran que va a escucharlos?

– ¡Que hay que terminar con esto de una buena vez! No podemos seguir así... Que vea a nuestros niños que se están muriendo de hambre, que no tienen futuro – dice uno.

– ¿Y a Maduro qué le dirían? – solo pronunciar su nombre provoca reacciones violentas.

– ¡Coño'e tu madre! – grita una señora.

– ¡Hijueputa! – grita un señor.

– ¡Mamagüevo! ¡Vete ya con todos tus delincuentes pa'Cuba y déjanos volver a nuestro país! – exclamó un hombre particularmente irritado.

– ¡Gracias! De alguna manera le haré llegar este mensaje a ambos, se los prometo – les digo.

Salgo del círculo humano que habíamos formado y comienza de nuevo la improvisación.

– ¡Tss! ¡San Antonio! – escucho que me dice en voz baja un hombre que me pasa por detrás. Lo ignoro.

Vamos caminando por la orilla de la plaza y veo unos niños jugando. Uno se me acerca. Tendrá tres o cuatro años. Sonriente, gordito, con una gorrita azul y una camiseta un poco gastada por el uso.

– ¿Cómo te llamás? – le pregunto. No me responde.

143

Veo a una señora que está sentada a los pies de un árbol.

– ¿Es su hijo?

– Sí – me dice.

La sonrisa del niño es increíble. Me toca profundamente verlo y pensar que él no tendrá la suerte que tuve yo. No podrá crecer en su país rodeado por los suyos.

– ¿Querés tomarte una foto? – le pregunto. Él se queda viendo mi teléfono con entusiasmo.

Le pido a Alejo que tome la fotografía. Será, sin duda, un gran recuerdo.

Me siento unos minutos con la madre del niño.

– ¿Hace cuánto está aquí?

– Hace dos años – me dice.

– ¿Y se va a quedar aquí?

– Sí. Aquí me atienden a mi hijo, en Venezuela no había medicinas. Aquí tengo las pastillas que me dieron hoy – me muestra una bolsita transparente llena de píldoras –. Son anticonvulsivos. Mi niño es epiléptico.

– No me diga... ¿Y en Colombia los han recibido bien?

– Sí. Esta gente se ha comportado muy bien con nosotros. Casi todos. Otros se dejan llevar por las noticias de los venezolanos que vienen a robar y esas cosas... Pero la mayoría sabe que no todos somos así.

– ¿Ya comió?

– No. Ahora voy a ir a buscar un plato al comedor.

– Ya están haciendo fila.

– Sí, pero necesito descansar un momento. He caminado mucho hoy – me dice.

– ¿Y cómo cree usted que va a acabar esto? ¿Usted cree en Guaidó?

– No. Ese es igual que todos. Vas a ver...

– ¿Por qué lo dice?

– Todos los políticos son iguales. Igualitos todos. Ladrones. Buscan el poder.

– ¿Y hay algún otro político que le parezca mejor? ¿Leopoldo? ¿Capriles? ¿María Corina?

– La verdad no... Ellos no pueden hacer nada.

– Ojalá se equivoque, señora. Espero que esto se resuelva pronto y pueda volver a su casa.

– Yo también. Pero no me hago ilusiones.

– Le deseo lo mejor, señora. Para usted y para su hijo.

– Gracias. Que tenga bonito día – me dice al despedirse.

Seguimos caminando y nos encontramos una casa de cambio abierta. Aprovecho. Quiero cambiar unos diez dólares en bolívares para llevarlos a mi casa de recuerdo.

En la casa de cambio no había suficiente efectivo, solo pude cambiar siete dólares. Fueron 14 mil bolívares - muy mal cambiados -. El fajo de billetes de todas las denominaciones era prominente.

– Ya no tengo billetes de dos ni de cinco, ya nadie los acepta – me dijo la dependiente.

– ¿Por qué? – le pregunto.

– Es que son muy molestos. Te hacen un bulto enorme y no alcanza para nada – dice.

– ¿Usted es colombiana?

– No, soy venezolana.

– ¿Y cómo se siente trabajando tan cerca de su país? Viendo todos los días a las personas que cruzan para buscar comida.

La joven mujer me ve a los ojos. Con voz baja y la voz cortada me dice:

– Es muy duro. Muy duro. Yo tengo la suerte de tener un trabajo, pero somos pocos los que lo tenemos. Llevo siete años aquí. Siete años sin volver a mi país estando a 200 metros de él. Psicológicamente es algo muy difícil de afrontar.

– Claro... ¿y usted cree que esto se acabe pronto? ¿Cree que Guaidó sea la solución?

– No lo sé. Quiero pensar que sí, pero nos hemos ilusionado tanto que otra decepción no la aguantaría, entonces prefiero ser prudente y solo esperar.

Dejamos a aquella joven dependiente trabajando. Hoy no hay muchos clientes.

Caminamos por La Parada.

– ¡Tss! ¡San Antonio! – escuchamos nuevamente. Alejo, un poco curioso por la cantidad de ofertas que nos han hecho se detiene.

– ¿Cuánto nos cobra por cruzarnos? – le pregunta.

– Son 15 mil pesos para cruzarlos por la trocha – responde el sujeto.

– ¿Y para volver? ¿Usted nos trae de regreso? – le pregunto.

– Ah, bueno... – titubea – pues serían otros quince.

– Ok, gracias. Lo vamos a pensar – le digo.

Alejo y yo caminamos un poco.

– ¿Qué hacemos? No lo vi muy convencido.

– Yo tampoco, creo que no es buena idea – me dice.

– Creo que por ahora será mejor quedarnos de este lado – concluyo.

15 mil pesos colombianos equivalen a unos 4,75 dólares americanos. El precio es casi ridículo para quien trae dólares consigo, pero el riesgo es altísimo.

Caminamos hacia el Puente Simón Bolívar. Pasamos primero por algunas tiendas de abarrotes. Son pequeñas en espacio, pero están llenas de productos de todo tipo. Pilas y pilas de arroz, frijoles, harina, pañales, toallas sanitarias, enlatados, salchichas, entre otros. Entro en una para comprar algo de beber.

– Disculpe ¿puedo hacerle una pregunta? – inquiero al comerciante.

– Claro, dígame.

– ¿Esto siempre está así de lleno?

– Normalmente tenemos mucho producto, pero se va rápido. El flujo de gente aquí es increíble. Pero hoy como el puente está cerrado casi no hemos vendido.

– Ya veo... ¿Puedo hacerle otra pregunta algo indiscreta?

– Sí, dígame.

– ¿Ustedes aquí venden los productos más caros para sacar un poco más de ganancia?

– ¡Para nada, joven! De verdad que no. Se lo digo en mi nombre y de todos los otros comerciantes. Aquí más bien vendemos todo más barato que en el resto de Cúcuta porque entendemos que si no esta gente no puede comprar. Apenas si sacamos ganancia por cada producto vendido. Lo que pasa es que se vende mucho, entonces se compensa así.

– ¿Y en qué moneda deben pagar los compradores?

– En pesos. Antes, hace muchos años aceptábamos bolívares porque cuando uno los cambiaba siempre salía ganando. Pero de pronto empezó la inflación y de la nada empezábamos a tener tantos billetes que incluso se llenaban los estantes con billetes y no con productos. Al final tuvimos que optar por aceptar solo pesos.

– Ya veo. Muchas gracias por su honestidad – le digo.

– A usted. Que tenga bonito día. Y cuídese, está tensa la cosa en el puente.

– Gracias – le digo al despedirme.

Caminamos hacia Venezuela. El puente está cerrado. Nos vamos por un camino lateral hasta llegar a un punto del cual podremos grabar algo de material.

Pronto nos percatamos de que hay decenas de personas debajo del puente. Cubren sus rostros con camisas y máscaras antigás. Son guarimberos. Escuchamos como lanzan petardos desde el lado venezolano. Hay enfrentamientos.

Mientras analizo el escenario veo que lanzan desde arriba del puente un estañón enorme. Cae en el río generando un escándalo. Pocos minutos después vemos como algunos de los manifestantes traen cargando a un reportero gráfico. El recipiente metálico le cayó encima.

Voy acercándome poco a poco hacia el lado venezolano. Alejo decide no acompañarme. Conforme avanzo empiezo a oler gases lacrimógenos. Hay otros colegas. Algunos llevan chaleco antibalas. Yo no. No tengo tanta suerte.

Decido avanzar hasta dónde llega el más osado. Llego al punto limítrofe. Las últimas columnas antes del río Táchira.

Lo decido. Voy a cruzar a Venezuela.

Justo cuando estoy grabando las que serán mis últimas imágenes en Colombia, empiezan a correr todos.

– ¡Colectivos! ¡Colectivos! ¡Corran! – gritan los guarimberos.

Retrocedo corriendo. Me tropiezo con una piedra enorme y me doblo el tobillo. Sé que los colectivos no son una broma. Hago lo que puedo y me pongo de pie para correr junto a la estampida.

Llego al inicio del puente en el lado colombiano.

Mi tobillo empieza a doler. Desde esa orilla me toca ver los enfrentamientos. Pienso que no tienen mucho sentido.

¿Qué quieren lograr? ¿Pasar al otro lado? Podrían hacerlo por una trocha ¿Inhibir a los colectivos y las Fuerzas Armadas? En el mejor de los casos podrían llegar hasta San Antonio y los esperarían cientos más. Es una lucha suicida.

Caen bombas lacrimógenas, empiezan a quemarse algunos matorrales aledaños.

Empezamos a escuchar más y más detonaciones sobre el puente. Van dirigidas a los conteiner metálicos que ha colocado el régimen para impedir el paso.

Algunos dicen que se trata de un pequeño grupo de militares que iban a desertar, pero fueron atacados por sus compañeros. Nadie puede confirmármelo.

¿Acaso estos muchachos se dan cuenta de la magnitud del monstruo que tienen ante sí? Aún si lograran tomar San Antonio del Táchira, queda todo un país que no podrán liberar por sí solos.

Me retiro hacia la aduana colombiana para sentarme. Veo que está editando el periodista venezolano Sergio Novelli.

Muchos se acercan a pedirle una fotografía. Accede de forma gentil, aunque no es capaz de sonreír plenamente.

– Es difícil sonreír cuando ves a tu país así... Cuando lo tienes tan cerca y no puedes entrar – dice.

Después de unas horas decido volver a la casa. Tengo que alistar todo para irme al aeropuerto. El vuelo a Bogotá sale por la noche.

El regreso

– ¿Usted es periodista? – me pregunta la señorita de la aerolínea – ¿Vino al concierto?

– Sí – le respondo – ¿ha habido mucha actividad en estos días?

– ¡Como nunca! ¡No sabe!

– ¿Muchos famosos?

– Sobre todo locales. Los internacionales venían casi todos en vuelos privados – me dice.

– Ahh, ya veo...

– ¿Usted sabe si van a hacer pasar esa ayuda humanitaria?

– La verdad no lo creo. No por ahora.

– Es increíble... ¿Cómo pueden ser tan desalmados?

– Eso nos preguntamos todos.

– Que tenga un buen viaje – se despide sonriente.

Mis amables anfitriones me acompañan hasta los controles de seguridad. Voy cojeando. La caída del puente me tiene el pie inflamado y adolorido. Me despido agradecido. Me han tratado como al invitado más distinguido. Los colombianos son especiales. Tendré que regresar.

Una vez adentro me siento para empezar a escribir el recuento del día.

Entro a Twitter y de inmediato aparece un video que dice "Informe Especial - Noticiero Univisión". Lo abro. Patricia Janiot informa:

– Mucha atención. Queremos informarles que a esta hora un equipo periodístico de Univisión encabezado por nuestro compañero Jorge Ramos fue arbitrariamente retenido en el Palacio de Miraflores, el palacio de gobierno en Caracas, Venezuela. Al parecer porque al gobernante Nicolás Maduro le molestaron las preguntas formuladas por Jorge Ramos. El equipo del que además hacen parte las productoras María Martínez-Guzmán y Claudia Rondón, los camarógrafos Juan Carlos Guzmán y Martín Guzmán, y el periodista venezolano Francisco Urrestieta, comunicó que el equipo técnico también habría sido confiscado y a los miembros del equipo periodístico se les impidió salir del palacio de gobierno, del palacio presidencial (...) Según el ministro de comunicaciones, Jorge Rodríguez, Jorge Ramos insultó a Maduro y por eso tomaron esa determinación. De acuerdo con la versión del funcionario del régimen de Maduro, Jorge Ramos habría llamado al gobernante "dictador" y "asesino" varias veces.

Las redes sociales estallaron. Todos informaban sobre la detención de Ramos.

Viene a mi mente esa palabra que me dijo cuando lo entrevisté para Rolling Stone: contrapoder. Él siempre ha concebido la posición del periodista como antagónica a quienes gobiernan.

No me cabe duda. Jorge Ramos fue Jorge Ramos. Infumable para un tirano.

Exiliados

Érase una vez un reino dividido. Un reino del cual muchas personas habían tenido que salir ante la maldad de un cruel monstruo-dictador.

Quienes se quedaban en el reino, sufriendo bajo el poder de aquella gorda criatura carente de compasión, veían a los que habían huido de dos formas: estaban los que pensaban en ellos con envidia pues ahora gozaban de libertad y – en algunos casos – prosperidad en tierras lejanas. Otros, en cambio, los veían como los débiles, los que no habrían podido aguantar lo que llegaría con el tiempo.

Según el diccionario de la Real Academia Española el exilio es la "separación de una persona de la tierra en que vive", es una "expatriación, generalmente por motivos políticos".

Al crecer, mi generación sabía únicamente de un exilio: el cubano. Conversar con ellos era como abrir una ventana a un mundo paralelo. Era mirar hacia una dimensión de limitaciones que nos eran desconocidas.

Figuras como Celia Cruz y Gloria Estefan se habían ganado la admiración del continente por hablar abiertamente sobre las injusticias del régimen en la isla. En aquella época nadie imaginaba el éxodo que estaría por comenzar en Venezuela.

Según el informe del Centro de Innovación para la Gobernanza Internacional, para agosto de 2018 la cifra de exiliados superaba los 2,3 millones de personas. La OEA hablaba de 3,3 millones.

El país que más venezolanos había recibido para ese momento era Colombia, con más de 870 mil – a los que había que agregar 200 mil ciudadanos colombo–venezolanos que tuvieron que migrar a su segundo país.

Según las cifras de este informe, Perú había acogido a 354.421 personas, los Estados Unidos a 290.224, España a 208.333, Chile 105.756, Argentina 95.000, Panamá 74.990, Brasil 50.000, Ecuador 39.519, México 32.582 y Costa Rica 8.892,

La ONU proyectó que, de seguir el gobierno de Maduro, en 2019 la diáspora sería de 5,3 millones de ciudadanos.

¿Qué pasa con los venezolanos cuando llegan a otro país? Las respuestas son sumamente variadas pues, así como hay numerosos casos de éxito, hay también cuantiosas historias de sufrimiento.

Los venezolanos con posibilidades económicas llegan a un país, se reúnen con sus familiares, buscan compatriotas, tejen redes, se adaptan, buscan trabajo y se incorporan a la fuerza laboral.

Los venezolanos que salen del país sin recursos corren el riesgo de caer en manos del crimen organizado y la trata de personas.

Hay también un insignificante índice de delincuentes que salió de Venezuela al sentir que ni siquiera el crimen remuneraba en su país. Ellos migran y se encuentran ante dos posibilidades: comenzar de cero una vida digna o seguir haciendo lo que sabían hacer en su tierra: el mal. Una vez afuera se dan un tiempo para tratar de estabilizar su situación, pero si el hambre les ataca de nuevo, terminarán acudiendo a su viejo oficio de vergüenza. Hay que ser claro, estos venezolanos son una ínfima minoría.

Recuerdo vivamente el día en que fui al Instituto Nacional de Migración en Polanco, Ciudad de México para renovar mi residencia. Mientras bajaba por el elevador un venezolano lloraba de alegría. Le pregunté el motivo y me dijo:

– Ya no voy a ser ilegal. Ya soy refugiado.

Me despedí y de inmediato me puse a pensar en lo que significaban esas palabras.

En Centroamérica siempre vimos a México, Venezuela y Argentina como nuestros hermanos mayores. Eran modelos a seguir. Ahora los venezolanos llegaban a nuestros países a pedir refugio ¿qué salió mal en la ecuación bolivariana? ¿Cómo es que todos nuestros ídolos terminaron exiliados?

Venezuela era un referente en todo. Sus producciones televisivas eran exportadas a todo el continente.

En Costa Rica, como en tantos países, "La Guerra de los Sexos" con Daniel Sarcos y Viviana Gibelli – y posteriormente con el impresentable de Winston Vallenilla – se había convertido en un programa obligado los fines de semana. Era una ventana única en la que podíamos ver a los actores y cantantes más famosos divertirse. Imperdible.

Las novelas eran un hito. Todas. Sacaban una y "pegaba". Ya fuera de Venevisión o de RCTV. De hecho, durante las semanas en que estuve en Venezuela, busqué capítulos de algunas novelas que recordaba para ver la sociedad que nos presentaban.

Era un país en el que los ricos vivían como ricos, salían a la calle demostrando ser ricos, comían donde solo los ricos podían comer, y vestían como solo los ricos podían vestir. Hoy cualquiera que se comportara de esa manera sería secuestrado *ipso facto* – o denunciado en las redes por "enchufado" –. Ahora los que tienen algo de dinero deben esconderlo.

¿Cómo sería una novela en la Venezuela de hoy? ¿Alguien la vería? Sería interesante ver todo este drama dividido en capítulos.

En la música había referentes obligados. Ricardo Montaner, Franco De Vita, José Luis Rodríguez "El Puma", Carlos Baute – quien había logrado batir récords con Colgando en tus manos junto a Marta Sánchez –, Chino y Nacho, Óscar D'Leon, se consolidaron desde Venezuela como ídolos en sus géneros. Hoy todos son exiliados.

Los venezolanos son capaces de hacer un trabajo extraordinario. Son profesionales de calidad. Cualquier empresa que busque altos estándares de entrega y compromiso se verá satisfecha contratando a un venezolano. Su nivel de educación rebasa en muchas ocasiones los niveles de los locales, y eso hace que sean vistos con hostilidad en ciertos países. Ellos están siempre listos para trabajar.

Conocí a *CamdelaFu*, quien ilustra este libro, durante una reunión de presentación en la revista Rolling Stone, en la que ambos comenzábamos a colaborar. Apenas la escuché hablar lo tuve claro: "es venezolana".

Ella, como tantos, sufrió la separación de su núcleo familiar debido a este exilio. Pocos de sus seguidores conocen su historia.

Camila de la Fuente salió de Venezuela en el año 2014. Hasta ese momento había participado activamente como estudiante en el movimiento cívico que convocó de manera pacífica Leopoldo López. La situación empeoró constantemente. Su líder fue encarcelado y su familia tomó la decisión de fragmentarse. Ella, su hermana y su madre se irían a México, mientras su padre se quedaría en Venezuela.

A través de Camila entendí el dolor de las personas que deben dejar a su familia atrás. Ya es suficientemente violento tener que despedirte de tu tierra, de tu historia, de tus amigos, pero si lo vives en familia las penas pueden ser menos. Durante años, 'Cam' no tuvo la fortuna de tener a toda su familia consigo en la gran aventura del exilio. Un pedazo de su corazón se quedó en Caracas, viviendo día a día los peligros de esa sociedad sin rumbo. Siempre que Camila nos hablaba de su padre, su mirada se llenaba de tristeza. Ella tal vez no lo notaba, trataba de ocultarlo. Pero era evidente que su preocupación era insostenible.

En el año 2017, mientras Venezuela se desangraba en protestas reprimidas por el régimen, asistí junto a Camila a una manifestación frente a la embajada venezolana en la Ciudad de México – sitio que no ha significado más que un dolor de cabeza para los residentes en ese país –.

Recuerdo ese día. Ese himno nacional entonado con tristeza. Las velas encendidas con nostalgia y las miradas caídas por el dolor. Cientos de gorras con la bandera, camisetas con el rostro de Leopoldo López, banderas amarradas al cuello y pancartas contra la represión. Desde los balcones los mexicanos nos contemplaban sin entender lo que sucedía.

Solo quienes hemos emigrado sabemos lo difícil que es dejar atrás la tierra, la familia y los afectos. Claro, la mayoría lo hacemos sabiendo que podemos volver en cualquier momento. Que nuestro país estará siempre esperándonos. Esas personas salieron huyendo de una situación insoportable y muchas se prometieron no regresar hasta que la dictadura se terminara.

Ese dolor solo puede entenderse cuando ves esa mirada. Cuando escuchas esa voz que tiene mucho que decir y pocos espacios para decirlo.

En Venezuela son pocas las familias que permanecen unidas. Curiosamente, en la mente de los exiliados es cada vez más difícil entender por qué tantos insisten en quedarse. Una vez que sales, logras construir una vida nueva y una red de posibilidades, te parece increíble que millones de personas decidan seguir viviendo en el estiércol del socialismo.

Muchos venezolanos no regresan al país por miedo a que les quiten el pasaporte o se los anulen en Maiquetía – como le pasó al cantante Nacho, quien estuvo atrapado en Venezuela durante dos meses por voluntad de la dictadura –.

Pese a ello, me consta que son muchos los que guardan la esperanza de volver. Quieren participar en la reconstrucción de su país. No obstante, al no saber cuándo llegará la libertad por la que rezan a diario, el tiempo les obliga a echar raíces en suelo ajeno, a cambiar su forma de ser y mimetizarse en sociedades que no siempre les reciben con los brazos abiertos.

Los casos de xenofobia en contra de venezolanos se cuentan por miles. Episodios tan lamentables como el de un asesinato a una mujer embarazada en Ecuador por parte de un venezolano desataron olas de violencia xenófoba en contra de los exiliados. Los controles migratorios se fortalecieron. Las puertas comenzaron a cerrarse poco a poco.

En mi vida he convivido con el exilio cubano, nicaragüense y venezolano. Cada uno distinto del otro en muchos aspectos, pero los venezolanos tienen algo peculiar: muchos saben que lo tuvieron todo y se los quitaron. Otros, los más pobres, se quedan porque sienten que gracias a la revolución pueden vivir su miseria con un techo sobre sus cabezas. Eran pobres antes de Chávez, si no se fueron entonces ¿por qué se irían ahora?

Mientras tanto, los expatriados viven con un temor constante: van a países donde la política interna no es definida por ellos. Sufren las campañas presidenciales con el miedo de que un presidente de izquierdas pueda llegar a ocupar la dirigencia de su nuevo hogar.

De repente la derecha en países como México y España enarboló una frase como amenaza al electorado: "si eligen a la izquierda terminaremos como Venezuela". Más allá de las diferencias que puede haber entre estos países, las políticas de extrema-izquierda habían resultado un manual de miseria en todos los países a los que habían llegado.

"Cuando Chávez llegó al poder muchos exiliados cubanos nos advirtieron lo que podía llegar a pasar y no les hicimos caso. Ahora nosotros estamos por el mundo tratando de advertir a los países del peligro que puede representar el socialismo, pero no tenemos forma de influir. Nadie escarmienta por cabeza ajena", me dijo en alguna ocasión una colega venezolana en México.

Es difícil imaginar que un escenario como el de Venezuela pueda volver a ocurrir en América Latina. Uno pensaría que las lecciones que ha dejado esta tragedia son suficientemente contundentes como para que los errores del pasado no se vuelvan a cometer. Sin embargo, la memoria es débil. Llegarán pronto nuevas generaciones que escucharán estas historias como un cuento escrito en un lejano reino de miseria, donde todos vivieron *infelices para siempre*.

Entrevista a Antonio Ledezma

La tarde en Madrid anuncia la llegada de una primavera anticipada. Al sentarme en el café donde me encontraré con Antonio Ledezma, ex alcalde de Caracas y expreso político, las imágenes del gran apagón en Venezuela siguen presentes en mi cabeza. Estos días la tragedia ha sobrepasado cualquier límite. Es tanto el dolor que resulta difícil verlo a la distancia.

El señor Ledezma llega al café vestido con traje entero, camisa celeste y corbata azul. En la solapa de su saco hay una banderita de Venezuela. Me saluda con un firme apretón de manos.

La mesera lo recibe con familiaridad, es un rostro conocido en el lugar.

– ¡Hace un tiempo que no lo veía! – le dice – ¿lo mismo de siempre?

– Sí, un té de menta, por favor – le pide don Antonio.

Pide una disculpa y se retira para atender una llamada. La mesera, de nacionalidad colombiana, pone la mesa.

– Voy a traerle sacarina, porque al señor a veces le gusta tomar su té con sacarina – me comenta. Don Antonio regresa. La llamada era de María Corina. Comienza nuestra conversación.

– ¿Cómo ha vivido usted desde Madrid el seguimiento de las noticias que ocurren en su país?

– Es como estar entre tinieblas. Es más intenso el dolor. Yo me traje a Venezuela entre pecho y espalda. Esto que sentimos hoy es lo que he llamado en otras ocasiones "el dolor de patria ausente". Sucede cuando uno trata de aferrarse a las riendas del país donde nació y son riendas invisibles. Es como querer atrapar viento. La patria se te hace aire. Eso sí, en medio de la aflicción tenemos paradójicamente un espíritu esperanzador de que vamos a poder levantar a Venezuela como al ave fénix.

El país tiene muchos recursos: fundamentalmente su gente. Si alguna lección nos va a dejar esta crisis, porque no será estéril, es que vamos a necesitar mucho trabajo. Ya no podemos seguir dependiendo del petróleo. Esa gran mentira de que éramos ricos porque teníamos petróleo ha quedado al descubierto. La gran riqueza de una nación es consolidar una democracia. En segundo lugar, para poder crecer como sociedad en lo económico o en lo social se necesita capacidad de trabajo. Esa es la gran fuerza creadora de riqueza. En tercer lugar, el verdadero fortín de Venezuela no está en los pozos de petróleo, porque ese se agota. Está en el talento humano, que es el petróleo que no se agota.

– Señor Ledezma ¿hace 20 años usted pudo vislumbrar que el camino que se estaba tomando no era el indicado para Venezuela?

– Hace 27 años yo era gobernador de Caracas. Tenía 36 años y no tenía un mes en el cargo, porque me juramentaron el 11 de enero de 1992. Al ser joven y con un cargo tan importante yo me quería comer el mundo en pocos días. Un día llegué agotado a la casa y le dije a mi esposa Mitzy: "a ver si logro descansar algo esta noche porque mañana tengo un día muy exigente". Cuando estaba por quitarme la camisa me sonó el teléfono interministerial, que era el que le instalaban a los funcionarios y miembros del gabinete para que pudiera comunicarse con nosotros el presidente de la República. Cuando levanto el teléfono, faltando casi un cuarto para las 12 de la noche, escuché la voz del presidente Carlos Andrés Pérez que me decía: "gobernador, lo estoy llamando porque está en marcha un movimiento sedicioso". Recuerdo exactamente las palabras.

Me dijo que estaba en La Casona y que iba saliendo para Miraflores. Yo le dije: "bueno, presidente, me voy para Miraflores". Y me dijo: "No. Lo estoy llamando para que usted se haga cargo ya de su comando".

El presidente Pérez tenía idea de lo importante que era la policía metropolitana que estaba bajo mi mando porque fue ministro de relaciones interiores con Rómulo Betancourt y enfrentó intentos golpistas. Desde entonces yo vengo enfrentando a Chávez, porque yo era gobernador para el 4 de febrero y el 27 de noviembre de 1992. Lo enfrenté en la calle, en los medios de comunicación y electoralmente. Gané la alcaldía metropolitana de Caracas siendo Chávez presidente y eso desató su furia. No toleraba que un disidente pudiera estar en el segundo cargo más importante después de la presidencia de la república. Nos arrebató las competencias, nos quitó el 95% de los recursos presupuestarios, ordenó agredirme, tuve que hacer huelgas de hambre, promovimos manifestaciones de las que participe y más de una vez terminé en cuidados intensivos en una clínica tras haber sido agredido por los policías. Y así fue escalando todo hasta que Maduro me metió en la cárcel. Maduro y Chávez son caimanes del mismo pozo. Son cortados con la misma tijera. Títeres del castrismo e impulsores de un movimiento anacrónico y desvencijado que representa el más rancio autoritarismo. Desde entonces estaba consciente de lo que representaba Chávez para Venezuela.

Yo vi a Chávez como el resurgimiento de la dictadura que enfrentaron los ancestros de mi partido cuando lucharon contra la tiranía de Juan Vicente Gómez y contra la dictadura de Marcos Pérez Jiménez. Pude ver que a Venezuela le llegaba una era fatídica con el maleficio del populismo que encarnaba Hugo Chávez.

– ¿Hay algo positivo que se le pueda reconocer a Hugo Chávez?

– Yo digo que no. Hay gente que habla de que él relanzó al pueblo en la lucha política. Eso es mentira. El pueblo estaba. Había diferencias y problemas. Ciertamente, la democracia estaba en deuda.

Chávez había querido decir que eran un éxito las llamadas misiones, pero fíjese usted que hoy la población de Venezuela vive en condiciones de pobreza en más de un 90%. Y si algo caracteriza esta catástrofe humanitaria es la hambruna y los problemas de salud. Dígame usted cuál es el salto que dio el pueblo hacia la prosperidad. Chávez lo que hizo fue repartir mendrugos para que la gente sobreviviera en el subdesarrollo.

La obligación de un líder comprometido con el ascenso social de sus gobernados es darles las posibilidades para que salgan del subdesarrollo, no para que sobrevivan en la miseria.

Hoy en día Venezuela padece un desplome de su economía. Hemos perdido hasta hoy cerca de 49 puntos del PIB. Eso es una crisis económica superior a la que sacudió a Estados Unidos en 1929 con ocasión de la Gran Depresión. La situación de Venezuela deja muy lejos lo que vivió España en la Guerra Civil con Franco. La caída del ingreso per cápita es descomunal. Nuestro salario es paupérrimo. Nuestro salario hoy equivale a 3 euros. Un salario incluso menor que el de los cubanos y los haitianos. No es ni siquiera un salario de supervivencia – dice.

Saco de mi mochila un fajo con cerca de ciento cuarenta billetes de todas las denominaciones de bolívares y le digo:

– Es increíble pensar que aquí no está el salario mínimo – le comento.

Ledezma toma un billete de 500 bolívares del fajo y me dice:

– Antes con esto, usted podía equipar su casa con televisor, nevera, licuadora, buena vajilla y le quedaba dinero para comprar el seguro de hospitalización de su esposa e hijos y para darse algún gusto recreacional. Hoy tenemos una hiperinflación que supera el millón por ciento y un Banco Central destruido, convertido en una imprenta porque lo que hicieron fue mandar a imprimir dinero inorgánico porque querían conjurar al déficit fiscal acumulado con una política de monetización del déficit y eso trajo más devaluación. Chávez destruyó las instituciones del Estado. En Venezuela no hay separación de poderes porque transformaron la contraloría, la fiscalía y en su momento a la Asamblea Nacional, en parapetos y estructuras administradas por comisarios políticos, como dicen en el argot comunista. Así destruyó las instituciones y empresas del Estado que eran eficientes. PDVSA llegó a ser una de las seis empresas más prestigiosas del mundo. Cuando Chávez llegó al poder en 1999 PDVSA tenía más de 40 mil empleados y producía por lo menos 3,5 millones de barriles diarios. Los planes expansivos que había dejado Carlos Andrés Pérez eran para llegar a esta fecha y producir por lo menos 10 millones de barriles diarios. Pues bien, Chávez lo que hizo fue despedir al talento humano que había formado la democracia. Más de 22 mil venezolanos que ahora trabajan en Catar, Berlín, Alemania, Francia y Colombia.

Ahora la nómina de PDVSA es de 150 mil empleados que por lo general no producen nada. Lo que producen son problemas. Además, la caída de producción es estrepitosa. Estamos produciendo menos barriles que Colombia. Es insólito. Lo que pasó con el apagón es inenarrable. La democracia construyó el complejo del Guri. Ese embalse de potencial hidroeléctrico es el segundo más importante del mundo. Venezuela tenía la electricidad de Caracas, tenía *Enelven* que funcionaban bien. Había mezcla de energía hidroeléctrica y termoeléctrica. La capacidad instalada es de cerca de 35 mil megavatios, pero resulta que las dos terceras partes de esa capacidad están fuera de servicio. Las inversiones fueron defectuosas, se compraron plantas de segunda mano, no se concluyeron las plantas termoeléctricas, no se han mantenido las líneas de transmisión, y está colapsado. En el gran apagón de 2019 se ha conjugado una alquimia diabólica de incapacidad e indolencia con corrupción. No es carencia de técnicos, porque Venezuela tenía. En el periodo de Chávez se invirtieron cerca de 100 mil millones de dólares, pero ese dinero no está en el Guri. Está aquí, en casas, mansiones, yates, aviones y jets de millones de dólares comprados con dinero robado. Esos ladrones tienen que ser presentados ante las autoridades como criminales de lesa humanidad, porque esos niños que murieron ayer y hoy en el hospital de Maracaibo y Caracas, son los responsables de esta tragedia. Chávez destruyó el metro de Caracas. Yo recuerdo que siendo yo alcalde fue el alcalde de Bogotá, Antanas Mockus y le di un paseo por el metro. Cuando venían delegaciones de París y España se deslumbraban con el metro de Caracas. Ese metro ya está derruido. Chávez destruyó las empresas de Guayana que procesaban el aluminio, el hierro, la bauxita. Eso es hoy un cementerio de riqueza. Chávez no dejó sino estelas de corrupción. Odebrecht es una de las empresas más favorecidas por Chávez y Maduro. Si hay escándalos perpetrados por Odebrecht en un país, están en Venezuela. Eso tiene que investigarse. Usted va a Perú y ahí al menos se hicieron carreteras o el metro, o el segundo canal, pero en Venezuela se cobraron las obras con sobrepeso y no se hicieron. No se hizo el ferrocarril ni el segundo puente sobre el Lago de Maracaibo y no se hizo la línea del metro. Chávez hablaba de que había que ser soberanos alimentariamente y expropió a más de 5 millones de hectáreas que antes eran más o menos productivas. Hoy esas tierras están desoladas.

Había empresas lecheras que procesaban entre 400 mil y 600 mil litros de leche en Nueva Bolivia, en Cabudare. Trabajaban 6 días a la semana. Hoy no producen ni un litro de leche. Chávez nos deja una deuda de 155 mil millones de dólares y una crisis de infraestructuras. Más del 60% de los hospitales no tienen quirófanos en buenas condiciones. Más del 80% de los hospitales no tienen agua potable ni servicio de radiografías, eco, quimioterapia o diálisis. Un gran daño moral y será lo más difícil de recuperar. En Venezuela no hay gobierno, estamos lidiando contra grupos de narcotráfico y terroristas. Contra los pranes que controlan las cárceles, contra los factores del ELN o de las FARC manejando las drogas en Perijá o en el Arco Minero. En el Arco Minero hay más de 1 millón 480 mil kilos de oro, que equivalen a más de 2 millones de billones de dólares y ahí están estos grupos delincuenciales a los que no les interesa el crimen ecológico que se está cometiendo.

Esta tragedia comenzó hace mucho. Comenzó con el golpe de Estado de 1992. Siguió cuando Chávez desconoció la constitución nacional, quebrantó el Estado de derecho y la institucionalidad. Esta tragedia comenzó cuando Chávez convirtió la Guardia Armada Nacional en una guardia pretoriana y politizó la Fuerza Armada. Cuando permitió la invasión de fuerzas castristas. Nosotros somos el único país del mundo que paga para que lo invadan porque por petróleo los cubanos mantienen una fuerza de control y sometimiento en contra de los venezolanos.

Esta tragedia comenzó cuando Chávez usaba el dinero público y no rendía cuentas. Cuando pidió beligerancia para Manuel Marulanda "Tirofijo", el jefe de las FARC. Esta tragedia se veía venir cuando la presidenta de la Comisión Contra el Uso Indebido de las Drogas, después de haber sido designada por Chávez en el año 1999 le presentó pruebas de que ya entonces había factores que hacían pensar que se estaba creando el actual Cartel de los Soles. Chávez la destituyó. Esta tragedia comenzó con la corrupción que avalaron Chávez y Maduro.

Dígame usted ¿qué le podemos reconocer a Chávez?

Que dejó una estela de odio. Logró dividir sentimentalmente a los venezolanos. Antes, había diferencias, pero no había estos niveles de odios y rencores. Chávez difundió una cultura de odio y confrontaciones. Nos llamaba escuálidos y les ponía sobrenombres a sus competidores. Era un promotor de la disociación.

– ¿Cómo se financia usted su vida y trabajo en Madrid y por el mundo?

– Gracias a mi familia. Tengo a mi esposa y mis hermanos. Por parte de padre tengo a seis hermanos en Italia y vivimos limitados al trabajo político. Cada viaje ha sido sufragado por instituciones y fundaciones. Cuando llegué en diciembre tuve que ir a Estrasburgo a recibir el Premio Sajarov. Eso lo cubrió el Parlamento Europeo. Luego, por recibir el Premio se nos puso como condición que teníamos que ir a Luxemburgo, Francia y Alemania. Eso lo cubrió el Parlamento Europeo.

Luego comencé a aprovechar invitaciones de la fundación donde está el escritor Mario Vargas Llosa para ir a conferencias en Perú y de ahí me moví a Argentina o Brasil. He ido a conferencias recientemente en Estados Unidos. Eso lo cubre la organización que nos invita a participar en los foros. Participé en foros en Ginebra, Oslo y Nueva York. Todo eso lo cubre quien nos invita. Yo recibo a diario invitaciones y cuando veo que hay un foro que es importante pongo como condición que me paguen el pasaje y los gastos elementales.

– En Venezuela hay varias formas de ver al exilio. Hay quienes ven a los que se fueron como los más débiles. Los que no habrían aguantado. Hay otros que quisieran salir, pero no tienen cómo. Hubo una frase que recuerdo mucho que escuché en Caracas: "el país se libra desde adentro" ¿qué opinión le merece este sentir?

– Yo creo que tenemos que entender que las dos fuerzas tienen que unirse. Serán fuerzas huracanadas para derrocar a la dictadura.

Cuando imperaba la dictadura de Gómez se dio la historia del Falke, hubo un grupo de jóvenes exiliados que llegaron a Venezuela para iniciar el proceso de liberación del país. Ahí estaba, entre otros, Román Delgado Chalbaud, quien promovió el golpe contra Rómulo Gallegos en 1948.

En la época de la dictadura de Pérez Jiménez, Rómulo Betancourt se fue al exilio obligado por sus compañeros para preservar su vida. Muchos de los que estaban afuera colaboraban desde el exterior.

Cuando yo decidí fugarme no lo hice clausurando mis juegos de golf o ping pong. Yo estaba preso y asumí el riesgo de fugarme. Sabía que si me agarraban me iban a desaparecer o a matar moralmente. Yo estuve más de mil días preso. Hice huelga de hambre. Terminé varias veces hospitalizado en una clínica después de haber sido apaleado por los esbirros de la dictadura. Yo no tengo que dar más actos de coraje.

Yo decidí fugarme porque sabía que era una quimera pensar en un juicio Justo. Yo tuve una sola audiencia y todas las pruebas eran forjadas y falsas. Cuando me atreví a hablar, el 31 de julio de 2017, cuestioné a la dictadura y critiqué a la oposición, me sacaron en pijama y a empujones de mi casa en medio de la noche. Me llevaron a Ramo Verde.

Cuando me regresaron yo ya había escuchado el rumor de que había tres opciones para mí: una era obligarme a rendirme ante la Asamblea Nacional Constituyente ilegítima. Yo prefiero la muerte antes que eso. Jamás lo iba a aceptar. Y si me negaba me iban a regresar a La Tumba o Ramo Verde. O bien, desaparecerme y atribuirle eso a una operación de un grupo paramilitar a cargo del presidente Álvaro Uribe.

Es ahí cuando comencé a hacer el plan que llamé "Plan Alberto Carnevali", porque estaba leyendo un libro en el que se cuenta el increíble escape que hizo Carnevali de una clínica.

Si yo ahorita decido irme a Venezuela seguro me matan o me apresan. Y si me apresan me van a tener como rehén y lo que haré es fastidiar a Juan Guaidó. Me van a reducir como tienen reducido a Leopoldo, a Juan Requesens, al general Baduel, al capitán Caguaripano y a tantos.

Hay una combinación poderosa entre los venezolanos que luchan adentro, que resisten adentro, y los que estamos afuera. Desde que salí me comprometí con una agenda desde el exterior. Ahora yo soy parte de una diáspora en la que hay gente que lleva luchando doce o quince años. Esto no es de ahora, viene desde hace mucho.

Esa agenda que nos propusimos fue en primer lugar pedir más sanciones. Las hemos logrado. En segundo lugar, nos propusimos en promover el apoyo para los informes del señor Almagro y del señor Alto Comisionado de los Derechos Humanos. Hoy en día hay ocho naciones respaldan el informe del señor Almagro y del Alto Comisionado en la Corte Penal Internacional. En tercer lugar, comenzamos a hablar en favor de los venezolanos que estaban sufriendo en el exilio. Cuando fuimos a hablar con el presidente Piñera en Chile, con las autoridades en Costa Rica, con el presidente Varela en Panamá, con el presidente Macri en Argentina y con todos los gobiernos de América, hablábamos de un plan de migración que les permitiera a los venezolanos regularizar su estatus, tener su permiso de trabajo y servicios sociales de educación y salud para su familia. Nos propusimos también motivar a los venezolanos para que se sintieran útiles en el exilio y que fueran parte de los debates para la formación del Plan País. Gracias a eso tenemos un plan de acción una vez que logremos el cese de la usurpación.

Y, por último, hablamos por primera vez del principio de intervención humanitaria. La primera vez que yo hablé de ese tema mucha gente se espantaba. Hoy no digo que es moneda corriente, pero ya toleran y debaten en la OEA sobre el concepto de R2P. Creo que no ha sido inoficioso el esfuerzo de quienes estamos en el exilio.

– El llamado que se hace actualmente es a la aplicación del artículo 187, numeral 11 de la Constitución y el principio R2P ¿eso significa que una solución interna en Venezuela ya está agotada? ¿Tiene que venir desde afuera?

– No. Es la combinación de las dos fuerzas. Es la alianza perfecta. Por una parte, la plataforma institucional que se ha movido. La Asamblea Nacional es la plataforma legítima reconocida por la Comunidad Internacional como la única con validez ante la írrita Asamblea Nacional Constituyente, frente al espurio Tribunal Supremo de Justicia.

La movilización popular. La gente se ha venido moviendo. En los tiempos en que tú fuiste había un movimiento focalizado porque había manifestaciones chorreaditas de 40, 60 o 200 personas por aquí o por allá que se quejaban de que no había gas, luz, agua potable o seguridad. Ahora han resucitado las grandes manifestaciones y al lado de esos esfuerzos está la opinión pública internacional. Yo creo que como nunca antes hay un cerco internacional que va estrangulando a la narco-dictadura.

Cuando se hacen protestas en Venezuela también las hacemos afuera.

En el recorrido que hemos hecho yo he visitado cerca de 29 países. Cuando mucha gente por Twitter me dice que "otra foto más" u "otra reunión más" la gente tiene que entender que ese es el *lobby* necesario, el *lobby* útil. Tienes que convencer a los presidentes de que sí se justifican las sanciones y a los parlamentos de que se deben dictar resoluciones. Hay que convencer a las instancias internacionales de que hay que aplicar medidas como el principio de intervención humanitaria.

– ¿El principio de Intervención Humanitaria es distinto a una intervención militar para sacar a Maduro del poder?

– Es un proceso donde se mezclan los dispositivos. Por ejemplo, el concepto de Responsabilidad de Proteger nace el 20 de septiembre del 2005 en un informe presentado por Kofi Annan ante las Naciones Unidas para hacer una suerte de desagravio ante la ONU y la OTAN para los pueblos que habían sido oprimidos y masacrados, como Ruanda y Kosovo. Es un remordimiento de conciencia de los líderes del mundo que, so pretexto de no soslayar la soberanía, siguieron pensando que se podía negociar con Milosevic mientras estaban desarrollando una suerte de cacería promoviendo una lucha de castas interna Ruanda. Y por eso que surge el concepto de Responsabilidad de Proteger. Esto tiene varias dimensiones. Hay una que tiene que ver con las acciones legales y diplomáticas. Eso se ha hecho en Venezuela con las resoluciones del Grupo de Lima, de la OEA y del Parlamento Europeo. Luego viene la etapa dos que consta de medidas coercitivas como las sanciones dictadas contra Maduro, los militares narcotraficantes, los terroristas, Tareck El Aissami y Diosdado Cabello. Y en tercer lugar la dimensión del uso de la fuerza como recurso final, que fue lo que hizo la OTAN con el bombardeo de 1999 cuando le pusieron fin a Milosevic.

¿Cuál es la razón de esta Responsabilidad de Proteger? Prevenir crímenes de guerra. En Venezuela lo que hubo el 15 de enero del 2018, cuando mataron al inspector Óscar Pérez y a sus compañeros, fue un crimen de guerra. Ese ciudadano se estaba rindiendo. Ese crimen se perpetró en tiempo real porque todo el mundo lo vio por las redes.

En segundo lugar: enfrentar genocidios. Esto que estamos viendo de neonatos que mueren en los hospitales o mujeres que mueren porque no pueden atenderse en un hospital, es un genocidio silencioso.

Esto va a agravar las enfermedades infecto–contagiosas. Mientras hablamos tú y yo en Venezuela no hay agua potable. En Venezuela se están descomponiendo los pocos alimentos que tenía la gente. Mucha gente va a terminar ingiriendo alimentos descompuestos y eso va a generar enfermedades. Eso es un genocidio silencioso.

El otro principio que enfrenta la Responsabilidad de Proteger son los crímenes contra la humanidad. La represión masiva y sistemática es un crimen de lesa humanidad. Lo que hizo Maduro en 2017, que mató a más de 130 jóvenes, como ustedes lo han documentado, es un crimen de lesa humanidad. Pero está también el exterminio, que no lo califica en sus razones de ser el concepto de Responsabilidad de Proteger, pero sí el Estatuto de Roma en su punto siete. En Venezuela lo que se hizo el 23 de febrero en Cúcuta fue un exterminio. Ahí vimos cómo el régimen usó grupos de choque para impedir que llegara leche, harina, azúcar, café y medicinas. Eso es un exterminio.

R2P enfrenta la liquidación de las etnias y allá mataron pemones. Nuestros indígenas. Eso es una limpieza étnica.

Este es un concepto que encajaría en lo que hemos planteado. Ahora la Asamblea Nacional debe autorizar al presidente Guaidó a tomar previsiones para contar con fuerzas de paz que nos ayuden a doblegar a la dictadura.

– ¿Usted está en contacto con el presidente Guaidó?

– Sí, hemos conversado. La última vez fue cuando iba a ir a Italia y ese día le dije que me pareció buena su declaración en Uruguay donde cita el artículo 187 de la Constitución Nacional.

– Hay que tomar en cuenta el factor electoral en los Estados Unidos ¿usted cree que el presidente Trump esté más preocupado en su carrera por la reelección que en intervenir en Venezuela, para no afectar las encuestas?

– Cuando están de por medio los Derechos Humanos no se puede tener sesgos utilitarios. No se trata de ver cuántos puntos me da o me quita, sino de ver cuántas muertes evitamos. Creo que esa es la conducta de Trump y de todos los gobiernos que han sido solidarios con los venezolanos.

– ¿Cómo cree usted que va a recordar la historia a Michelle Bachelet?

– Bueno, como lo que pudo ser y no fue. Lo que pudo haber hecho y no hizo. Ella tiene la oportunidad de hacer un desagravio a los venezolanos. Su gobierno fue dudoso y a veces neutral. Cuando se quiere ser neutral ante tanta barbaridad se termina favoreciendo a los que cometen los crímenes. Cuando oigo a la señora Bachelet decir que las sanciones son la causa de la tragedia le digo que está totalmente equivocada.

Entrevista a Leopoldo López

El 19 de abril 2017 Venezuela estaba en llamas. Era el apogeo de un periodo de protestas que despertó la furia del régimen y recrudeció las torturas en contra de los presos políticos. En aquellos días, Lilian Tintori imploraba ver a su marido. Denunciaba torturas, aislamiento y un deterioro en su salud. La conmoción internacional era máxima. María Corina y Lilian se habían unido para exigir la libertad de su compañero de batallas. Por eso, aquel 19 de abril decidí asistir a una manifestación de venezolanos en México. Antes de ir compré una camiseta blanca, imprimí la famosa imagen de Leopoldo López pintada con los colores de la bandera y la estampé sobre la tela.

Fui a manifestarme frente a la embajada venezolana en Polanco. Protesté. Me uní a ese exilio dolido.

Para mí, joven idealista, Leopoldo era un símbolo de la libertad y usé esa camiseta con orgullo. El 8 de julio de ese año, López fue puesto en arresto domiciliario y para él comenzó una nueva etapa de silencio (salvo conspicuas excepciones).

Desde que fui a Venezuela intenté contactarlo. En aquel momento lo hice desde la admiración hacia un hombre que supo poner su fe por delante para sobrellevar las terribles circunstancias a las que lo sometió el régimen.

Cuando entrevisté a Lilian Tintori le entregué una carta para él escrita a mano. Eran cuatro páginas. Ella me preguntó si le había puesto mi número o correo electrónico. Asentí. Quedó en el ambiente la esperanza de recibir una respuesta que no llegó.

En ese momento no había empezado el movimiento de Guaidó.

Cuando la idea de hacer este libro iba avanzando, en marzo de 2019, Camila y yo intentamos pedir un prólogo escrito por Leopoldo. Lo hicimos a través de Lilian, quien consideró que su esposo estaría encantado de participar en el proyecto. Intentamos coordinar con su equipo, pero la agenda de López (todavía en arresto domiciliario) hizo imposible concretarlo. Seguimos con el libro, sin certeza de cuándo podría cerrarse la edición.

Después del 30 de abril me propuse contactar nuevamente a López. Para ese momento la opinión pública se había volcado en contra del dirigente de Voluntad Popular.

Tuve la fortuna de entrar en contacto con él vía WhatsApp y comenzó un proceso largo para encontrar una ocasión óptima para conversar vía Skype.

Mientras tanto, preparé un amplio cuestionario. Uno que consideré sumamente duro pero necesario.

A pesar de mi insistencia, Leopoldo contestó siempre con gran amabilidad a mis mensajes.

Pasaron dos semanas de posponer casi diariamente la entrevista. Finalmente, después de unos días en silencio, una tarde volví a escribirle para preguntarle si sería posible concretar la conversación. Le pedí disculpas por mi incesante petición, pero le dije que estaba convencido de que "el que persevera alcanza". Fue así que, pocos minutos después, sonó mi teléfono. Apareció su nombre en la pantalla. Contesté.

Me saludó amable y sonriente, dijo que saludaba mi constancia y me pedía que le explicara bien para qué sería la entrevista.

Le comenté los detalles del libro. Me preguntó quiénes más aparecerían y le di la lista: Lilian Tintori, Raúl Emilio Baduel, Antonio Ledezma, María Corina Machado, Fernando del Rincón, Idania Chirinos, entre otros.

Me dijo que aceptaba darme la entrevista con la condición de que no fuese publicada mientras él siguiera en la embajada, debido a las restricciones impuestas por el gobierno español. Acepté.

Le dije que quería preguntarle por todos los alegatos que había en su contra y me preguntó qué era exactamente lo que se decía. Le di dos ejemplos: se decía que Guaidó no quería enviar delegados a Noruega y él lo obligó ("Eso no es verdad", contestó). Se decía también que Raúl Gorrín había sido la bisagra entre él y el régimen para el 30 de abril ("Eso tampoco es verdad", me respondió). Le dije que tenía citas contundentes de Patricia Poleo y Jaime Bayly al respecto, a lo que me contestó que eran personas con posturas muy marcadas, pero me dijo que eso no importaba, pues él contestaría "con la verdad por delante".

Le pregunté cuándo podríamos hacer la entrevista. Me dijo que le enviara el cuestionario para responder por escrito. Su respuesta acabó con mi plan de hacerla vía Skype (para poder tener interacción y usar la necesaria herramienta periodística de la repregunta). Pese a ello, acepté.

Nos despedimos. Él volvió a felicitarme amablemente por mi insistencia.

– Hermano, ya viste... El que persevera alcanza. O como decimos aquí "el que se cansa pierde". Que Dios te bendiga – me dijo y colgó.

Nunca más supe de él. Intenté contactarlo reiteradamente conforme iban suscitándose las nuevas negociaciones, pero no contestó más.

Pese a no haber logrado obtener sus respuestas, quedaron mis preguntas. Unas que él, tras conversar conmigo, decidió no responder.

Preguntas para Leopoldo López

1. ¿Por qué no ha dado entrevistas hasta ahora?

2. ¿En qué momento comenzó a planear lo que sería este proceso del gobierno de transición?

3. En ese momento ¿cuánto tiempo proyectaba que podría tomar llegar a la meta?

4. Desde que Guaidó tomó relevancia en el escenario político se dijo: "Leopoldo López está detrás de él" ¿es esto así?

5. ¿El presidente encargado cuenta con autonomía en la toma de decisiones o todas son consultadas con usted?

6. ¿Usted le pidió al presidente encargado que lo liberara el 30 de abril?

7. ¿Cuál era el plan que ustedes tenían para ese día? ¿Qué falló? ¿Quién no cumplió?

8. Quiero citar un momento al periodista peruano Jaime Bayly, quien en su programa del 22 de mayo dijo: "¿Por qué Padrino y Hernández Dala sabotearon ese movimiento libertario de Guaidó y de López? Un sargento que era parte de la Operación ha dicho de modo anónimo que aparentemente la liberación de Leopoldo López no era parte del acuerdo o del guion establecido, sorprendió a las partes involucradas y quizás enfrió su determinación de participar en la Operación (...) tal vez Leopoldo López salió de su casa persuadido de que esa tarde o ese mediodía estaría en el Palacio de Miraflores aclamado por la multitud, acompañando al presidente Guaidó (...) No poca gente considera tal vez; que fue una precipitación de Guaidó indultar a Leopoldo López muy temprano esa madrugada hubiera sido mejor que estuviera solo Guaidó comandando la Operación porque si lo de López no estaba acordado previamente con todas las partes involucradas, un movimiento en falso como aquel pudo haber provocado el fiasco de la Operación (...) Luego de consultar a todas mis fuentes yo he llegado a la conclusión razonable de que fue un error que Leopoldo López apareciera al lado de Guaidó esa madrugada. Ese error es atribuible a la desesperación, a la impaciencia – comprensibles por otra parte – de Leopoldo López" ¿qué opinión le merecen estas declaraciones de Bayly?

9. ¿La cohabitación es una opción con este régimen?

10. Sé que el 30 de abril llegaron a saludarlo Henry Ramos, Edgar Zambrano a saludarlo... Solo por curiosidad ¿ese día vio a María Corina y Capriles? ¿Pudieron conversar?

11. Me permito citar a Jaime nuevamente. En ese mismo programa dijo que sus fuentes le informaron, cito, que "bajo presión de los españoles, el embajador Silva, el canciller socialista español Borrell y del propio presidente del gobierno Pedro Sánchez – fue Leopoldo López quien le pidió a Guaidó, cuando lo visitó en la embajada española en Caracas, que enviara delegados a Oslo, Noruega. Guaidó no quería. Le dijo que era una mala idea, pero Leopoldo insistió tanto, temeroso de que los españoles lo puedan soltar que Guaidó, en un gesto de lealtad, mandó bajo el radar a estos negociadores a Oslo" ¿es cierto esto?

12. Cito por última vez al periodista peruano. "Mis fuentes me confirman que la relación entre Leopoldo y Guaidó no es la que era siempre. Se ha tensado un poco. Que Guaidó ha comprendido que se tiene que distanciar de Leopoldo y que el presidente es él y no Leopoldo, y el que toma la decisión final es Guaidó y no Leopoldo (...) Leopoldo López no es presidente de Venezuela, pero se siente jefe de Guaidó" ¿esto es así?

13. ¿Qué papel jugó el señor Raúl Gorrín en el alzamiento del 30 de abril? Cristopher Figuera y el *Wall Street Journal* dijeron que él habría sido el encargado de persuadir a Vladimir Padrino López, a Maikel Moreno y a Iván Hernández Dala a cambio del levantamiento de las sanciones del gobierno de Estados Unidos y así poder viajar y disponer de su dinero ¿esto fue así?

EMBAJADA

14. ¿Por qué decidió hospedarse en la residencia del embajador español? ¿Pensó que iban a restringirle el contacto con la prensa?

15. ¿Usa las redes sociales?

NEGOCIACIONES

16. Leopoldo ¿se puede salir de este régimen con una mesa de diálogo o negociación?

17. El secretario Almagro dijo recientemente que a él no le avisaron que habría un diálogo en Noruega y según un artículo publicado en el PANAM Post, el gobierno de Colombia se habría dado cuenta por los medios de comunicación ¿por qué el gobierno interino decidió no comunicarle a sus aliados la decisión de ir a Noruega?

18. Aquí parece que hubo una modificación al planteamiento original. El presidente Guaidó dijo en enero "no hay diálogo posible con el régimen", "no nos vamos a sentar", "no vamos a caer", sin embargo, se sentaron en Noruega ¿qué los empujó a tomar la decisión de aceptar esta mesa de negociaciones?

PERIODISTAS

19. ¿Cómo reciben en el gobierno interino las críticas periodísticas?

20. Patricia Poleo denunció el 20 de mayo que, cito "Hay un sector de la oposición que es peor (que Chávez y Maduro) con el periodismo libre e independiente (...) Que Roland Carreño llame a periodistas y opinadores para decirles 'bájale dos', 'bórrame ese tweet', 'no digas eso que no conviene en este momento', es un horror (...) A mí por ejemplo me montaron una campaña y Voluntad Popular dio la línea de que ninguno de ellos viniera a mi programa ni me dé declaraciones. Dieron la línea de escribirle a los anunciantes de Factores de Poder y de Agárrate para recomendarles que no financiaran este programa porque es del G2 y trabaja para el gobierno de Nicolás Maduro. Eso lo hicieron con todos los anunciantes de Agárrate" ¿usted tiene conocimiento de este actuar que denuncia la señora Poleo?

ANÁLISIS

21. Haciendo un ejercicio de autocrítica ¿cuál ha sido el error más grave que ha cometido en estos meses? Primero un error suyo y después un error del proceso en general.

22. ¿Qué balance hace de la visita de la señora Bachelet a Venezuela?

23. Lo cierto es que el 5 de enero del próximo año termina el periodo actual de la presidencia de la Asamblea Nacional de Guaidó. Si para ese momento no ha cesado la usurpación ¿qué va a pasar? ¿Va a haber un nuevo presidente interino?

24. ¿Usted cree que el régimen se atreverá a apresar a Guaidó?

25. Si lo hacen ¿sería ese el momento de pedir cooperación militar?

26. Me permito citar al secretario general de la OEA, Luis Almagro, quien dijo recientemente: "un problema es que hay demasiadas agendas en el tema Venezuela y todo el mundo está evitando la agenda que definitivamente puede aportar un final al proceso: un proceso incremental de Responsabilidad de Proteger (...) Todos sabemos que Responsabilidad de Proteger es el único que permite un marco incremental de acción para lograr una solución definitiva en Venezuela" ¿coincide usted con el secretario Almagro o cree que hay otras vías distintas a la de Responsabilidad de Proteger que pueden ser exploradas? ¿Cuáles?

27. ¿Qué opina de las declaraciones filtradas del secretario Pompeo en las que dice que unir a la oposición ha resultado tremendamente difícil y que hay más de cuarenta precandidatos a la presidencia? En ese audio él dice "la triste verdad es que muchos en la oposición están más interesados en convertirse en la figura de Nelson Mandela que en encontrar un camino pragmático hacia adelante". Ha habido múltiples análisis que

aseguran que con ese comentario él se refería a usted ¿se da por aludido? ¿Cree que el secretario Pompeo tiene una opinión correcta de la oposición venezolana?

28. Ahora cito al exembajador Diego Arria quien dijo: "en Venezuela no hay un solo presidente. Es una presidencia colegiada. En el fondo hay cinco presidentes - Leopoldo López, Henry Ramos Allup, Julio Borges, Manuel Rosales y Guaidó -. Yo creo que sería mucho más responsable que estos cinco presidentes salieran y no dejaran todo esto en manos de Guaidó" ¿qué tan acertado es el análisis del exembajador? ¿Hay una copresidencia?

TRANSPARENCIA

29. Quisiera que hablemos brevemente sobre lo ocurrido en Cúcuta, Colombia. El 23 de febrero ¿en qué momento se dio cuenta de que el plan había fallado? ¿Tenían un plan B?

30. Leopoldo. Sobre la denuncia por presunta malversación de fondos en ayuda a militares en la frontera ¿cuánto tiempo antes de esa publicación tenían informes de que eso podía estar sucediendo? ¿Por qué no lo denunciaron públicamente?

31. ¿A qué criterios respondió el nombramiento de Kevin Javier Rojas Peñaloza y Rossana Edith Barrera Castillo? ¿Por qué no se comisionó a los diputados Gaby Arellano y José Manuel Olivares que ya estaban allá?

32. El presidente Guaidó aclaró que la Presidencia encargada no maneja fondos públicos ¿Cómo se han financiado estos meses de gobierno interino? ¿De dónde provienen los fondos? ¿Quiénes son los contribuyentes?

33. ¿Cómo se pagan los viajes de los embajadores Vecchio, Tarre, Borges, la seguridad del presidente, los viáticos y salarios de sus equipos?

PREGUNTAS FINALES

34. ¿El socialismo seguirá siendo una opción en una Venezuela democrática?

35. Hay quienes han propuesto la organización de un ejército libertador conformado por militares en el exilio ¿cómo ve usted esta idea?

36. ¿Por qué el exilio no es una opción para usted?

37. ¿En la oposición venezolana hay factores colaboracionistas con el régimen?

38. Si Maduro adelanta las elecciones parlamentarias para renovar la Asamblea Nacional ¿la oposición debe participar?

39. ¿Usted participaría como candidato en unas elecciones presidenciales con Maduro en el poder?

Frases de la resistencia

– El mundo sigue girando y nosotros nos estancamos hace años.

Padre de familia. Conversaciones con la resistencia. 2018.

– Cuando vas a Cúcuta dices: ¿cómo es posible que ahí atrás estamos en la mierda y aquí el mundo sí funciona?

Adulto mayor en Petare. Conversaciones con la resistencia. 2018.

– Yo siempre he tenido una gran empatía por los adultos mayores, pero cuando los veo no puedo evitar sentir que son los culpables de todo esto.

Joven doctora en Catia. Conversaciones con la resistencia. 2019.

– ¿Este aguacate está maduro?

– No, Maduro no.

Conversación entre una bachaquera (comerciante del mercado negro) y su compradora.

– Aquí no hay estabilidad de ningún tipo. Ni emocional, porque sales con miedo, ni económica porque tienes que estar picando de todos lados para vivir.

Madre de familia en la parroquia 23 de Enero. Conversaciones con la resistencia. 2019.

– Este país no lo quiere nadie. No hay consciencia de propiedad.

Padre de familia, Santa Rosa de Lima, Conversaciones con la resistencia. 2018.

–Tengo que estar en mi casa a las 5:00 o me meten un plomo.

Joven caraqueño. Conversaciones con la resistencia. 2018.

– A mí me da pánico subirme a una moto... Si me caigo ¿de dónde saco yeso? ¿dónde me hago rayos x? ¿De dónde saco un traumatólogo? ¡No existen!

Doctora en Catia. Conversaciones con la resistencia. 2019.

– Cuando tu familia ya no está (porque migró) aprendes que el tiempo de calidad es lo que importaba.

Joven caraqueña. Conversaciones con la resistencia. 2019.

– Tú ves los noticieros y parece que aquí no pasa nada.

Periodista venezolana. Conversaciones con la resistencia. 2018.

– Si los venezolanos logramos sobrevivir en esta economía, sobrevivimos en cualquier otra.

Padre de familia en el 23 de enero. Conversaciones con la resistencia. 2019.

– Aquí no hay rial, pero el pelo tiene que estar planchadito.

Joven caraqueña en el metro Chacao. Conversaciones con la resistencia. 2019.

– Nosotros no vamos a perfumarnos. Se perfumará el enchufado que tiene plata. A uno ya no le alcanza.

Comentario de una vendedora de perfumes en Chacao. Conversaciones con la resistencia. 2019.

– A la gente ya no le importa si duplican el salario. Eso ni se siente.

Joven en El Silencio. Conversaciones con la resistencia. 2019

– Ya me sé todo ese diálogo. ¡Púdrete Maduro con toda tu gente!

Adulta mayor al ver una entrevista a Nicolás Maduro. Conversaciones con la resistencia. 2019

– ¿Le vendiste una CBO? – pregunta el gerente.

– – Sí – responde el empleado.

– ¿De dónde vas a sacar la tocineta y la salsa barbacoa?

Conversación entre un vendedor de McDonald's y su gerente.

– Yo no sé cómo vivas tú, pero yo no puedo esperar más.

Frase escuchada en los debates a pie de calle durante el Cabildo Abierto de Altamira. Conversaciones con la resistencia. 2019.

– Si no tiene las bolas para asumir, que no joda y se vaya.

Frase escuchada en los debates a pie de calle durante el Cabildo Abierto de Altamira. Conversaciones con la resistencia. 2019.

– La constitución no lo exhorta a asumir. Lo obliga.

Frase escuchada en los debates a pie de calle durante el Cabildo Abierto de Altamira. Conversaciones con la resistencia. 2019.

El que se monta en esta vaina tiene que poner hasta la vida.

Frase escuchada en los debates a pie de calle durante el Cabildo Abierto de Altamira. Conversaciones con la resistencia. 2019.

– Los veo dormidos

– Estamos despertando

Frase escuchada en los debates a pie de calle durante el Cabildo Abierto de Altamira. Conversaciones con la resistencia. 2019.

– ¡Hacer política en dictadura es peligroso! ¡Si no estás dispuesto a hacerlo! ¡Vete! ¡Renuncia!

Exigencias que el pueblo gritaba a Guaidó en el Cabildo Abierto de Altamira. Conversaciones con la resistencia. 2019.

– Lo que Venezuela necesita son políticos con pantalones largos, no cortos.

Frase referente a la edad de Juan Guaidó. Conversaciones con la resistencia. 2019.

– Yo me siento una guerrera. Nada de Superman, Batman, la mujer maravilla. Antes que todos ellos estoy yo que guerreo todos los días en esta miseria para sacar a mis hijos adelante.

Madre en el 23 de enero. Conversaciones con la resistencia. 2019

– Yo me veo en el espejo y me veo cansada. Tengo 30 años y siento que no puedo más.

Madre en el 23 de enero. Conversaciones con la resistencia. 2019

– Todo lo que tocaron lo echaron a perder

Padre de familia, Santa Rosa de Lima, Conversaciones con la resistencia. 2018.

– Los que quedamos aquí nos quedamos aquí somos los verdaderos guerreros. Se fueron los más débiles, quedamos nosotros.

Joven caraqueña. Conversaciones con la resistencia. 2019.

– El día que esta vaina se caiga va a haber una pea' de quince días ¿de dónde va a salir el alcohol? No tengo idea... Pero de que va a haber pea', va a haber pea'.

Joven caraqueña. Conversaciones con la resistencia. 2019.

PARTE II

No fui Clark

Mientras daba los primeros pasos de mi carrera como reportero, de forma inesperada surgió la oportunidad de dar un salto al vacío: opinar. Hoy considero que fue sumamente precipitado de mi parte entrar en ese terreno siendo tan joven e inexperto.

En 2019 tenía 23 años. Me dejé llevar por las emociones, por la rebeldía y en muchas ocasiones por la rabia y el orgullo. Leo los artículos de aquellos años y me sorprende el arrojo con el que escribí en tantas ocasiones. Si el modo fue adecuado o no, el tiempo lo dirá, pero lo escrito, escrito está, y algunos de estos artículos pueden ayudarnos a comprender aspectos importantes en la trágica evolución de esta desdichada aventura política.

En este periodo mi voz empezó a ser seguida por miles de personas por vía digital. Primero en un portal web que surgía con brío en las huestes de la oposición venezolana. Debo agradecer al periodista Orlando Avendaño por ese primer impulso de confianza que me dio al valorar mi modo de pensar y darle un espacio en el medio que en aquella época dirigía.

Poco después, en su inmensa generosidad, la periodista Patricia Poleo me abrió las puertas de su plataforma –*Factores de Poder*– a la que entré primero como colaborador y posteriormente como parte del equipo. En ella tuvimos un alcance impresionante. Fue una época convulsa. Fuimos objeto de ataques difamatorios incesantes por parte del chavismo y de la oposición, que habían identificado en nosotros un bloque de periodistas incómodo tanto para unos como para otros.

Fue así como comprendí que el precio por opinar es altísimo, y me vi sin la madurez necesaria para pagarlo. Ello habría de motivar –un tiempo después– parte de mi alejamiento.

En el periodo de tiempo que abarcan estos textos –de julio de 2019 a enero de 2020–, ocurrieron hechos importantes. Por ejemplo, mi segundo viaje a Venezuela, junto al productor costarricense Pietro Cercone. En ese viaje, que debía ser de perfil bajo por motivos de seguridad –pues regresaba a Venezuela ostentando un nivel importante de conocimiento en el círculo político– ocurrió el famoso momento en que confronté en la Asamblea Nacional al dirigente opositor Henry Ramos Allup –video que llegó a ser viral en las redes sociales–. Eso ocurrió tan solo cuatro horas después de haber llegado a Caracas, pero publiqué el clip hasta que salí del país, pues sabía que dicho individuo era tan peligroso como los chavistas y podía orquestar un ataque en mi contra.

Acudí a Venezuela por segunda vez para documentar una protesta convocada por Guaidó en el mes de noviembre de 2019. Albergué ingenuamente la esperanza de que ese día pudiese estallar un movimiento civil nuevamente.

Con la plataforma costarricense *No Pasa Nada* hicimos entrevistas y visitas sumamente reveladoras sobre la realidad venezolana. Fuimos con María Corina Machado a Cúa, estado Miranda para ver su trabajo en las comunidades. A Juan Guaidó, sin embargo, no pude entrevistarlo. Pietro logró el contacto y la entrevista sin decir que yo trabajaba con él, pues sabía que si nos vinculaban habría sido imposible acceder a Juan.

De hecho, cuando se desveló mi vínculo profesional con él –después de haber hecho la entrevista–, el equipo de campaña reclamó a Cercone por no haberles dicho que trabajábamos juntos.

He querido recuperar algunos de aquellos textos y entrevistas para que en estas páginas quede inmortalizada la narrativa de aquella época, con sus defectos –sobre todo producto de mi visceralidad desmedida–.

Este recorrido parte de las reflexiones posteriores al 30 de abril, cuando reafirmamos la falta de autonomía de Guaidó y denunciamos que ello lo conduciría al fracaso. En ese momento comenzamos a señalar y criticar el proceder de la oposición, esperando siempre que el camino fuese enmendado y que –en mi caso– pudiesen callarme la boca. He decidido incluir algunas entrevistas que considero relevantes, pues permiten ver lo que pensaban algunos actores, internos y externos, de este momento histórico.

Incluyo también las reflexiones posteriores al 5 de enero de 2020, cuando el régimen perpetró un nuevo golpe al Parlamento para sacar a Juan Guaidó de la presidencia, imponiendo al alacrán Luis Parra como cabeza de aquel parlamento *ad hoc*. Este desastre impulsó a Juan Guaidó a salir de Venezuela, algo que nos tomó por sorpresa. La gira internacional parecía un intento desesperado –pero positivo– por enmendar una ruta que ya había perecido. Ello, sin embargo, no condujo a nada.

Guaidó, sin Leopoldo López, no existe

19 julio, 2019

Para regocijo de algunos y desdicha de otros existe una realidad inamovible: el presidente encargado de Venezuela llegó al poder de forma casi accidental, pero lo hizo gracias a un plan cuidadosamente trazado por un hombre que hoy es blanco del escepticismo.

Para quienes están en Venezuela con acceso limitado a prensa internacional desde hace años, resultará difícil entender por qué figuras como Leopoldo López, María Corina Machado y, en su momento, Henrique Capriles han sido colocados en el ojo público cual superhéroes de Marvel.

Si usted sale y habla con alguien no muy empapado de la realidad venezolana, esa persona probablemente siga pensando que Capriles Radonski es un redentor perseguido, porque hay imágenes que afuera de Venezuela parecen haberse congelado en el tiempo.

Es por eso que para muchos resulta impensable que Leopoldo López, el Hércules de Caracas, se haya desvirtuado, como aseguran muchas corrientes de opinión suscitadas tras el fracaso del 30 de abril.

A lo largo de estas semanas yo mismo me he dedicado a preguntar qué ha pasado con Leopoldo. Reservando mis opiniones, pero escuchando atentamente a otros colegas y políticos venezolanos. Por supuesto, quienes quieren hablar conmigo lo hacen de forma crítica y abierta.

Preguntas, tengo muchas. De hecho, tengo un amplio cuestionario elaborado para el día en que pueda entrevistar a Leopoldo. Preguntas contundentes, difíciles y desafiantes. Porque sé que ese debe ser mi papel ante cualquier personaje que ostente una cuota de poder.

Pero sin haber escuchado su versión de los hechos, me resulta difícil establecer un criterio en torno a su figura. Por eso mi crítica ha ido siempre dirigida a Guaidó y no a López.

Es complicado para la opinión pública internacional pensar que ese hombre convertido en símbolo de persecución y lucha por la justicia, de repente se haya convertido en un esbirro de los colaboracionistas. Que haya pactado con delincuentes y narcotraficantes para permitir la cohabitación con un régimen criminal, como rezan las voces más críticas hacia su rol en este proceso.

¿Esto fue así? Tengo que escucharlo. Tengo que preguntárselo.

Todavía recuerdo que el momento de mayor gloria del presidente encargado —comprendido entre el 23 de enero y el 22 de febrero— fue resultado de una estrategia cuidadosamente diseñada para posicionarlo como una figura redentora e inmaculada.

En aquellos días, existía la noción de que Guaidó era un títere de López, pero eso generaba cierta tranquilidad. A partir del 23 de febrero, esa historia cambió y el 30 de abril todo se fue por la borda.

Yo me pregunto: ¿qué habría pasado el 30 de abril por la mañana si Leopoldo no hubiese estado al lado de Guaidó? ¿Los que habían empeñado su palabra habrían cumplido? No lo sé. No creo que esos engendros tuvieran palabra. Pero el meollo de este asunto va más allá de la lealtad de Padrino o Moreno —cuyas existencias no son más que un lastre para el país—. Ese día nació una pregunta: "¿Cuál Venezuela quieren los políticos y cuál quiere el pueblo?".

Hoy las voces que piden a Guaidó desmarcarse de los líderes que lo han guiado en este proceso, son numerosas. Una buena parte del pueblo le pide un viraje: que abandone la ruta actual y acoja lo que le proponen Machado, Ledezma y Arria.

Sin embargo, para Juan Guaidó esa nunca ha sido una opción. Antes que correr el riesgo de sentirse solo, permanecerá al lado de quien le ha dado el peso histórico que tiene actualmente.

Para regocijo de algunos y desdicha de otros, aquí hay una realidad que parece inamovible: a Guaidó nadie lo moverá del lado de Leopoldo.

Ciérranos la boca, Guaidó

21 de julio de 2019

Todo político ha de despertarse un día imaginando el mundo perfecto. Pocos requisitos tiene ese planeta idealizado del gobernante: primero, su popularidad roza el 99 %; segundo, todos somos ricos; tercero: el cáncer tiene cura; cuarto: la prensa no existe.

– ¡Qué pesadilla los periodistas! Especialmente esos que critican y no valoran el esfuerzo. Nunca se les queda bien... – ha de haber dicho alguna vez un hipotético gobernante –.

En estos días he leído toda suerte de comentarios en las redes sociales en contra de quienes mostramos escepticismo en torno a la figura de Juan Guaidó.

Esta incredulidad no es gratuita. La reincidencia en rutas que en el pasado fracasaron suscita en muchos periodistas una feroz animadversión hacia una clase política que primero llama a la calle para finalmente hacer lo que le da la gana.

En un país donde la juventud desconoce lo que es vivir en democracia, se ha posicionado la idea de que quien cuestiona el proceder del gobierno legítimo en realidad colabora con Maduro.

Todo lo contrario. Quien pretenda construir una democracia debe lidiar con el primer síntoma de esta: la prensa libre.

Hay quienes piensan –y no son pocos– que el periodismo existe para acompañar al presidente encargado incondicionalmente, y conciben la exigencia como una osadía injustificable.

Sé que muchos se preguntan: "¿Por qué todos estos periodistas apoyaban a Guaidó en enero y ahora lo critican?".

Fácil. El rol del periodista, según Jorge Ramos, es el de "contrapoder" y el acto de juramentación de Guaidó fue la expresión máxima de ese concepto. Leopoldo y su pupilo decidieron hacer caso omiso de quienes obstaculizaban esa hazaña y dieron un paso en una dirección que a todos entusiasmaba.

No obstante, con el tiempo han asumido una ruta que parece más un suicidio.

Ante este panorama, es obvio que nos hagamos algunas preguntas: 1) ¿Quién sacrifica de esta forma su capital político en una ruta que no va a dar ningún resultado? 2) ¿Por qué siguen insistiendo en que van a Barbados a negociar el cese de la usurpación si no es así? 3) ¿Estarán logrando lo imposible?

Voy a hacerle una oscura confesión, presidente. Muchos quisiéramos que nos cierre la boca ganando. Quedar en ridículo por haber cuestionado su fórmula y que nos diga con aires de vencedor: "se los dije".

Ese día nos veremos a la cara, estrecharemos su mano, reconoceremos su triunfo y le invitaremos a una pasta con atún y un Nestea de limón para demostrar nuestro respeto. Pero al día siguiente lo volveremos a criticar.

El periodismo real (no la propaganda) lo concebimos como un contralor ciudadano de la transparencia. El periodismo real (no la propaganda) busca el bien común y no piensa solo en dinero. El periodismo real (no la propaganda) nunca ha estado para alabar la gestión de un mandatario, sino para cuestionarla desde el primer día y hasta el último.

Nosotros queremos que nos cierre la boca algún día, pero mientras ese día llega, no espere que nos quedemos callados viendo cómo sigue una ruta tantas veces fracasada. No espere que dejemos que sean los propagandistas quienes difundan sus virtudes en la opinión pública sin que haya un contrapeso. Hablaremos, criticaremos, exigiremos (especialmente quienes comparten gentilicio con usted) porque estamos convencidos de que la hora decisiva es esta, y no se puede dejar ir.

Vestidos y alborotados

10 de agosto de 2019

Empiezo a escribir y respiro. No quiero que la rabia salga por mis dedos y se estrelle en el teclado de forma infantil. Después de inhalar y exhalar un par de veces, lo decido. Lo diré. Lo diré y sufriré al decirlo: "Os lo dije".

De verdad, lo digo con dolor. Me duele tener razón porque en el fondo imaginaba que ese aparente suicidio político podía tener algo distinto. Tal vez las sanciones de verdad ejercían una presión que en el pasado no existió.

Me forcé a pensar eso para mantener una lánguida esperanza, aunque la razón me lo decía: "no te engañes, aquí va a pasar lo que ya sabes".

Después de haber ignorado todas las voces que desde Nueva York, Madrid o Altamira decían que este diálogo serviría solo para oxigenar al régimen, hoy el presidente encargado, su séquito y sus guías han presenciado cómo los humillaron una vez más.

Maduro decidió pararse antes que el gobierno interino de esa mesa noruega que solo sirvió para minar el capital político del hombre que encarnó la última esperanza seria de un pueblo desesperado.

El motivo: no puede aceptar las sanciones impuestas por Estados Unidos.

Hagamos un recuento, porque cuando esta columna se lea en 20 años será importante que se sepa lo que pasó.

Juan Guaidó dijo en enero que no habría diálogo con el régimen, pues sabía bien que esa era solo una táctica dilatoria por parte de unos criminales ilegítimos que querían seguir saqueando al país.

Ese talante firme enamoró al continente. Venezuela salió a la calle, el mundo se puso a su lado – cuando menos en la retórica –.

El 23 de febrero se materializó un novelesco intento para hacer pasar ayuda humanitaria desde Colombia, Curazao y Brasil a Venezuela. Fracasó. Con él, murió el plan A: la revolución democrática.

Se pasó al plan B: la cohabitación sin Maduro. Fracasó el 30 de abril, después de que los criminales con los que el gobierno interino decidió pactar la salida del dictador dieron un paso atrás.

Ello dio paso al plan C: la negociación. No importaba que ello enterrara la palabra empeñada en enero. El gobierno legítimo afirmaba que el "mecanismo de Oslo" (nombre técnico dado a la mesa de negociación propuesta por el Reino de Noruega) sería solo uno de los tableros en los que trabajaría. Mientras tanto, dilataban cualquier alternativa de fuerza.

Del 15 de mayo al 7 de agosto estuvieron negociando. La comunidad internacional asistía desconcertada al suicidio político de Juan Guaidó. Todos se preguntaban si sería posible lograr un acuerdo con quienes nunca han honrado su palabra en 20 años.

Ante la debilidad del gobierno de Guaidó, Estados Unidos recrudeció las sanciones. El embargo finalmente impuesto sobre los bienes venezolanos en territorio estadounidense y las sanciones personales a todos los vinculados al régimen, fueron la gota que derramó el vaso.

John Bolton, asesor de seguridad del presidente Trump, desestimó los esfuerzos de diálogo al considerar que carecían de seriedad.

Poco después salió Iván Duque a decir que ese camino no solamente era "inviable, sino que sería un pésimo precedente para la humanidad".

"Yo lo que creo es que esos espacios de diálogo en Barbados son simplemente una estrategia dilatoria del dictador, como lo han empleado en distintas ocasiones, para ganar tiempo y quitar presión sobre su conducta por parte de la comunidad internacional", afirmó.

El 7 de agosto ocurrió lo que faltaba: Maduro se levantó de la mesa.

Antes de terminar esta columna, vuelvo a respirar. Me siento orgulloso. Siento que, contrario a otras ocasiones, hoy no he sido tan visceral. No obstante, una gota de sarcasmo reclama contacto con el teclado.

Esta fue la triste historia de un bandido que dejó al gobierno interino como a la novia de rancho: vestida y alborotada.

Lo peor de todo es que esto no se ha acabado. Seguramente volverán.

De la unión al rechazo: Guaidó y María Corina

16 de agosto de 2019

Hubo alguna vez un joven de La Guaira que admiraba a una valiente señora caraqueña. Aunque distante, apoyaba sus batallas, halagaba sus acciones, condenaba a quienes la atacaban y posaba con ella sonriente. Casi siempre un paso atrás, pues durante años ella estaba entre los protagonistas. No importaba: perseguían un mismo fin. Había unidad.

Un buen día, el joven se vio en la necesidad de acudir por última vez a la señora caraqueña: necesitaba que lo ayudase a ganar credibilidad. Ella lo apoyó, lo alentó a tomar una decisión determinante y llegado el día, lo acompañó.

No obstante, esta historia no tuvo un buen final, pues el joven de La Guaira decidió tomar otro camino, dejando a la elegante dama atrás y con ella a ese pasado de admiración que hoy parece no querer recordar.

Antecedentes

El 10 de noviembre de 2013, Leopoldo López y María Corina Machado (entonces aliados políticos) llegaron en una canoa al territorio en disputa del Esequibo para celebrar un "acto de ejercicio de soberanía".

En aquel momento, Machado presidía al grupo de diputados miembros de la "Movida Parlamentaria" y López decidió acompañarlos como dirigente de Voluntad Popular.

En el grupo de legisladores se encontraba el entonces diputado suplente Juan Guaidó, quien inmortalizaba en Twitter su llegada al Esequibo junto a los dos líderes.

De regreso en Caracas, María Corina Machado tuvo una intervención en la Asamblea Nacional, que fue interrumpida por el presidente del parlamento, Diosdado Cabello.

El diputado suplente Guaidó se indignó ante el atropello y condenó el hecho. Se ponía al lado de la entonces diputada.

"El presidente de la AN Diosdado Cabello, corta derecho de palabra de @MariaCorinaYA No soporta disidencia y que le hablen claro al país", publicó.

En enero de 2014, **David Smolansky** asumía la alcaldía del municipio capitalino de El Hatillo. A la ceremonia asistieron los diputados Machado y Guaidó. Faltaban pocos días para el inicio del Movimiento La Salida, en el que Leopoldo, María Corina y Antonio Ledezma unirían sus fuerzas para intentar sacar a **Nicolás Maduro** del poder.

"La Salida" tuvo como consecuencia la detención injusta de Leopoldo López el 18 de febrero. El dirigente nacional de Voluntad Popular comenzaba así un período de reclusión que acaparó titulares a nivel internacional.

Su esposa, Lilián Tintori, la diputada Machado y el alcalde Ledezma asumieron la misión de no dejar que el sacrificio de López –quien se entregó voluntariamente– quedase en el olvido. Alzaron sus voces pidiendo su liberación desde el primer momento.

El 24 de marzo de 2014, Machado fue destituida de su cargo de diputada por haber aceptado ser embajadora alterna de Panamá ante la OEA.

Una semana después, la diputada llamó a una concentración en la Plaza Brion de Chacaíto, reunión que fuera disuelta con gases lacrimógenos por elementos de la Guardia Nacional Bolivariana. Junto a ella estaba el diputado Guaidó, quien le expresaba su apoyo.

Con el paso de las semanas, Machado fue acusada por la fiscalía general de la República por "planear un magnicidio" en contra de Nicolás Maduro. La diputada destituida fue citada a declarar el 16 de junio de ese año.

Machado acudió a la fiscalía acompañada por Lilian Tintori y algunos diputados que quisieron estar a su lado y expresarle apoyo. Entre ellos, Guaidó.

El 3 de diciembre de 2014, Machado fue oficialmente imputada con el delito de conspiración para asesinar al presidente de la República, por el que podía ser condenada a 16 años de prisión.

Ese día estuvo acompañada de algunas de las figuras políticas más solidarias con su causa, entre ellas Antonio Ledezma y Juan Guaidó.

Juan Guaidó ✔
@jguaido · Seguir

Hoy acompañaré a @MariaCorinaYA a la fiscalía por que su lucha es la lucha de todos, la Libertad de Venezuela. Fuerza Maria

6:22 a. m. · 3 dic. 2014   ⓘ

Llegó el 2015. Antonio Ledezma fue encarcelado y López enfrentó un juicio infame. Machado hizo activismo en su favor.

María Corina Machado ✔
@MariaCorinaYA · Seguir

Palacio d Justicia;Leopoldo,tú sabes q aunque me impiden entrar,moral y espiritualmente estoy contigo @leopoldolopez

11:16 a. m. · 4 sept. 2015   ⓘ

Ese año Venezuela se preparaba para regresar a las urnas en unas elecciones parlamentarias que la oposición se había propuesto ganar.

María Corina acompañó en diversas actividades de campaña a los candidatos más cercanos a ella. Entre ellos los varguenses Winston Flores (Vente Venezuela), José Manuel Olivares (Primero Justicia) y Juan Guaidó (Voluntad Popular).

Juan Guaidó ✔
@jguaido · Seguir

La Diputada @MariaCorinaYA es sinónimo de
entrega, hoy recorrimos Carayaca junto a la Unidad

4:02 p. m. · 5 sept. 2015   ⓘ

Los tres candidatos resultaron electos en los comicios del 6 de diciembre de 2015.

2016 fue un año de esperanza con la asunción de la nueva Asamblea Nacional, que fue
rápidamente privada de todas sus atribuciones por la juramentación de tres diputados
que había sido prohibida por el Tribunal Supremo de Justicia.

Paralelamente, se promovió el proyecto de referéndum revocatorio para sacar a
Maduro del poder por la vía electoral. La iniciativa naufragó en una negociación
auspiciada por El Vaticano y burlada por el régimen.

Llegó 2017. Uno de los años más violentos en la historia de Venezuela. La Asamblea
Nacional fue ratificada en desacato y sus funciones fueron trasladadas al Tribunal
Supremo de Justicia. Se perpetraba así un autogolpe de Estado.

El 31 de marzo fue el primero de 134 días de protestas y rebelión que dejaron 157
muertos y cientos de heridos y detenidos.

mariacorinamachado

No importa cuánto repriman, aquí seguiremos porque esto se acabó! #ContraLaRepresión @liliantintori

mariacorinamachado

Venezuela unida con #350Ya

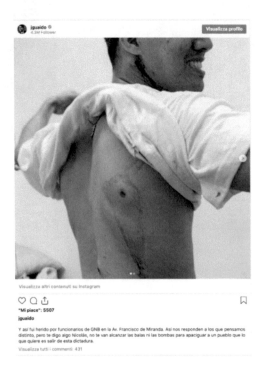

Machado retomó su rol de liderazgo junto a figuras como Lilián Tintori, Freddy Guevara y Henrique Capriles. Guaidó participó de las protestas y resultó herido por perdigones en una de ellas.

Maduro anunció la convocatoria a la Asamblea Nacional Constituyente, agravando aún más la crisis institucional y provocando rechazo generalizado por parte de la sociedad. La presión internacional consiguió que Leopoldo López fuese puesto en arresto domiciliario y el 16 de julio el pueblo votó en un plebiscito que la dirigencia política se encargaría de ignorar.

Después de esa consulta, María Corina y Vente Venezuela rompieron con la Mesa de la Unidad Democrática. A partir de ese momento, todo cambió.

En 2018 se perpetró un nuevo fraude electoral. Maduro se reeligió en unas elecciones que fueron rechazadas por el mundo libre y ello dio luz verde a la preparación de la ruta del 233.

En octubre de ese año Machado fue atacada por simpatizantes chavistas en Upata, Estado Bolívar. Juan Guaidó se solidarizó con la dirigente.

El 21 de diciembre de ese año, Machado lanzó un mensaje en Twitter a través del cual interpelaba a la Asamblea Nacional a ser cuidadosa en la elección de su próximo presidente, pues, de acuerdo con lo expresado en la Constitución, llegaría el momento en que el Legislativo tendría que asumir la presidencia encargada de la República, ante el vacío de poder que comenzaría el 10 de enero.

Pocos pensaban que el llamado de Machado sería escuchado, pues no había (públicamente) intención de asumir el artículo 233.

Llegó 2019. Juan Guaidó fue electo presidente del Parlamento.

¿Recuerdas esos días de incertidumbre cuando nos preguntábamos si el diputado Juan Guaidó tendría el coraje de asumir la presidencia? Yo sí. En mis anotaciones de esos días puse que sus entrevistas no eran más que odas a la ambigüedad y sus discursos dejaban más inquietudes que certezas.

En ese momento, casi ningún dirigente partidista se dejaba ver con Guaidó. Más bien, presionaban en lo oculto para que no diera rienda suelta a ese impulso heroico que se asomaba por su mente y que coincidía con lo expresado por Machado en su mensaje de diciembre.

Entre el 10 y el 23 de enero, Guaidó tuvo que construir dos pilares: credibilidad y popularidad. Ambas tenían que llegar a niveles de suficiencia que permitieran hacer un llamado contundente.

En esos días, Guaidó decidió reunirse con una de las pocas personas que estaba dispuesta a tenderle una mano con tal de que asumiera el camino difícil. La reunión tuvo lugar en la Embajada de Chile en Caracas, lugar donde está asilado el diputado Freddy Guevara.

Juan Guaidó ✔
@jguaido · Seguir

¡Gritemos con brío, Muera la opresión, compatriotas
fieles la fuerza es la unión!
La clave para lograr la libertad es la unión de TODOS.
Este parlamento es de todos los vzlanos.
Gracias @MariaCorinaYA por el apoyo. Mañana
seguimos con los cabildos en todo el País. #SiSePuede

María Corina Machado ✔ @MariaCorinaYA
Tenemos el compromiso de hacer lo que sea necesario para
alcanzar la Libertad de Venezuela.

Cuenta conmigo para avanzar con fuerza en esta ruta, @jguaido.
A los ciudadanos, civiles y militares, y al mundo democrático,
aprovechemos esta gran oportunidad.

6:53 p. m. · 12 ene. 2019

Pese a ese acercamiento, el 23 de enero María Corina no subió a la tarima con Guaidó. Se quedó en la calle. Juró como una más y dejó que el resto de la camarilla política apareciera en la foto de aquel día que quedó inmortalizado en la historia.

Después de ese acercamiento, María Corina emprendió una gira por diversas ciudades promoviendo a Guaidó y su plan. La mirada estaba puesta en el 23 de febrero. Ese mes fue el último en que hubo unidad entre ambos dirigentes.

Aquel intento fracasó. El presidente se vio forzado a dar nuevos signos de fuerza desde el extranjero e hizo una gira internacional, tras la cual regresó a Venezuela poco antes del primer apagón nacional del 2019.

A partir de ese momento, Machado escaló en su retórica: ya no se podía esperar más. El momento de pedir ayuda había llegado.

A ella se sumaban Diego Arria, Antonio Ledezma, la Fracción 16 de Julio, el pueblo, buena parte de la opinión pública. No obstante, la dirigencia política la hizo a un lado.

Machado intentó reunirse en numerosas ocasiones con Guaidó para ofrecer su ayuda, pero el presidente decidió que con el círculo de asesores que tenía era suficiente.

Marzo y abril transcurrieron en medio de tensiones entre ambas corrientes y en espera de la Operación Libertad anunciada para el 1 de mayo. Machado la respaldaba, pero no sabía de qué se trataba.

Finalmente, la mañana del 30 de abril fue liberado Leopoldo López y tuvo lugar un ineficaz llamado a los militares en las cercanías de La Carlota.

Machado fue sorprendida por el adelanto de la operación. No sabía nada. No obstante, se sumó.

María Corina Machado ✓
@MariaCorinaYA · Seguir

Venezolanos, Juan Guaidó representa hoy la lucha y la aspiración de Libertad de Venezuela. Ciudadanos militares, les reitero mi llamado a colocarse bajo las órdenes de su Comandante en Jefe legítimo.

5:11 a. m. · 30 abr. 2019

Ese día llegaron al puente del distribuidor vial Altamira, Henry Ramos Allup, Edgar Zambrano y otros diputados a apoyar el movimiento.

Sin embargo, ante la brutal represión tuvieron que moverse a Plaza Altamira. Para ese punto el fracaso de la Operación Libertad empezaba a vislumbrarse. Ramos y Zambrano se esfumaron. Capriles nunca apareció.

En medio del tumulto, Machado llegó.

María Corina Machado ✔
@MariaCorinaYA · Seguir

Venezuela nació para SER LIBRE!

Los ciudadanos estamos unidos y decididos a salvar a nuestro país!

En toda Venezuela hoy la gente en la calle resteada con el Presidente @jguaido

10:18 a. m. · 30 abr. 2019

El fracaso de la Operación Libertad, el recrudecimiento de la represión y los pactos con personajes del régimen que habían sido concertados para el 30 de abril hicieron entender a Machado que Guaidó había tomado un camino distinto al que ella imaginaba.

En mayo el presidente encargado decidió volver a sentarse con Maduro en una mesa de diálogo. Fue el momento de la ruptura ideológica fue definitiva, pero el respaldo a la figura presidencial por parte de Machado permanecía.

Desde marzo, Machado, Arria y Ledezma han hecho todo lo posible por lograr que el presidente retome lo que llama "la ruta del coraje". Los llamados de la dirigente han sido contundentes: no hay tiempo para perder. Se debe presionar para la conformación de una alianza multilateral liberadora.

Tras la aprobación de la reincorporación de Venezuela al TIAR, Machado y sus aliados le pidieron a Guaidó que hiciera todo para invocarlo junto al principio R2P, pero el presidente insistía en el diálogo.

La mesa de negociaciones, presuntamente establecida para pactar elecciones, fracasó el 7 de agosto. Maduro abandonó el "mecanismo de Oslo" al considerar que el embargo estadounidense a los activos venezolanos en ese país y las sanciones a todos los funcionarios del régimen eran inaceptables. El dictador prometió un contraataque feroz.

Pese a ello, en su mensaje a la nación, el presidente Guaidó concluía diciendo que "tarde o temprano tendrán (el régimen) que sentarse de nuevo".

Machado insistía en la necesidad de abandonar el diálogo y proceder a la ruta del coraje.

Por primera vez en meses, un funcionario del gobierno interino dio luces de que se procedería a solicitar el uso de la fuerza. Fue el embajador ante la OEA, Gustavo Tarre Briseño.

Incluso algunas de las voces más críticas hacia la figura de Machado anunciaron que la llamada "ruta del coraje" sería el siguiente paso.

Pese a que la ruta que Machado proponía desde marzo parecía ser el único camino para salir de la dictadura, el presidente encargado no la buscó más.

Aquel joven de La Guaira que admiraba a la distinguida dama caraqueña quedó en el pasado. Ahora él era el protagonista y eso nadie podía discutirlo.

La valiente señora siguió ahí, presionando como siempre para que la libertad llegara y que Juan Guaidó triunfara.

Rafael Poleo
@PoleoRafael · Seguir

A medida que las negociaciones Unidad-Maduro se van mostrando estériles y se generaliza el rechazo a la dictadura por razones humanitarias,   se va ensanchando en Venezuela la posibilidad de una intervención militar multilateral.

5:21 p. m. · 10 ago. 2019

No soy objetivo y no pienso serlo

23 de agosto de 2019

En estos días he recibido una gran cantidad de felicitaciones y comentarios llenos de aprecio tras haber acudido como invitado al programa *Agárrate* de Patricia Poleo, en el que hablé sobre el artículo publicado en este medio sobre el distanciamiento entre Juan Guaidó y María Corina Machado.

Además, conversamos sobre el papel del periodismo crítico en este proceso histórico.

He de confesarme sorprendido por la cantidad de personas que simpatizaron con mi intervención, pues durante meses pensé que en el mundo digital los usuarios solo comentaban para insultar. Lo había asumido y regí mi actuar en redes sociales bajo la lógica de que cualquier tweet sería contestado por una mayoría molesta y brabucona.

Me queda claro lo equivocado que estaba y quiero agradecer a los cientos de personas que se tomaron el tiempo de escribirme o comentar la entrevista con halagos y mensajes de ánimo.

Quiero permitir unas líneas de esta columna a una opinión muy personal sobre un comentario que me hicieron en reiteradas ocasiones.

Muchas personas elogiaron mi "objetividad" durante la entrevista con la señora Poleo. Sé que lo dijeron con la mejor de las intenciones, pues durante décadas se ha instalado la creencia de que la objetividad debe ser una cualidad inherente al buen periodista. Eso, amigos lectores, no es verdad.

Yo no me considero objetivo, porque no lo soy.

Para la Real Academia Española lo "objetivo" es aquello "relativo al objeto en sí mismo, con independencia de la manera propia de pensar o de sentir". Me temo, queridos amigos, que tal adjetivo en mi ser no aplica.

La verdadera objetividad está fuera del alcance humano.

Así me lo explicó Fernando Del Rincón el 23 de febrero de este año, en el Puente de Tienditas, en Cúcuta.

– ¿Qué lugar debe tomar el periodismo ante estas situaciones?

– Pues mira, yo creo que tenemos que ser primero humanos y cuando hay una tragedia humanitaria tenemos que ponernos del lado de la humanidad. Así de fácil. Lejos de cualquier escenario político o de cualquier ideología las tragedias humanitarias se reconocen como tal. Yo puedo dar fe de la tragedia que viven los venezolanos porque la viví. Los acompañé. Lloré hasta cierto punto. No hago caso a declaraciones de nadie más, aparte de lo que yo puedo comprobar fehacientemente. Estoy del lado de esos seres humanos que necesitan ayuda, apoyo y viven una tragedia. Ya en el escenario político lo manejo de una forma muy diferente. Escucho a las partes, puedo estar o no de acuerdo con ellas, pero hay que ser veraz antes que cualquier otra cosa.

– Christiane Amanpour dice "veraz, mas no neutral".

– Sí, yo estoy de acuerdo. Estoy en la misma línea de periodistas de Christiane Amanpour. Me parece que esta es otra línea, a lo mejor algún día la asuma Christiane, pero yo digo que la imparcialidad es una utopía. Es falsa. No podemos ser imparciales por el simple hecho de nuestros orígenes latinoamericanos. Tenemos una percepción de la vida completamente diferente a la de un africano o a la de alguien de Medio Oriente. Tenemos una influencia religiosa y cultural que nos hace percibir la vida de formas distintas y eso se ve reflejado en el reporte que haces tú, el que hago yo o el que hace cualquier otro latinoamericano. Tendríamos que ser un ser de probeta criado en el espacio exterior sin ninguna influencia para llegar aquí y ser realmente imparciales. Esto de la imparcialidad me parece una utopía. Ser veraces me parece lo más importante y buscar ese balance, pero si una de las partes no quiere participar, tampoco tenemos por qué censurarnos.

Así como le pasa a Del Rincón, para mí la objetividad en este tema no es posible. Nunca podré hacer una equivalencia moral entre el victimario y su víctima.

Jorge Ramos ha dicho en numerosas ocasiones que ha identificado seis áreas en las que un periodista no puede ser neutral: "racismo, discriminación, corrupción, mentiras públicas, dictaduras y violaciones a los derechos humanos".

En Venezuela se cumplen al menos cuatro de esos rubros.

Por otra parte, aunque muchos aseguran que opinar no es periodismo, me permito decirles que están en un error. El periodismo de opinión es un género tan válido como cualquier otro.

Eso sí, debe ejercerse con responsabilidad, siempre haciendo una distinción ante el público de cuándo un artículo es informativo y cuándo refleja únicamente el sentir de su autor.

Por ello, alerto: lo escrito en esta columna y lo dicho en la entrevista con Patricia Poleo hace gala de mi absoluta subjetividad, misma que porto con gran orgullo, pues mis palabras y mi trabajo nunca estarán al servicio de una dictadura (o de un grupo de bandidos disfrazados de oposición).

Yo opino en favor de una cosa: la libertad. El cese de la usurpación, el gobierno de transición y las elecciones libres. Apelo a la coherencia de quienes prometieron esa ruta en enero y les pido que enmienden un camino a todas luces desviado.

Guaidó: legítimo, pero nunca transparente

25 de septiembre de 2019

Cuando Juan Guaidó cruzó la frontera el 22 de febrero pensó que se dirigía al capítulo final de su gesta libertadora. Así lo pensamos todos. En medio de la euforia, ese gobierno interino no fue capaz de prever que al día siguiente fracasaría su estrategia de *bluff internacional* y camiones con comida. Nunca creyeron necesitar un plan B y por eso cuando se requirió una alternativa, no la hubo.

La esperanza estaba en niveles tan altos que resultaba difícil imaginar que los militares permanecerían leales al régimen. Nadie intuyó que dos funcionarios harían un manejo irregular del dinero enviado para ayudar a los soldados que se animaron a cruzar aquellos puentes y trochas después de servir sanguinariamente a una tiranía.

Mi intuición dice que en aquellos días se procedió a partir de una premisa entusiasta: "lo que pase entre el 23 de enero y el 23 de febrero no requiere una estructura institucional real o mecanismos de transparencia. Liberaremos a Venezuela y después nadie hará preguntas. Nadie podrá reclamar nada tras la victoria".

¡Oh, sorpresa! Fracasaron.

Uno pensaría que tras el hundimiento de una lógica tan pobre se aprendería la lección, sin embargo, esa misma premisa reinó durante las negociaciones para el alzamiento militar del 30 de abril. "Pactemos. Cuando hayamos ganado, nadie dirá nada".

¡Oh, sorpresa! Fracasaron.

La siguiente jugada fue magistral. Un ejemplo de estulticia que quedará para los anales de la historia: negociar después de nueve diálogos previos que no llegaron a nada. Dieron todo por esa mesa. Todo lo que apostaron lo perdieron.

¡Oh, sorpresa! Fracasaron.

Guaidó ha salido a dar la cara. A veces con mayor o menor tino, pero siempre aconsejado por un deficiente equipo comunicativo y un jefe de prensa (Edward Rodríguez) que intenta preservarlo de periodistas críticos sin darse cuenta de que le hace un daño mayúsculo con cada entrevista complaciente que le agenda.

No sé si el presidente sabe que he pedido una entrevista con él en cinco ocasiones y que en esas cinco me ha sido negada. Desconozco si es una decisión de su equipo o una directriz suya. Cualquiera que sea, resulta decepcionante.

Tras los escándalos de Cúcuta, Juan Guaidó hizo una promesa que quedó en el olvido: el nombramiento de un contralor anticorrupción.

Juan Guaidó ✅
@jguaido · Seguir

Anunciamos nuevas medidas para avanzar en rendición de cuentas caso Cúcuta:

1. Solicitar investigación a Fiscalía de Colombia
2. Investigación de sociedad civil con Transparencia Internacional
3. Investigación de @AsambleaVE
4. Iniciar proceso para nombrar Contralor Especial

4:27 p. m. · 17 jun. 2019

Durante semanas se escudaron en el argumento de que el dinero presuntamente malversado no era de las arcas estatales, ignorando así el Artículo 5 de la Reforma a la Ley Contra la Corrupción de 2014, donde se especifica que "todo recurso asignado a un funcionario adscrito a un órgano o entidad pública, para el desempeño de una función de interés para la nación, es dinero público que debe ser sometido a registro, verificación, evaluación y seguridad en las operaciones" (Transparencia Internacional, 2019). Pero esto en el gobierno interino parece no importar, pues se han vuelto expertos en interpretar las leyes a conveniencia.

Viene a mi mente ese curioso episodio en el que la Asamblea Nacional decidió nombrar un Tribunal Supremo de Justicia en el Exilio que ha sido ignorado magistralmente después de que éste propusiera investigar a Henrique Capriles por sus presuntos vínculos con Odebrecht. Las leyes se ejercen a conveniencia.

En la Asamblea Nacional se han articulado esfuerzos y comisiones para preparar un proceso electoral una vez que cese la usurpación, pero nueve meses han pasado sin que nadie haya movido un dedo para fomentar ese principio que habría podido distinguir a este gobierno interino de la tiranía narco-chavista: la transparencia.

Nadie ha tenido posibilidad de revisar las cuentas de los viajes de Carlos Vecchio, Julio Borges y sus equipos. La procedencia de los fondos es un misterio.

Si yo pregunto, nadie contesta. Si Orlando Avendaño investiga, todos se enfadan. Nadie puede siquiera desear transparencia en esta estructura pluripartidista que hoy llamamos gobierno. Nadie puede anhelar que esos sujetos promotores de esperanza libren sus batallas con cuentas claras y alianzas justas.

Luis Chataing: "¿Nos estamos convirtiendo en lo que tanto criticamos?"

15 de septiembre de 2019

La llegada de Luis Chataing a Costa Rica trajo consigo algo atípico: dos días sin lluvia en la ciudad de San José. No todos los turistas corren con tal suerte en el mes de septiembre, pero el comediante venezolano y su esposa han podido disfrutar las bondades de esta tierra acompañados por un tiempo bondadoso.

En algún punto sureño de la geografía capitalina me reúno con Chataing, quien decide conceder esta entrevista horas antes del espectáculo de *stand up* que dará en el Jazz Café.

La diáspora venezolana en esta nación supera ya las 30 mil personas. Curioso el caso de Costa Rica, país al que los venezolanos no pueden llegar caminando, pues el tapón de Darién entre Panamá y Colombia impide el traslado a pie. Además, la visa impuesta por el gobierno de Juan Carlos Varela en Panamá parece haber detenido el flujo hacia este país. Los pocos que llegan lo hacen por avión y saben que hacia el norte la única opción viable sería México, pues de Nicaragua a Guatemala las alternativas no son tan favorables.

Nueve meses han pasado desde enero, mes que nació en medio de la desesperanza y vio surgir una luz en ese túnel que Venezuela lleva 20 años recorriendo. Sobre esto quiero hablar con el comediante. Quiero saber qué balance hace de este proceso histórico cuyo final es otra incógnita por resolver.

Nos sentamos en una mesa pequeña. Luis tiene puesta una camiseta negra en la que se leen tres palabras con letras blancas: "Libertad de expresión".

"Imagino que el 23 de enero pensaste que para septiembre ya ibas a estar de regreso en Caracas", le digo.

"Probablemente", responde.

"¿Cómo te sientes después de 9 meses de proceso? Parece que conforme pasan los meses la figura de Guaidó se torna un poco gris", pregunto.

"Yo soy comunicador, y como tal cuido mis palabras. La radio te da la capacidad de estar en vivo e ir cuidando milimétricamente cada cosa que dices. Yo creo que Juan Guaidó ha hecho todo lo que ha podido con los recursos que ha tenido a la mano (...) No creo que se haya tornado gris, tal vez ha perdido brillo", me dice.

La primera vez que vi a Luis Chataing en persona fue el 22 de febrero en Cúcuta, donde él formaba parte del elenco que animaba el concierto Venezuela Aid Live que fue la puerta de entrada al tristemente célebre 23 de febrero, que pasó a la historia como el primer fracaso estratégico de Guaidó.

"Yo creo que haber dicho que la ayuda humanitaria cruzaba 'sí o sí', fue un error porque generó una expectativa con la que no se pudo cumplir", reconoce Chataing.

Pese a ese y otros reveses en el camino, el comediante se mantiene firme en su apoyo al presidente encargado y dirige sus misiles humorísticos de cada noche al régimen.

"Yo veo todos los actos y escucho todos los discursos de los protagonistas de esta historia que son Nicolás Maduro, Diosdado Cabello, Delcy Rodríguez y Jorge Rodríguez. Si Maduro dura hablando dos horas, lo veo dos horas. Y así es como voy extrayendo el material para el programa. Eso sí, seguir estas noticias todos los días provoca un gran desgaste emocional porque yo llevo 20 años enfrentado con estos tipos", afirma.

En estos meses hubo otra jornada que quedará marcada en nuestras memorias, el 30 de abril. Ese día Leopoldo López y Juan Guaidó presidieron un infructuoso intento de alzamiento militar.

"La mañana del 30 de abril yo pensé que por fin estaba pasando algo que llevábamos mucho tiempo esperando. Pensé que por fin esos militares se estaban poniendo del lado del pueblo (...) Durante años yo he escuchado a la gente decir: '¿cuándo nos llevan a Miraflores?' '¿Por qué no vamos para Miraflores?'. Pues yo vi a Leopoldo López caminando por la Avenida Francisco de Miranda hacia Miraflores el 30 de abril ¿por qué la gente no salió de sus casas y caminó con él para Miraflores? Para mí es muy difícil decir esto habiéndome ido a vivir a Miami, y si vas a ponerlo en tu artículo, te pido que pongas también cuánto me cuesta decirlo (...) En la noche del 30 de abril lo que me quedó fue una gran sensación de vacío", dice Chataing.

El 10 de septiembre fue aprobada la convocatoria del TIAR para Venezuela. Países como Estados Unidos y Chile aseguraron que el uso de la fuerza no estaba contemplado, pero el comediante piensa que la política tiene su propia forma de entender el juego.

"Yo siempre digo que entre menos sepa yo, es mejor. Yo no sé cómo se mueven los hilos del poder en los distintos países, pero espero que entre más digan que no van a hacer una intervención militar, hoy por la madrugada vayan y saquen a todos estos tipos sin avisarles. Porque así es como hay que malandrear a los malandros", comenta.

Uno de los puntos más controvertidos de la administración interina de Guaidó ha sido el proceso de diálogo al que asistieron gobierno y tiranía con la mediación del Reino de

Noruega. Para Chataing, "había que pasar por ahí para que el mundo no pudiera decir que Guaidó se habían negado. Ahora, yo no esperaba nada del régimen en esa mesa de diálogo".

En una sociedad tan golpeada como la venezolana, ha crecido la percepción de que es momento de reservarse las críticas y brindar un apoyo incondicional a Guaidó. Chataing concuerda en que el apoyo a Guaidó debe ser unánime, pero considera que la crítica siempre es necesaria, pues de otra forma nace una pregunta: "¿Nos estamos convirtiendo en lo que tanto criticamos?"

Pregunta interesante la que plantea Chataing, pues durante años se denunció a Hugo Chávez y Nicolás Maduro por señalar y desestimar a todo aquel que les criticaba o investigaba.

"Luis ¿tú crees que alguien que fue chavista, que reconoció su error, pidió perdón debe seguir siendo señalado por haber sido chavista?", le pregunto.

"Yo te pregunto a ti: ¿cometió algún crimen? Si cometió crímenes, por supuesto que sí. Y tendrá que responder ante la justicia por los delitos que cometió. Si es simplemente una persona que creyó en el proyecto y se comió el cuento, la historia es otra", me comenta.

Sobre la unión en la oposición, Luis Chataing asegura que resulta indispensable en este momento, aunque haya críticas sobre la cercanía del presidente con factores del llamado G4.

"Yo no he estado en las reuniones del G4, no sé de qué hablan, no sé si Juan Guaidó se para, golpea la mesa y dice 'aquí el que manda soy yo'", comenta.

En cuanto a la proximidad del presidente encargado a figuras como Henry Ramos Allup, secretario general de Acción Democrática, Chataing afirma que "a Guaidó puede alzarle la mano quien sea, este es un momento de cohesión, de estar unidos. Yo no tengo ningún problema con Henry Ramos Allup, si quiere alzarle la mano a Guaidó, que se la alce".

Por otra parte, con respecto al notorio distanciamiento del mandatario con María Corina Machado, Chataing vuelva a llamar a la unidad.

"María Corina Machado es una mujer valiente. Pocas personas se habrían atrevido a poner en riesgo su estabilidad familiar o su vida de la forma en que ella lo ha hecho. Este es el momento para empujar todos para el mismo lado".

Hoy Luis Chataing habla como un venezolano en el exilio. Ha trabajado arduamente para mantener su relación con el público mediante un programa nocturno llamado

"Conectados" que transmite de lunes a viernes en sus redes sociales. Todos los días vive y respira a Venezuela, y desde afuera envía un mensaje.

"A mis compatriotas que están afuera, les pido que tengan ánimo. A mis compatriotas adentro, lo mismo, ánimo. Sepan que ustedes nos dan la fuerza a nosotros. Yo estuve en Cúcuta el año pasado y fui hasta el páramo, y cuando ves a esa mujer con un niño en brazos que camina hasta Perú, o al joven que va cansado y con los pies deshechos, te das cuenta de la magnitud de esta tragedia, porque estos millones de venezolanos no salieron del país por un caso de locura colectiva, salieron porque ya no podían seguir allá".

Mientras avanza nuestra conversación una idea me viene a la mente. Un poco frívola, pero que puede resultar interesante con un personaje tan creativo como Chataing.

"He visto que en algunos programas hacen esto y quiero hacer la prueba. Yo te digo un nombre y tú me dices lo primero que te venga a la mente", le propongo.

"Perfecto", me dice y su mente ágil se prepara para responder.

"María Corina Machado".

"Valiente".

"Henrique Capriles".

"Prudente".

"Leopoldo López".

"Osado".

"¿Para bien?", le pregunto.

"¡Sí, claro! Para bien…"

"Juan Guaidó", le digo. Se detiene un momento para pensar. Pasa un minuto en silencio y finalmente responde.

"Hay una palabra exacta para él… Sorpresa".

"¿Y es una sorpresa que ya pasó o que está por ser develada?".

"Lo mejor de Juan Guaidó estamos por verlo".

Orlando Urdaneta: «Guaidó es una ilusión, pero muchos quieren que les siga mintiendo»

29 de octubre de 2019

Para algunos podría resultar curiosa la decisión de entrevistar a Orlando Urdaneta cuando generalmente he conversado con políticos o activistas. Actores, pocos. Presentadores, aún menos. Locutores, francamente ninguno. Pero Orlando no es cualquiera. No es ese presentador que habla a la ligera sobre aquello que le dictan otros.

Salió de Venezuela el 3 de julio de 2003 a las 4 de la tarde para no volver. Su ojo crítico lo forzó al exilio. Su lengua mordaz no es ajena al público, pero curiosamente hasta ahora se ha abstenido de compartir la frustración que provoca en todos una dirigencia política que se dice opositora, pero que actúa cual concubina del chavismo.

Habla nuestra lengua con un vasto léxico, con cadencia sublime y tono magistral, pero mantiene expresiones típicas de su pueblo. Con una jerga que permanece arraigada a pesar del tiempo y la distancia. Un argot inmodificable, incorregible, a pesar de que quizás no todos los extranjeros puedan entenderlo. Él le habla a Venezuela. A él le importa solo Venezuela.

En esta ocasión hablamos sobre Juan Guaidó, ese tema del que ya pocos quieren hablar. Ese hombre cuyo nombre parece estar condenado al rincón de los cobardes junto al de Henrique Capriles. Guaidó, no conforme con presumirnos su fracaso, se dispuso a imponer una "dictadura de la palabra" (como la llama Urdaneta). Y ante ese régimen, él y yo hemos decidido protestar. Rebelarnos.

La entrevista fue hecha de manera telemática, por lo que los elementos narrativos que puedo aportar sobre nuestra interacción son pocos. Por ello he decidido restringirme a presentar la transcripción de esta fascinante charla entre colegas.

***

— Hoy está con nosotros un invitado a quien yo tenía ganas de entrevistar hace mucho: el señor Orlando Urdaneta, a quién hace un tiempo le escribí y me respondió lo siguiente: "Jovel disculpa que decline tu amable invitación, pero no sería publicable lo que pienso ahora". Eso me dejó con muchas ideas en la cabeza, pensé: "¿Qué será lo que no puede decir?". Hoy afortunadamente ha

210

aceptado esta entrevista para decir todo lo que en ese momento no era publicable. ¡Bienvenido señor Orlando!

– Gracias Jovel, un placer estar contigo, que sé que es estar con todo el equipo.

– Me dejó muy intrigado esa respuesta, señor Orlando, se lo digo honestamente. Porque usted lo ha dicho en su podcast *"Untitled"*: hay una dictadura de la palabra. Parece haber una prohibición para opinar y el hecho de que usted considerara que ese momento no era el propicio para decir las cosas me dejó bastante sorprendido ¿ha terminado ya este período de dictadura de la palabra? ¿por qué ahora sí podemos conversar?

– No Jovel, no ha terminado la dictadura de la palabra. Al contrario, eso se ha recrudecido porque a medida que se equivocan y cometen más torpezas se vuelven más petulantes, más soberbios y más intransigentes. Te voy a decir en criollo lo que yo pienso siempre de nuestros paisanos, o sea que de mí también: "venezolano que se equivoca se *arrecha*". Tú nunca verás un venezolano que se equivoca detenerse y decir: "oye ya va, espérate... ¿será que estoy equivocado? ¿será que esto sí es flecha? ¿será que por aquí no es? ¿será que me estoy *coleando*?". ¡No! Si se mete en la fila de un banco dice: "pero bueno ¡¿qué es la *vaina*?! ¡¿no me paré aquí para pedir...?!". "Sí vale, pero aquí hay una cola...". "¡Pero yo no la vi!". ¡Carajo! ¿no viste 25 personas una detrás de otra y tú creías que el banco te lo habían abierto a ti a esa hora?". ¿Me entiendes? Entonces, esta es una manera casi jocosa, yo diría que más bien mordaz y sarcástica de ver nuestra actitud. Es decir, cuando tú me invitaste yo tenía un estado tal de malestar... Ya que no debemos estar diciendo *"arrechera"* y esas cosas por estos medios... Que yo pensé: "si yo ahorita acepto la entrevista yo no voy a hablar, yo voy a estallar". He acumulado una cantidad de años importantes, como para saber que de estallar no queda nada. Te siguen los que están como tú, que estallan contigo, pero al final ensordeces a la otra parte, más que permitir que te escuchen y que razonen contigo ¿porque ahora sí podemos hablar? Ahora podemos hablar porque las condiciones no han cambiado, sino que, para nuestra desdicha, se han empeorado. Todo lo que se cantó y se canta para Venezuela, le aplica hoy a Ecuador, le aplica hoy a Perú, le aplica hoy a Chile, le aplica hoy a Bolivia y le seguirá aplicando a todo el continente porque es el mismo dinero. Es el mismo pozo, sin fondo, de la riqueza petrolera venezolana (que era venezolana) y que ahora le pertenece al politburó comunista del mundo, que controlan China y Rusia a través de su títere Raúl Castro y de sus acólitos, y de sub-títeres como Maduro que es un poco el muchacho que vigila las puertas de las arcas. Bueno, las vigila de que ninguno de nosotros meta la mano porque ellos las meten todos. Esta descomposición mundial ¡que se veía venir! ¡que se advirtió! ¡que se alertó! Ya salieron algunos cretinos de los que antiguamente llamábamos del lado nuestro a decir que no tiene nada que ver lo de Barcelona con Venezuela a decir que no tiene nada que ver lo de Ecuador con Venezuela, pero obviamente esos son grupos que tienen solamente dos componentes: el cretino mental, el enanismo mental que los destaca a muchos; y lo peor y más triste: la *conchupancia* bandida y vagabunda subvencionada por el mismo dinero para que algunos idiotas digan lo que dicen en las redes. Yo estoy asombrado del comunismo de las redes, porque eso es otra cosa, si tú te pones a ver, así como yo hablo de la dictadura de la palabra a la vez hay y el comunismo de las redes: es un arroz con mango donde, la gente quiere explicarle a Elías Pino Iturrieta donde va el sujeto, donde el verbo y dónde el predicado. Un imbécil que no terminó cuarto grado de primaria, porque cree que él está cometiendo un error, lo cree en su ignorancia, pero lo más grave es que lo cree... Perdóname que me haya extendido tanto, pero él debe reconocer que está hablando el doctor Elías Pino Iturrieta. Él ni sabe quién es, por eso le dice así: "¡mira chico, te equivocaste!". Todo esto es la misma descomposición que nos ha llevado hasta donde estamos... ¿por qué ahora hablo? Ahora sí cierro esta respuesta larguísima que te di, porque creo que el tiempo me ha ido dando la razón. O para no ser tan soberbio, nos ha ido dando la razón a todos aquellos que hemos advertido, que hemos avisado, que hemos hecho toda clase de advertencias. Bueno aquí está el tiempo...

– Quisiera que dejemos algo en claro para la gente, porque lo primero que dicen es: "ustedes atacan a la oposición" y "hay que estar con ellos incondicionalmente". Quiero dejar en claro que aquí sabemos muy bien que el malo está en Miraflores...

– Sí, pero fíjate que esta es la misma técnica, ¿por qué ellos sin querer o queriendo –no sin querer queriendo– en el camino de la vagabundería ellos aplican las mismas técnicas de la inteligencia y de la contrainteligencia. "¡Ahora ustedes atacan a la oposición!", ¿qué quiere decir eso? que ni tú ni yo somos oposición ¡ellos sí son oposición! Entonces cuando uno ataca, porque sí ataco y lo voy a seguir haciendo; cuando uno advierte, cuando uno denuncia sobre todo... Ellos dicen que "están atacando la oposición", para que aquellos que están con ellos o que ellos tienen embobados aún digan: "es verdad, Orlando está atacando la oposición, Jovel está atacando la oposición". No... ¡nosotros somos la oposición! Nosotros somos la oposición atacada, la oposición amordazada, la oposición arrinconada, la oposición enmudecida, robada, timada y engañada ¡somos nosotros! Ellos no, ellos son parte del sistema. La otra mano del mismo boxeador.

– ¿Usted tuvo esperanza en enero de que Juan Guaidó iba a poder acabar con esto?

Yo tenía toda la esperanza en que esto se acababa con ese movimiento, porque era un movimiento coordinado con el gobierno de los Estados Unidos y los gobiernos de Colombia y de Brasil, quienes hicieron una apuesta altísima y peligrosa en el escenario internacional. Que un primer ministro, que un presidente hable como hablaron los primeros ministros de Europa o como hablaron el presidente colombiano, el presidente de Brasil y Trump, es muy delicado. Es de alguna manera una injerencia, claro, es una injerencia humanitaria para un país que está haciendo acribillado. Sin embargo, lo que yo entendí al principio como un temor comprensible por parte de Guaidó, derivó en una falta de tino, tacto y madurez política. En un momento parecía que él estaba solo. A lo mejor lo dejaron sólo para asustarlo y después le dijeron: "ahora sí, ven acá, que te voy a decir cómo se hace esta vaina". Al principio yo lo veía hablar y pensaba: "Primer discurso, no se pronunció presidente"; "segundo discurso, no se juramenta"; "tercer discurso, no se juramenta". Una vez que se paró en una plaza antes de que lo hiciera yo pensaba: "¡ahora! ¡dale, dale, dale!". No lo hizo. Pensé: "*se perdieron esos reales*". Cuando lo hizo, lo vi blindado con aquel *atajo* de malhechores, que el país conoce desde hace décadas, los conoce como malhechores, porque lo son. Cuando tú te dejas retratar con los malhechores y con los sinvergüenzas, con los cobardes que entregaron unas elecciones y salen abrazados con él... Piensas: "bueno, esto es muy raro, a menos que el hombre tenga tanto *guáramo* que les haya dicho: 'se retratan como conmigo o esto no va'". Yo todavía le concedí eso, pero cuando ellos mataron el 1º de mayo, cuando la soberbia y las ansias y la sed de poder de Leopoldo López asesinaron el 1º de mayo... No es que nos dejó sin 1º de mayo, es que dejó con los crespos hechos a todas las tropas que estaban listas para entrar, a todo el operativo que estaba preparado y listo. Ellos lo sabían ellos mejor que nadie, a esos los dejó *con los crespos hechos*, en un movimiento gestado por el atajo de bandidos que están alrededor. Eso no lo hizo él solo. Él (Guaidó) que también es *gafo* de nacimiento, como su líder, se dejó influenciar por estas ratas viejas que siguen medrando del país como lo hicieron. Ramos no es menos indecente ni ladrón de como lo era cuando Carlos Andrés fue presidente ni la primera ni la segunda vez. Cuando vivía Rómulo ya era un ladrón ¿qué me puedes decir tú de Claudio Fermín? ¿dónde está la hoja de vida digna que después se tornó oscura? ¡no! ¡siempre fueron unos sinvergüenzas! En Acción Democrática estaba clarísimo cuáles eran los bandidos y cuales los sinvergüenzas. Llegó un momento en que la conjura de los bandidos con algunos ignorantes, pero sobre todo con algunos otros sinvergüenzas, se concretó en una venganza personal. Fíjate que ni siquiera era dinero. Era castigar personalmente a Carlos Andrés Pérez. Acabaron con el camino democrático y encima llega este soberbio personaje que en mala hora tuvo que ver con la historia nacional que es Rafael Caldera, que le tiende la alfombra roja al destructor del país a sabiendas de que eso iba a ocurrir ¡a propósito! ¡para que ocurriera! No se equivoca Carlos Andrés cuando habla del auto-suicidio colectivo. Ese hombre dio una nueva imagen al castellano que en su momento parecía un disparate.

— Señor Orlando ¿usted considera que esta batalla de Guaidó ya se perdió?

— Bueno, si nosotros logramos... Si nosotros lográramos, a mí no me interesaría, pero aquí hay que jugársela todas hasta salir de esto... Si logramos meterle la mano al títere y es nuestro el títere claro que se puede, pero el títere no nos pertenece. El títere está secuestrado. O sea, ya no es una esperanza, es un títere que lamentablemente por ahora no es nuestro. No podemos accionarlo.

– Vi a algunos de sus programas y en el 2017 usted habló de María Corina Machado, cuando ella se separó de la MUD. Usted decía que ella era la única dirigente que usted vislumbraba coherente. Desde entonces no vi tantos pronunciamientos sobre ella o sobre esta fracción. Sin embargo, recientemente hizo pública y notoria su posición y considera que esa es la parte de la oposición en la que habría que concentrarse ahora ¿cuál es su consejo para ellos?

– Bueno, mi consejo para ellos es que sigan luchando. María Corina se mantuvo desde aquel entonces y hasta ahora en una posición muy cautelosa, porque recordemos que no sólo vive allá, sino que allá todos los medios están controlados por la cofradía *Guaidosera*. Si no son los del régimen son los que "parecía que no eran del régimen" que dejarían de publicar a cualquiera que vaya en contra de lo establecido. Porque ahora este Guaidó y su combo forman parte de los establecidos. Mira... ¿te puedo *echar un cuento* un poquitico largo?

– ¡Pero claro!

– Gracias. Puso un buen amigo una fotografía de una tapa de un libro que yo tengo aquí, de Pedro León Zapata que era la espada de Bolívar. Decía: "Así le gusta al comandante la sociedad civil, firme y a discreción". ¡Imagínate el significado y la trascendencia de esa maravillosa caricatura! Esa vaina levantó la ira de Chávez. No sabemos si porque era la espada de Bolívar. Algunos científicos sospechan que la entendió, cosa que yo dificulto *que jode*, pero parece que la entendió. O se la explicaron. Entonces él agrede a Zapata con aquel: "¿cuánto te están pagando Zapata?". Yo estaba aquí (en Estados Unidos). Era un jueves. Nosotros hacíamos un programa juntos y le dije: "No, yo no voy a hablar de eso. Vamos a hablar el lunes cuando yo llegue allá para que este cretino no diga que hablé desde afuera" ¡así lo llamé! Porque siempre le dije todo lo que quise. En cámara le dije "cobarde, tú no te atrevas a venir por mí". Luego, llegué el lunes y le hicimos un análisis a la reacción de él. Le dije a Zapata: "¿Sabes qué acabo de descubrir y que me angustia? Que este tipo es un cretino que ni siquiera es de izquierda, porque si lo fuera tendría un respeto por gente como tú que la izquierda te respeta tanto". Zapata no era de izquierda, pero lo respetaban muchísimo. Eso mismo ocurría con otros personajes, porque él después los llamó, pero para tomarles el pelo, nunca para tomarlos en serio. Porque Fruto Vivas tenía un proyecto precioso para la construcción de viviendas en tiempo récord. Tiene un sistema de construcción que en un mes hacía un barrio ¡en un mes! Pero él ni siquiera sabía quién era el arquitecto Fruto Vivas, no sabía qué significaba para la arquitectura en Venezuela, en Latinoamérica y en el mundo. Ese es un tipo al que llevaban por todo el mundo a dar conferencias. En Venezuela Chávez no lo conocía.

Fruto Vivas sí era comunista de toda la vida. No comunista para chupar dinero. En ese momento yo hice el análisis y le dije a Zapata: "este tipo es un perfecto imbécil y hay que sacárselo de arriba ya". Ahí es cuando comienza nuestro ataque frontal contra él. Empezamos a darle con todo. En esta lucha la desigualdad de María Corina en los medios es grande, por eso ella debe ser sumamente prudente, por eso mueve casi todas sus cosas por redes. Afortunadamente tenemos las redes. Cuando nosotros enfrentamos a Chávez sabíamos que estábamos enfrentando a un aparato dantesco, terrible, que se cernía sobre Venezuela para apagar su futuro como, en efecto, lo han hecho. Yo te *echo el cuento* porque cuando yo vi que este (Chávez) no llamó a ciertos personajes a su gobierno, supe que no quería hacer nada bien. Igualito cuando se formaron los *Guaidó Caracas Boys Orchestra*, no aparecieron una gran cantidad de personajes. Entonces él empezó a sacarse de la manga a gente como Humberto Calderón Berti, cuya integridad política y moral yo no cuestiono. Es una persona proba y digna. Yo lo que me pregunto es: ¿por qué Diego Arria no está en el gobierno de Guaidó? ¡El venezolano con la agenda internacional más completa, con el conocimiento de ese mundo, de ese set de personajes, que levanta el teléfono y habla con Felipe González, Duque, Macri ¡con el que te dé la gana del mundo! ¿por qué él no está en el gobierno de Guaidó? Porque no les interesa Diego Arria, porque es un ser pensante, un ser digno y un ser al que siempre odiaron los adecos tipo Ramos Allup, porque Diego Arria no llegó ahí por adeco, llegó ahí por competente, porque a Carlos Andrés Pérez le encantaba la forma de ser de Diego y sus proyectos. Cuando tú ves que Juan Guaidó no se rodea de Diegos, María Corinas, Antonios, de una cantidad de personajes muy valiosos que quizás no se llevan bien o no han trabajado juntos, pero son gente digna que se puede sentar a la misma mesa... A ellos no les gustan las mesas con disidencia. Les gustan las mesas como las de Fernando VII, que jugaba billar con los súbditos que le *jalaban bolas*. Entonces tenían una forma de jugar de tal manera que las bolas le quedaran cómodas al rey cuando le tocara. Por eso se dice: "a ti te gusta que te las pongan como a Fernando VII". Ese país montado otra vez sobre una propagandita, un slogan, una frasecita, una promesa que no tiene en su base un proyecto político, social, industrial y educativo, firme y seguro. Nadie ha aportado nada ¿tú has visto el programa de ellos? ¿cuál es su plan? ¿cuál es su proyecto? Aquí nadie está haciendo nada.

– ¿Cuáles medios son confiables para usted en la coyuntura actual?

– Yo ahora soy más amigo de las publicaciones tipo *PanAm Post* y de otras que conozco mejor. También de otras nuevas que aprendo a conocer, porque a algunas yo les conozco la historia y entonces yo sé cuándo hicieron el *twist*, yo sé cuándo me peleaban a mí ciertas cosas que hacía o decía ¡a rajatabla! Algo que acabó con nuestra relación comercial, y ahora andan como locos detrás de los clics. No andan detrás de la historia o de la trascendencia, ni siquiera detrás del beneficio del lector, andan detrás de los clics. "Voy a poner esta vaina porque la historia atrae clics", es por eso que saltan de una teta de Shakira a una foto de un niño desangrándose en la calle de Mérida, porque andan como locos: tetas, culos, muertos, sangre, guerra. "¡Lo que me dé clics! ¡eso es lo que yo necesito publicar para aumentar los clics!". Es triste que sea así, sobre todo porque en esta coyuntura yo creo que es hora de que los buenos comencemos a contarnos, porque creo que somos más de lo que la gente piensa. Si somos la cifra que yo creo que somos tenemos que apagar esos medios, apagarlos ¿cómo apagarlos? Irse de ahí. Decir: "¡no te sigo más porque no me importa lo que vas a decir! Porque ya sé que eres del departamento de publicidad de fulanito de tal". En todo este tiempo hay un ser que ha hecho un trabajo laborioso, serio y académico, que es el doctor Agustín Blanco, y tú no oyes a nadie decir: "chico ¿cómo será esa vaina del movimiento de movimientos que propone Agustín Blanco? ¿valdrá la pena?" ¡vamos a oírlo! Digo, si hemos escuchado ciento ochenta y seis veces a Guaidó leyéndose la copia número noventa y siete del mismo discurso ¿por qué no vamos a leer alguna vez el proyecto de Agustín Blanco Muñoz? ¿por qué no propiciamos que un día se siente Agustín, con Diego, con María Corina, con estos personajes que te nombré y discutan el país públicamente en un podcast para ver dónde estamos parados los buenos? Fíjate que Diego arrancó algo muy bueno ahora, el rechazo de Maduro en la ONU. Eso hay que multiplicarlo por millones ¡van a *echarle una vaina* a Maduro! ¿por qué no dejar que lo perjudiquen? ¿por qué yo no me voy a meter a ayudar a que lo perjudiquen? ¡Ah! Porque si estoy aliado con él, yo no puedo hacer eso. Porque me lo pueden cobrar ¿me entiendes? ¡Este es el jueguito!

Guaidó no va a aparecer jamás en una plataforma crítica, no me va a dar una entrevista a mí, no se va a sentar conmigo, nada, nada, nada. Él hace entrevistas concertadas donde prácticamente trae una hojita con las preguntas que les sirven y le gustan, o bien, la otra parte (el periodista) sabe cuáles son las preguntas que le sirven y le gustan. Aquí hay un tema de fanatismo también con Guaidó. Están fanatizados con él. Cuando yo empecé a poner cosas y la gente me decía: "no me mates la ilusión", a mí lo que me dio fue tristeza. ¡O sea que tú sabes que es una ilusión, pero quieres que te siga mintiendo! Como el bolero *Miénteme más...* No entiendo. Los clics me dan clientes y me dan dinero ¡a mí también! ¡y a Chataing! Y a todo el mundo, pero cuando tú trabajas con tu conciencia y haces lo que tienes que hacer, ya vendrá el dinero. Si no viene tanto o si no viene, la equivocación es de aquellos que no te dan el dinero. *Jamás ni nunca* es la equivocación tuya. Tú eres un ser honesto, das de ti la verdad.

— Hablemos de lo que pasó con Stalin González que se fue a los *playoffs* de las Grandes Ligas. La gente empieza a defenderlo diciendo que le regalaron la entrada, que él tiene derecho a una vida privada. Esto suscita todo tipo de opiniones. Luego sale el señor a decir que cualquier venezolano en esa posición habría hecho lo mismo. A mí me parece inaudito que estemos hablando de un político capaz de decir estas cosas en un momento como este, además cuando sabemos que lo que estaba haciendo en Washington era ir a hablar con los

noruegos para ver si logran reactivar el diálogo mediado por Noruega. Todo está mal en esa ecuación ¿qué opinión le merece?

– Pues la peor de las opiniones. Incluso he discutido eso con gente inteligente que me dice: "no chico ¿pero por qué no va a ir al béisbol?" ¡porque no! Por aquello que dicen de que la mujer del César no solo debe ser honesta, sino que también debe parecerlo, sobre todo si lo es. A mí me obligaban a andar con un chaleco antibalas, cada vez que alguien me tocaba el hombro y me decía: "¡Orlandito!", yo me moría de la vergüenza porque sabía que me habían tocado el chaleco y que lo más probable es que se dieran cuenta de que yo cargaba un chaleco y ellos no. Bueno, ese es el tema que tenemos ahorita con este señor es que él no debió jamás ni nunca ir a ese juego de pelota. No debió. Ni escondido ni disfrazado ¡No debió ir! Porque el momento del país no entiende que tú te vayas a ver un juego de pelota. No es lo correcto. No es lo lógico No es lo honesto. Yo al principio, cuando empezaron las defensas, me quedé pensando: "¡coño! ¡*qué broma* que la gente no entiende!". Pero cuando él habló me di cuenta, una vez más, de que estamos en manos de una clase política que tiene las patas paradas con palillos de dientes. Una cosa es que tú tengas información política y otra es que tú tengas formación política. Una cosa es que tú tengas formación política y otra es que tú tengas una base cultural. Lamentablemente no estamos de manera precisa con los tipos más cultos del país. No estamos en manos de la *caja de machetes*. Antes se le decía *machete* a alguien brillante o inteligente. Cuando tú en un congreso tenías Ruiz Pineda, Jóvito Villalba, Uslar Pietri, Prieto Figueroa, Rómulo Betancourt ¡esa era una caja de machetes! Tú me dices: "¡ellos eran jóvenes, estos también son jóvenes!". No, no, no. Rómulo no fue *bolsa* a ninguna edad de su vida; bolsa no fue nunca Luis Beltrán Prieto Figueroa; Uslar Pietri no era pendejo cuando tenía 11 años ¡No! ¡No! ¡No eran *gafos*! ¡Ninguno! No es que entraron *gafos* al Congreso y salieron brillantes ¡eran brillantes!

– Ese es el gran detalle. Por último, tenemos a una fracción de la oposición pequeña pero ruidosa, y al parecer protagónica en este momento, que se va a la Casa Amarilla a una negociación, supuestamente con miras a unas elecciones parlamentarias que serían el próximo año. Entonces vemos que mientras Guaidó está paralizado porque no entendemos bien hacia dónde va esta ruta, ellos sí se articulan, sí avanzan por su lado y lo que se genera es frustración. A mí me preocupa que esta convocatoria que ha hecho para el 16 de noviembre, con un mes de antelación, cosa atípica, resulte un fracaso.

– Eso va a ser un fracaso. Lo alimentarán con autobuses, harán lo que puedan, pero eso va a ser un fracaso. Si no es un fracaso, si la gente le vuelve a creer el discurso, ese país se *jodió* más de lo que ya estaba *jodido*. Esta es una herida infectada y podrida. Esos que fueron a la Casa Amarilla ya son el bagazo del pus de lo que supura la herida política venezolana. Esos se pueden ir a la Casa Amarilla, la casa verde, la casa roja... Esos no importan. Esos son los que no tuvieron la imaginación que tuvieron otras ratas de quedarse del lado donde están *los reales*, aunque no sea con el régimen. Estos no llegaron ahí, porque también son ignorantes. Pero más que ignorantes, son unos *peseteros*. A esos no les servía que les llegara el dinero poco a poco y como lo dispusiera Ramos Allup, ellos querían los reales en el bolsillo ya. Pero a ellos lo que les dieron fue poco dinero. Bueno, es que ellos valen muy poco dinero...

– Hablemos de esta parte de la oposición a la que usted respalda ¿por qué cree usted que María Corina no se desmarca de Guaidó completamente? Ella le dio el respaldo a la ruta inicial, pero a pesar de los desvíos, no termina de desmarcarse de él ¿cree usted que debería quitarle el respaldo a Guaidó.

– Primero que nada, no quiero que se vaya a quedar la imagen de que yo respaldo a María Corina Machado. Yo la propuse a ella como propuse a Diego y otros. Los propuse porque es lo que va quedando limpio, por lo menos a la vista, dentro de la dirigencia política. Quiero presumirle dignidad. Se la presumo, de hecho, sería muy grosero decir que se la quiero presumir... Se la presumo. Pero ¿por qué no es un respaldo ciego a María Corina Machado? Precisamente por eso que tú acabas de decir. Uno entiende el tacto político, que los tiempos de la política no son los tiempos de uno. En la política le han dicho a alguien: "tú estás muy joven, espérate por lo menos dos periodos". Y se esperan dos periodos, se lanzan y ganan. Esa paciencia no la tiene uno, porque uno no conoce esos tiempos ni los maneja. Ellos sí. Pero ¿hasta cuándo está dejando María Corina estirar esto? Yo me imagino que ellos también tienen sus analistas y asesores. Imagino que ella está esperando el momento para ponérsele en frente. Si nosotros decidimos en este instante que el personaje va a ser... El que te provoque... Ricardo Montaner... Ajá, bueno. Espérate. ¿Es encantador? Sí ¿Es un tipo correcto? Sí ¿Qué no necesita el dinero? Sí. Pero hay que hacerlo tan valioso como a este otro (Guaidó). La pregunta es cómo hacer ahora que el gobierno de los Estados Unidos diga: "este no quiso, pero este sí quiere, tiene con qué, tiene cómo y tiene gente que lo respalda", "este quiere abrirle la puerta al ejército colombiano y brasileño, a la ayuda humanitaria, militar, y está dispuesto a salir a la calle a jugársela", "¡y no va a pararle bola a ningún Leopoldo López que quiera sabotearle la broma un día antes". Lo triste, lo lamentable, lo horroroso de este revés de Guaidó a la historia de Venezuela es que una vez más un joven de esas toldas vino a hacer lo mismo. Ahora hay que volverlo a hacer. Y empiezan: ¡no, que María Corina! ¡No, que Montaner! ¡No, que Orlando! Y toca volver a empezar el camino ¿por qué los venezolanos tenemos que jugar a *gallo tapado*? ¿Por qué? ¡No, chico! ¡Yo quiero saber con quién vienes tú! No me vayas a salir con sorpresa... ¡Yo quiero saber con quién vienes! ¡Dime quién es tu *line-up*! ¿Con quién vienes? Vamos a usar a María Corina de ejemplo, no me importa. Tiene que rodearse de gente valiosa y presentarse con esa gente valiosa. Cuando yo decía que había que escoger a un civil que hiciera el *parapeto*, por lo menos tiene que ser un civil pensante, aunque se le vaya a decir siempre todo lo que va a decir, porque no vaya a cogerlo un periodista en un baño haciendo pipí y vaya a responder una cagada. Si tú dices que Elías Pino Iturrieta va a ser tu ministro de cultura, entonces no hay problema, porque nunca va a decir una imbecilidad. No existe que Diego Arria diga una estupidez en una entrevista. Todo tu equipo es una sola fuerza capaz de vender el proyecto. Presentarlo, explicarlo y venderlo. Hay que hacer ese *line-up* ya para salir adelante. Si yo tengo que ser honesto, Jovel, con esta gente que llaman "oposición", no me gustaría que ocurriera nada ¡nada! porque del régimen uno sabe que todos son unos asesinos, ladrones, narcotraficantes, e hijos de puta, haciéndolo muy bien como hijos de puta, asesinos, narcotraficantes y ladrones. Pero con estos no se sabe. Esto me da mucho miedo, porque lo único que se sabe es que no tienen bolas y tienen un proyecto escondido que no nos quieren contar.

Es la hora, María Corina

1 de noviembre de 2019

Cuando la semana pasada hice una solicitud de entrevista a María Corina Machado para mi programa en el canal *Factores de Poder,* sentí una enorme responsabilidad. Empezaba a verse en el horizonte la inminente declaratoria de fracaso al proceso iniciado por Juan Guaidó. La ruta prometida se revirtió y los pactos a escondidas empezaron a asomar la cabeza. El final de este desafortunado camino hacia la cohabitación se convirtió en una necesidad imperiosa.

Ante esto mi duda era una: ¿María Corina rompería con Guaidó o seguiría apoyándolo a la distancia? La respuesta fue simple: la única persona facultada por la Constitución como presidente interino, que además cuenta con el reconocimiento de 56 países, es Juan Guaidó.

Machado se reconoció decepcionada por la falta de transparencia en el actuar del presidente, pero dijo que su respaldo se mantenía a la ruta inicialmente propuesta. Eso sí, dijo que no saldría a la calle el 16 de noviembre si persistía el desvío actual.

Este desvío no solo persiste, sino que se agrava conforme pasan los días. Ahora Guaidó anuncia su intención de nombrar un nuevo Consejo Nacional Electoral (sí, con Maduro en el poder). Esto confirma la vocación electoral que persiguen el presidente del Parlamento y sus aliados.

Jovel Álvarez
@Jovel_Alvarez · Seguir

"Guaidó ya no pudo ¡que se vaya! Que deje que otros retomen el camino, que – por cierto – nos tocará empezar de cero", dice @NituPerez tras anunciarse el plan de Guaidó para ir a elecciones pactadas con el régimen.

ENCAMINADOS A LAS ELECCIONES

10:19 p. m. · 29 oct. 2019

220

Ello provocó indignación en importantes sectores de la opinión pública. Las periodistas Nitu Pérez Osuna y Patricia Poleo, por ejemplo, se pronunciaron con contundencia pidiendo la salida de Guaidó o una consulta ciudadana para avalar o desconocer los proyectos electorales que intentan imponer desde la Asamblea Nacional.

Además, Emmanuel Rincón, editor en este portal, sentenció: "Es el momento de cerrar el ciclo Guaidó en Venezuela".

El reacomodo de las cartas

Tras el suicidio político de Henrique Capriles, la desvirtuación de Leopoldo López y la nula utilidad de Guaidó, hoy muchos aseguran que la única líder que ha quedado en pie para hacer la próxima movida es María Corina Machado. Ello, sin embargo, deberá ser asumido por Machado rompiendo públicamente con Juan Guaidó (algo que hasta hoy se resiste a hacer).

María Corina: yo no tengo contacto con usted. No la conozco más allá de las tres veces que hemos hablado en entrevista. No obstante, desde este espacio quiero dirigirme directamente a su persona. Si esto que dicen tantos es verdad y es la persona que debe guiar este proceso de ahora en adelante, es importante que asuma decididamente el rol que la historia le exige.

Saque a la gente a la calle el 16 de noviembre. Usted. Demuéstrele a esa comunidad internacional traicionada que Venezuela «no» apoya la cohabitación y rechaza el nuevo planteamiento de Juan Guaidó. Esa es, en mi opinión, la única manera de ejercer la presión necesaria sobre el presidente para que retome la ruta original o para que se haga a un lado.

Guaidó se sostiene sobre un apoyo internacional que se ha visto tan sorprendido como nosotros por la incoherencia imperante. Son los países aliados quienes deben presionar al presidente (e) para escuchar la voz del pueblo, o quitarle el apoyo y reducirlo a la nada.

No son pocos quienes entienden que el fracaso de Guaidó deja al país con la cuenta en ceros. Hay que empezar de nuevo la lucha por lograr el cese de la usurpación de Nicolás Maduro.

Señora Machado, han sido años de una lucha acompañada por posturas impopulares que finalmente se convirtieron en su escudo. Marginándola de este proceso en realidad le hicieron un favor, pues ellos mismos impidieron que usted pudiese ser vinculada con el hundimiento del Gobierno interino.

Si lo que dicen tantos es verdad, María Corina, este es su momento. Las expectativas están puestas sobre usted. Se acabó el tiempo de las palabras. Venezuela urge de usted acciones.

Si algo hemos aprendido con Capriles, López, Ramos, González, Rosales, y toda esa partida de timoratos es que con palabras no basta.

Es la hora, María Corina.

Conversación inédita con María Corina en el carro

– ¡¿Manejo yo?! – me pregunta entusiasmada María Corina Machado a la salida de la sede de su partido, en Altamira, a los pies del Ávila, la majestuosa montaña que corona Caracas.

– ¡Claro! ¡Esa es la idea! – le respondo abriéndole la puerta del chofer.

– ¡Qué emoción! – exclama mientras entra al vehículo – ¡Si supieras lo que cuesta que me dejen manejar!

– ¿Adónde vamos? – inquiero.

– Vamos a Cúa, en el estado Miranda – responde mientras subimos al carro. Un vehículo sencillo, bastante viejo. En el asiento trasero van Pietro, director del documental y quien se encargará de filmar la entrevista; y Henry Alviarez, Coordinador Nacional de Organización de Vente Venezuela, el partido de Machado.

Ataviada con aretes de perlas, blusa blanca manga larga y pantalones vaqueros, parte por carretera para acudir a un conversatorio ciudadano de los que acostumbra a realizar por todo el país.

– ¿Habrías podido entrar ahí hace un tiempo, cuando estaba el chavismo en su máximo?

Una pequeña pausa y un rostro reflexivo suceden a la pregunta. Vuelve a verme y responde con una sonrisa:

– Bueno, con bajo perfil quizás... – dice, profiriendo una carcajada –. Yo he recorrido toda Venezuela toda la vida. Ahora, sin lugar a duda estos eran enclaves en los cuales el chavismo invirtió muchísimo dinero, pero además distintos mecanismos de control social para bloquear cualquier tipo de contacto con otras expresiones de acción política, y mucho más en el caso nuestro que hemos sido presentados como la antítesis del chavismo.

Mientras tomo la palabra, María Corina escucha atentamente, con su mano derecha mantiene el control del volante, con la izquierda se peina y la apoya el codo a la puerta del carro en pose meditabunda.

– ¿Cómo está Venezuela hoy, mientras hablamos? Estamos a pocos días de una nueva convocatoria de calle de la que decidiste mantenerte a un lado, por ahora ¿por qué?

– Venezuela está sufriendo mucho. Venezuela está viviendo horas que, en mi opinión son decisivas para lo que va a ser el futuro de millones de venezolanos que aún no han nacido, pero más aún, para la estabilidad y el futuro de América Latina como se está viendo en varios Estados y países de nuestro hemisferio. Por cierto, como lo advertimos y alertamos durante mucho tiempo y no se quiso entender. Nuestro territorio, nuestras instituciones, nuestros recursos han sido cooptados por un conglomerado criminal que tiene facetas complejas y actores muy disímiles, pero que han convergido en nuestro país y se han propuesto hacer de Venezuela un Estado fragmentado, un genuino Estado fallido, un Estado forajido. Eso se traduce en la destrucción de la vida de miles y miles de venezolanos. Yo creo que no hay una sola familia venezolana que no haya sido separada, golpeada, atacada, robada. Por lo tanto, un dolor y una tristeza muy profunda, porque esto es la maldad pura. Esto ha sido hecho de manera intencional. Ahora, – dice, dirigiendo su mirada entusiasta hacia mí– aquí hay un país que no se rinde. No se rindió, pero que está muy claro de que para lograr un resultado distinto hay que partir de algunas premisas distintas.

– Decías que esto es un Estado fallido, pero parece que hay sectores políticos que siguen apostando a una solución política para algo que yo interpreto, me dirás si estoy equivocado, como un problema evidentemente criminal ¿qué papel debe jugar la política en este escenario?

– En primer lugar, asumir la naturaleza real de lo que estamos enfrentando. Si no es una política equivocada. Esto es lo que, indiscutiblemente, ha ocurrido en nuestro país durante mucho tiempo. No se quiso entender cuál era la verdadera naturaleza del régimen. La evidencia y los resultados son tales que es inconcebible que hoy exista alguna dirección política que no entienda que el régimen no va a soltar el poder por las buenas. No lo va a hacer. Precisamente porque en Venezuela hay un conflicto de última generación, no convencional, cuyo carácter es criminal transnacional. Si no partimos de esas tres condiciones va a terminar ocurriendo por acción o por omisión; consciente o inconscientemente, lo que ha pasado hasta ahora: que el régimen termina generando una profunda decepción en la sociedad y un sector político que se reacomoda. Esa oportunidad, ese tiempo, se acabó. Realmente se acabó.

– ¿Guaidó tiene claro esto?

– Bueno, yo pienso que al tomar la decisión que tomó el 23 de enero, eso transmitió al país... –Se interrumpe, frunce el ceño y con tono parco introduce otro tema en la conversación– Aquí hay que entender esto: aquí hay mentores que están en Cuba y otras partes del mundo que se han aliado, que tienen intereses enormes en este proyecto. Esto trasciende a Maduro e incluso al régimen venezolano. Lo que ellos llaman "la revolución". Esa revolución que tiene vínculos con todos los carteles de la droga, con la guerrilla colombiana, que les ha entregado nuestro territorio a estos grupos criminales, a grupos que se dedican al contrabando de combustible, de droga, de armas, de minerales, de personas... ¡Esto hay que decirlo! Hoy en día hay tráfico de personas y prostitución de niños en nuestro país. Eso lo sabe todo el mundo, hasta Bachelet tuvo que ponerlo en su informe. Desde aquí, desde Venezuela, aspiran a ir proyectando, expandiendo esa dinámica criminal a Colombia, Ecuador, Perú, Chile, Argentina, Bolivia, Brasil, México, Centroamérica y El Caribe. Lo que está pasando en otros países de este hemisferio no puede sorprender a nadie. Obviamente hay variantes internas, dinámicas propias, pero es indiscutible que hay un elemento común que está provocando de manera sistemática la desestabilización en estos países. Entonces, ¿tú me vas a decir que estos tipos se van a ir por las buenas de Venezuela cuando el país les provee el santuario, el dinero, mucha de la gente y los contactos financieros para facilitar transacciones financieras? ¿Me vas a decir que se van a ir solo porque más del 90 por ciento de los venezolanos así lo deseamos y una gente se sienta a negociar con ellos por la vez número decimoprimera? ¡Once diálogos en diecisiete años! ¡Por favor! ¿Dónde está el aprendizaje? – me pregunta indignada.

– ¿Qué tendría que pasar el 16 de noviembre para que haya una movida efectiva que saque al régimen?

– Yo creo que asociar esto a un evento y un día es errado como aproximación. Aquí lo que hay que entender es que son dos estrategias distintas e incompatibles –exclama, enfatizando con la mano derecha cada frase–. Una estrategia, es decir: "no te reconozco, eres un régimen criminal y vamos a articular, agregar, construir, todas las fuerzas internas y externas, populares, institucionales, de los mercados, del sistema judicial, de las policías del mundo, de la diplomacia ¡todas! Para presionar aquellos puntos y socavar aquellos pilares que aún sostienen a la tiranía". Claramente son tres: el sistema de represión; el sistema de propaganda, silencio e incomunicación que esconde la verdad; y el tercero es el sistema de financiamiento criminal. Esos son tres pilares que hay que socavar y quebrar. Eso tiene que ir en el marco de la construcción de una amenaza real, de una amenaza severa e inminente sobre el criminal. Es como con un secuestrador que tiene agarrado a un rehén y tú le dices: "¡esto es en serio! ¡vamos con todo! Por tu propio bien, tu mejor opción es ceder, rendirte". Si tú, mientras estás creándole esta amenaza y transmitiéndole tu disposición actual, le mandas un emisario que le toca la puerta por detrás y le dice: "no, mira, vamos a conversar... Vamos a sentarnos y a dialogar que es lo que tú quieres". ¡Obviamente diluyes la posibilidad de amenaza real! Y eso ha ocurrido, no una, sino once veces. Eso es lo que ha debilitado la disposición a actuar, a arriesgar, a manifestarse de la población venezolana en estos últimos tiempos. La población dice: "nosotros lo hemos dado todo". A mí no me vengan a decir que los bolivianos han hecho algo que no hemos hecho nosotros. Nosotros no tenemos veinte días o un mes. Tenemos ¡veinte años! – grita con furia mientras enfatiza con el puño– ¡veinte años! ¡Saliendo a la calle cuando nos disparan, nos golpean, nos maltratan, nos persiguen! Y no es solamente la agresión física ¡es la agresión moral! ¡la agresión a tu dignidad! Es continua... Esta gente se ha enfrentado a una sociedad venezolana admirable ¿qué ha faltado? Hay que decirlo con todas sus letras: una dirección política que haya estado a la altura de la sociedad venezolana y del momento histórico.

– Vamos a volver un poco en el tiempo ¿cómo recuerdas el día que le dijiste a Chávez ladrón? – los ánimos se calman. Su expresión se vuelve serena y sonríe.

– Bueno... Podrás imaginarte que era lo que menos me imaginaba. Era la segunda vez en mi vida que yo veía a Chávez en persona. La ocasión previa fue ya como diputada. Yo cada vez que iba al Parlamento... –se interrumpe, piensa un momento en silencio, sonríe y prosigue– Yo tengo dos récords: el diputado que más votos ha sacado en la historia y el que menos días ha durado en la historia de Venezuela. Yo cada vez que iba a la Asamblea tenía una enorme conciencia y emoción de lo que estaba viviendo y de la responsabilidad que tenía. Yo pensaba todo el tiempo en cada venezolano que me había dicho: "tú me representas, confío en ti". Estaba siempre esforzándome con toda mi fuerza intelectual, espiritual y física. Quería estar a la altura y no defraudar a mi país... Ese día yo era la jefa de la fracción de independientes y podía estar adelante. Estaba en la primera o en la segunda fila. Cuando Chávez entró yo tenía muy claro que él estaba pendiente de donde me encontraba porque era un provocador. Él estaba acostumbrado a que con su verbo y su poder podía seducir, acallar, convencer o persuadir a la gente. Se acercó donde yo estaba y me empezó a hacer comentarios, abajo. Me hablaba sobre mi familia, etc. Yo fui muy firme con él y le dije: "prepárese. Usted va para afuera. Los venezolanos no nos estamos comiendo estos cuentos". Obviamente de una forma más formal. Empezó a hablar... Él estaba acostumbrado a hacer eso. Era un atropello, un abuso. Él decía: "yo hablo todo el tiempo que me dé la gana y ustedes me tienen que escuchar. Hablo del tema que me dé la gana, puedo decir las mentiras que me dé la gana y silencio todo el mundo". Él pasó, al principio varios temas que tenían que ver conmigo. Algunos eran explícitos, otros no. Pero todo era provocándome. Hay que entender que este era un acto formal, era la presentación de la memoria y cuenta del presidente de la República al Parlamento. Él por primera vez quiso hablar con los diputados, les daba la palabra... Hasta que dijo una de sus barbaridades y sus mentiras de que en Venezuela había leche para regalar, que la producción había aumentado... ¡Y yo acababa de estar, la semana anterior, en un mercado! ¡Yo vi como dos mujeres se cayeron a golpes por un litro de leche! ¡Lo vi yo! Y simplemente no aguanté. No aguanté como mamá, como ama de casa, como ciudadana y obviamente como diputada. Le dije: "¡ya va! ¡eso es mentira". Yo estaba rodeada de diputados, muchos del oficialismo. Todos brincaron para callarme. Él dijo que me dieran la palabra. Y bueno... Al final simplemente yo me levanté y hablé del fondo de mi alma y mi corazón lo que sentía una mujer venezolana. Eso fue todo. Le dije la verdad.

– ¿Tuviste miedo?

– No. En ese momento no, al contrario. Después, cuando me senté, pensé: "¿qué dije?" –comenta entre risas– ¡De verdad! ¡Fue una cosa que me salió del alma! Yo tenía al lado a un diputado y le pedí: "¿me puedes explicar qué dije?" – concluye con discretas carcajadas. Mientras escucha mi siguiente pregunta, la sonrisa de satisfacción permanece en su rostro por haber recordado aquel ínclito episodio. Mientras avanzamos dejamos atrás el paisaje urbano de Caracas para internarnos en la carretera que va hacia el estado Miranda. Un camino cargado de vegetación exuberante.

– Yo supongo que si Chávez hubiese seguido vivo habríamos llegado a este mismo punto, pero más lento –la sonrisa desaparece de su rostro y da paso a un semblante adusto–. Sin embargo, con su muerte todo se aceleró y llegamos a lo que tenemos hoy. En 2014 se armó una coalición entre Leopoldo López, Antonio Ledezma y tú, y decidieron anunciar *La Salida* ¿cómo era tu relación con Leopoldo López en aquel momento?

– Bueno, en primer lugar, yo no estoy tan segura de que los eventos hubiesen sido muy distintos si Chávez hubiese seguido vivo en términos del tiempo, porque la destrucción de la capacidad productiva del país y la transformación de PDVSA en una corporación criminal ya estaba en marcha. Esto no tiene nada que ver con que Chávez era un buen administrador. Sin lugar a duda él tenía los hilos de distintas mafias del poder y tenía mucha más legitimidad que Maduro para mantenerlas en orden. Aquí se ha creado un equilibrio inestable, una especie de guerra fría entre Maduro y las otras mafias, pero en términos de la calidad de vida y la destrucción del país yo creo que hubiese ocurrido en plazos similares, porque al final es un tema del sistema. Del modelo. Chávez y Maduro son la misma cosa en ese sentido ¿qué ocurrió? En esos años, del 2013 en adelante, había un tema de la ilegitimidad de origen de Maduro porque se robó la elección. De hecho, yo nunca en mi vida le he dicho a Nicolás Maduro presidente. Nunca. Por eso fue que me fracturaron la cara en la Asamblea Nacional en abril del 2013, porque nos negamos ¡no es presidente! ¡se robó la elección y todo el mundo lo sabe! Esto fue generando un repudio cada vez más amplio en el país. Yo estoy convencida que la mayoría que se opone a Chávez es tal desde mucho tiempo antes de que eso se reflejara en unos procesos electorales que han estado amañados con todo tipo de fraudes. Hay quienes dicen: "ellos han hecho fraude en el uso de dinero en la campaña, en el uso de los medios, en la intimidación, pero aquí no ha habido fraude electrónico". ¡Aquí sí ha habido fraude electrónico! Y eso lo confesó *Smartmatic* ¡sí ha habido fraude electrónico! –afirma enérgica– Es muy difícil cuando tú tienes a la propia dirección política de la oposición diciendo: "no, no... El proceso está blindado". ¡No está un carrizo blindado! ¡Es el monumento al fraude y a la mentira! Por eso si en algo somos expertos los venezolanos es en fraude y tenemos mucho qué enseñar a otros países. Volviendo a ese tema, durante el 2013 hubo dirigentes políticos que lo que le decían al país era: "esto es lo que hay y hay que calarse esto seis años más. No hay nada qué hacer". Yo en varias de las reuniones de la Mesa de la Unidad Democrática me paré y dije: "señores ¡esto es de locos! ¿cómo que no hay nada qué hacer?". Y me decían: "ya se le reconoció, él ya está ahí". Él podrá estar ahí o donde le dé la gana, pero es un ilegítimo, es un opresor y nosotros tenemos el deber de enfrentar eso. Me acuerdo de haber hablado en una reunión muy duro. Les decía: "¿ustedes se imaginan que después del fraude del plebiscito de Marcos Pérez Jiménez en 1957 los líderes políticos de entonces; Betancourt, Leoni, Caldera, Villalba, Machado; hubiesen dicho: 'ok, vamos a esperar a una nueva elección'? ¿ustedes se imaginan eso?" ¡Así mismo se los dije! Y eran personas que venían de muchos de esos partidos. ¡No señores! ¡Nuestro deber es enfrentar y desnudar esto! Y allí fue que empezamos a coincidir en posiciones, pero para serte muy franca nosotros no veíamos un país en efervescencia. De hecho, cuando convocamos la primera asamblea, el 2 de febrero en Chacaíto, dijimos: "esto va a agarrar poco a poco y empezaremos... Seremos primero 50, después 100, después 500, después 1000 y recorreremos el país. El 2 de febrero nosotros llegamos caminando juntos y dijimos: "¡¿qué es esto?!". Yo no sé cuántos miles de personas había, pero ahí nos dimos cuenta de que lo que habíamos sentido, mi confianza y mi intuición eran correctas. Éramos un país rebelándose y que necesitaba una dirección política a la altura de las aspiraciones y la valentía de la sociedad venezolana.

– Este proceso llevó a la detención de Leopoldo. Durante esos años yo te vi muy cercana a Lilian, fuiste a Ramo Verde, hiciste activismo por Leopoldo y por su libertad ¿hasta cuándo duró esa afinidad?

– Yo no tengo por qué decir que no existe aún afinidad a nivel personal, mucho más cuando se trata de una persona que está siendo perseguida. Sea quien sea. Y mucho más en el caso de un aliado con el que he compartido momentos de dificultad y de decisiones muy complejas. Indiscutiblemente hubo diferencias políticas de fondo. No solo tácticas. Yo creo que se fueron haciendo cada vez más claras a la sociedad venezolana. Yo sí creo que en ese punto hay que ser muy preciso. Nosotros estamos dando una lucha ética y espiritual. Hay cosas que se deben dialogar y negociar con tus aliados en una mesa, pero los elementos de principio no son objeto de negociación alguna.

– ¿Hablas con él regularmente?

– Hace mucho tiempo que no hablo con él – responde parca, como quien quiere salir del tema cuanto antes.

– Últimamente tus aliados internos, hablo de dirigentes, han ido disminuyendo. Del bloque con Antonio Ledezma y Diego Arria tú eres la líder interna, pero ellos están afuera.

– Mis aliados... Nuestros aliados en esta lucha es la gente, Jovel. Y cada día son más los que están claros en lo que hay que hacer y en lo que no hay que hacer. La gente me lo dice y me lo exige. Me agarra en la calle, en los pueblos, en la carretera y me dice: "¡no te calles! ¡no vamos a aceptar más falsos diálogos! ¡no vamos a aceptar farsas electorales que buscan dar una ilusión y una máscara de normalidad en un país que se está desmoronando! ¡no vamos a aceptar engaños de espalda al país o cohabitación con la tiranía!". La gente está muy clara ¿ello implica riesgo? ¡Desde luego! Pero la ciudadanía, hoy más que nunca, espera que se le hable con la verdad ¡que se llame a las cosas por su nombre! Que no se den falsas expectativas y mucho menos acuerdos que no están alineados y que no son coherentes con el compromiso asumido. Eso fue lo que logramos en enero de este año ¡nunca Venezuela ha estado más unida! Quienes dividen son los que se alejan de esa ruta y traicionan ese compromiso.

– ¿Entre esos está el presidente? – inquiero, genuinamente curioso de saber si se atreverá a decir lo que piensa o no.

– Yo espero que no. Creo que es un momento en el que hay muchas cosas que se deben aclarar... –la respuesta que yo esperaba no llegó. Un mínimo de diplomacia sigue asomándose en sus declaraciones–¿Es aquí que tengo que salir? – pregunta a Henry.

– ¡Sí! – le responde.

– ¡Casi me paso! – reconoce.

– ¿Te gusta mucho manejar?

– A mí me encanta manejar, me desestresa – me comenta sonriente.

Aprovecho para invitar a Pietro a hacer preguntas.

– ¡Tengo una...! – dice él desde el asiento trasero.

¡*Pum*! Justo en ese momento caemos en un bache.

– ¡Perdón! ¡Perdón! ¡No lo vi! –dice María Corina– Pero he manejado maravilloso, tienes que decirlo... – dice en son de broma.

– ¡Claro! – respondo.

– Estabas hablando del ejemplo de un secuestrador al que la amenaza que se le está dando es incierta, porque por un lado está la amenaza del pueblo queriendo la libertad y por el otro la dirigencia negociando. Mi pregunta es: ¿esa amenaza es democrática? ¿Es posible un escenario en el que Venezuela logra por caminos completamente democráticos liberarse del régimen o se necesita hacer un llamado a algo más fuerte o dramático? – inquiere Pietro.

– ¡Absolutamente vías democráticas! Es más, Rómulo Betancourt, padre de la democracia venezolana dijo: "la democracia puede llegar por dos orígenes: por los votos o por la fuerza". Son métodos democráticos para obtener la democracia. Así lo establece nuestra constitución. Cuando a ti te están destruyendo, ya no solo la democracia... Por favor, Pietro, la democracia la perdimos hace muchísimo tiempo en Venezuela ¡lo que aquí se diluye es la nación! – exclama ahíta de indignación– ¡Se destruye la república en manos de un sistema criminal! ¡Tenemos la obligación como demócratas de restituirla usando los mecanismos que tenemos ¡y obviamente requiere fuerza! ¡por favor! ¿Qué es fuerza? La fuerza parte de la fuerza moral, de las convicciones, de actuar con la verdad, de no engañar, no contradecirte y poner los intereses de la nación por encima de cualquier interés subsidiario o individual.

– Partiendo de esto que estás diciendo ¿dirías que eres la dirigente más fuerte? – pregunto.

– ¡La fuerza está en la gente! La dirigencia es fuerte en tanto y cuanto interpreta y acompaña ¡eso es lo que no entienden! La fuerza obviamente requiere fuerza intelectual, un planteamiento sólido, con información confiable, con estrategias muy bien diseñadas y cumplidas con disciplina. Es la fuerza física. Hay que ver lo que implica salir todos los días, no callarte, enfrentar la humillación de que te lancen una bolsa de comida o pretendan comprar un diputado y el diputado diga: "¡no! Mi familia lo necesita, no tengo cómo vivir pero ¡no! ¡mi voto no tiene precio! ¡mi consciencia no tiene precio!". Y desde luego, las fuerzas institucionales nacionales e internacionales. Si aquí estamos hablando, y ahora lo estamos viendo en América Latina, de que tienes a la guerrilla del ELN y las FARC ocupando 18 de los 24 estados de Venezuela ¡con armas! Algunas, por cierto, del ejército venezolano. Si tienes a los carteles armados hasta la médula. Si tienes a un régimen que ha ido depurando los altos mandos de las Fuerzas Armadas para tener individuos incondicionales ¡porque además los tienen comprados y mezclados en sus actividades criminales! ¡los extorsionan! ¡persiguen las familias de los que se resisten! ¿Tú dices que no existe legitimidad para enfrentar eso? ¿Para restituir el orden con la fuerza del lado de la justicia y del bien? ¿Qué se requiere? Construir una amenaza real, que no es solamente la gente dispuesta a salir a la calle, sino que tiene que ir acompañada de una coalición internacional liberadora que, con un objetivo muy claro, y con esos pilares del régimen claramente identificados, opere en múltiples planos. Al tratarse de una guerra no convencional tú actúas en el plano de la inteligencia, de la opinión pública, del ciberespacio, de la policía mundial y la justicia internacional. Algunos tratan de ridiculizar y banalizar este planteamiento diciendo: "ustedes están esperando a los *marines* ¡siéntense a esperarlos!". Para mí es inadmisible ese comentario, me resulta una falta de respeto a la sociedad venezolana que hoy no solamente muere de hambre sino que da su vida luchando por sus más altos ideales. Estamos en el siglo XXI ¿quién plantea que aquí se requiere una invasión convencional? Aquí tiene que haber una gran estrategia, muy bien pensada e implementada en múltiples planos. Y la verdad es que muchas de esas cosas ya se están haciendo. La aprobación del Tratado Interamericano de Asistencia Recíproca (TIAR) fue un mensaje inequívoco para el régimen y sus cómplices internacionales de que esto es en serio, aunque los cubanos traten de decir que es puro *bluff*.

– Y presionaste para que se diera esa aprobación... –comento.

– ¡Presionamos! Recuerda que a principio de enero nos decían que no había manera que el TIAR pudiera pasar por la aprobación de la Asamblea Nacional, y muchísimo menos de los miembros firmantes del tratado. Les decían a los ciudadanos que no se hicieran vanas ilusiones, que eso jamás iba a ocurrir ¡y pasó! ¿quién lo logró? ¡la ciudadanía venezolana! ¿cómo? Cuando se burlan de los "guerreros del teclado", yo digo: "sí, es una guerra, es un conflicto, y que cada quien agarre su Twitter, su Facebook, su Instagram y escriba mensajes". Todo ello es indispensable y efectivo. Y la mejor prueba es el TIAR.

Mientras María Corina habla veo que nos acercamos a una alcabala militar. Pocas situaciones resultan más incómodas para un costarricense que la visión de un militar armado. Cuando concluye su respuesta le pregunto timorato:

– ¿Vamos a hacer algo aquí?

– No – dice tranquila mientras disminuye la velocidad –, déjame ver si nos saluda un militar.

Se detiene, baja la ventana. El oficial está de mi lado, María Corina extiende la mano por encima de mí para saludarlo.

– ¡Buenas! ¿Cómo está? ¿Cómo le va? ¡Mucho gusto! ¡María Corina Machado! ¡Un placer! – dice, con la mano extendida y una sonrisa cargada de una exagerada afabilidad.

– Bien – responde fríamente el militar. Un joven moreno, delgado y de ojos oscuros. Sin embargo, no le da la mano.

– ¡Hasta luego! – se despide María Corina, quien vuelve a poner las manos en el volante, siempre con una sonrisa.

– ¡Detén la grabación! – dice presurosa –. Te vio el teléfono. Jamás me iba a saludar. No se atreven. Pero no vayas a sacar esa parte –me pide–. Si ven una cámara ni se les ocurre...

– ¿Pero sí te han saludado alguna vez? – pregunto.

– ¡Uhhhhh! ¡Se me han cuadrado! Y te digo una cosa, hasta se han puesto a llorar.

La farsa de la calle sin retorno

17 de noviembre de 2019

«Piensa, Jovel... Si Guaidó convoca a la calle es porque tiene un plan maestro preparado. No puede ser otro '*Leopoldazo*', porque el 30 de abril fue un disparo a los pies. Así que algo tiene que haber cambiado si se atrevió a llamar a la calle con un mes de anticipación. Debe haber una sorpresa preparada», me digo a mí mismo.

Todos me dijeron que no pasaría nada, y coincidí con ellos hasta la mañana del sábado, cuando desperté extrañamente optimista y prendí el televisor con la insulsa intuición de que vería lo que tanto había esperado. Que por fin se saldaría esa deuda del 23 de febrero y del 30 de abril.

Mi sorpresa fue mayúscula cuando entendí (en cuestión de dos segundos y medio) que nos estaban recetando lo mismo de siempre. Guaidó usó a la gente para tener una bonita foto actualizada con multitudes fervorosas.

Callará a quienes decían que la gente no saldría. Omitirá el detalle de que al final muchos se fueron defraudados. Jamás admitirá que le dijo a la gente que retornara a sus casas, después de haber pedido "calle sin retorno".

El presidente anunció una agenda de protestas cuyo fin último es una manifestación estudiantil el jueves... (Batallo para expresar con suficiencia lo absurdo que me parece el planteamiento).

Hace unas semanas Lustay Franco (en su afán de protagonismo) anunció que el Movimiento Estudiantil tomaría "medidas pragmáticas" para lograr el cese de la usurpación. Tengo esa declaración presente en mi cabeza mientras pienso en la manifestación de hace unos días en la UCV, cuando los estudiantes se organizaron para lograr ser reprimidos con el fin de tener imágenes con bombas lacrimógenas que animaran las protestas del 16.

La etapa de las rosas a los guardias ya la pasamos, estudiantes. La gente lo sabe. Ustedes lo saben. Rosas y pragmatismo no van en la misma oración.

Todo esto ocurre mientras corre el reloj implacable que anuncia el ocaso de una etapa agonizante.

A Guaidó podrían quedarle semanas de vida política y estadía en Venezuela, pues se fraguan estrategias económicas para sacarlo de la presidencia de la Asamblea Nacional el 5 de enero.

Yo supuse, cuando fui al cabildo del 11 de enero en Altamira, que Juan Guaidó querría pasar a la historia como el libertador de su patria. El inesperado héroe que haría transitar a los suyos por un camino espinoso pero necesario.

Hoy no soy capaz de discernir cómo pasará a la historia Guaidó si lo que termina ocurriendo es que debe huir del país por haber perdido lo único que lo mantiene en libertad (la legitimidad que le da ser el presidente del Parlamento).

¿Qué pasará entonces? Dios dirá. Ese mismo Dios que hoy permitió que este idiota se viera esperanzado. El mismo Dios al que pido que este capítulo de incoherencias y decepciones acabe pronto.

Un milagro. Eso pido. El milagro de la coherencia. El milagro de la valentía.

¿Hasta cuándo, Señor?

Chavismo y Acción Democrática se unen para defender a Ramos Allup

22 de noviembre de 2019

Tras la publicación del video en el que confronté a Henry Ramos Allup en la Asamblea Nacional por las acusaciones de corrupción en su contra, el aparato mediático que lo respalda ha enfilado sus ataques virtuales hacia este periodista.

El economista Federico Alves salió en defensa de su líder, afirmando que el video había sido fabricado en un laboratorio.

> **Federico Alves, Econ.** ✔
> @federicoalves · **Seguir**
>
> **Es un video-montaje. El diputado no escucha nada de lo que le dicen porque NO LE DICEN NADA, el audio fue agregado en post, en el laboratorio.**
> **My mala práctica, deshonesta, típica de los DF que pagan esa nómina.**
>
> 10:39 p. m. · 19 nov. 2019   ⓘ

Quizás una de las expresiones más llamativas apareció esta mañana, cuando el sitio *Contexto Diario* publicó un artículo en el que alegó que Orlando Avendaño, editor en jefe de este portal, y quien escribe estas líneas, recibimos pagos procedentes de Islas Caimán para desprestigiar a Juan Guaidó. Según el portal, el origen de los fondos se remonta a la dirigente de Vente Venezuela, María Corina Machado.

> **Contexto Diario** 🐦
> @ContextoDiario · **Seguir**
>
> Escándalo de corrupción salpica a Óscar García Mendoza y María Corina Machado Parisca
> ift.tt/2XwHZg0
>
> 9:25 p. m. · 20 nov. 2019   ⓘ

Globovisión ✔
@globovision · Seguir

Escándalo de corrupción salpica a Óscar García
Mendoza y María Corina Machado Parisca

| #NacionalesGV |

globovision.com
Globovision.com
Globovisión

8:03 a. m. · 21 nov. 2019

La publicación del portal fue replicada por Globovisión, canal perteneciente al fugitivo de la justicia, Raúl Gorrín[1].

ICE ✔
@ICEgov · Seguir

#MostWantedWednesday Have you seen this #MostWanted #fugitive? He's wanted for money laundering and violation of Foreign Corrupt Practices Act. ice.gov/most-wanted/be...

HAVE YOU SEEN THIS MOST WANTED FUGITIVE?

WANTED FOR VIOLATION OF
FOREIGN CORRUPT PRACTICES
ACT, MONEY LAUNDERING

Raul Antonio De La
Santisima T Gorrin Belisario

DATE OF BIRTH: November 22, 1968
PLACE OF BIRTH: Caracas, Venezuela
LAST KNOWN LOCATION: Caracas, Venezuela
HEIGHT: 6' 2"   SKIN TONE: Light
WEIGHT: 190 lbs.   EYES: Brown
GENDER: Male   HAIR: Brown

#MOSTWANTEDWEDNESDAYS   www.ice.gov

3:50 p. m. · 20 nov. 2019

Por otra parte, el medio chavista *Lechuguinos.com*, subió un video con el titular: "¡TREMENDA RATA! Conozca a Jovel Álvarez, el palangrista prepago de María Corina Machado y el *PanamPost*" (sic).

---

[1] El enlace actualmente está corrompido, por ello la imagen que aparece en el tuit presenta solo el logotipo de la empresa.

Según el portal chavista, "el joven Jovel Álvarez Solís, es el periodista prepago encargado de mantener a flote la triste y ya casi olvidada carrera política de la loca de María Corina Machado en el *PanamPost*, y a su vez está aliado con la periodista Patricia Poleo alias 'la Papo' para hacerle la vida cuadritos a Henry Ramos Allup, que es el archienemigo número uno de la coordinadora del nulo movimiento político Vente Venezuela (...) En las imágenes se puede apreciar como el joven persigue como marico pa' la pieza al líder de Acción Democrática (AD) Henry Ramos Allup, en la Asamblea Nacional, obviamente auspiciado por Machado y Poleo".

Confieso que este último caso es el que me llama más la atención, pues resulta revelador que sea un medio chavista el que decida acudir en auxilio de Henry Ramos Allup después de que quedara en evidencia su nula disposición de responder ante la opinión pública por los cuestionamientos en su contra.

Tras acudir al programa *Y Así Nos Va*, de Radio Caracas Radio, en el que comenté lo ocurrido en la Asamblea Nacional, usuarios en las redes sociales insultaron a los conductores de este espacio, Nehomar Hernández y Daniel Lara Farías, señalándolos por drogadictos.

Es así como chavismo y Acción Democrática se unen para proteger a sus corruptos. Caimanes del mismo pozo. Delincuentes que responderán algún día por los crímenes cometidos durante 20 años de régimen.

Maduro, Ramos Allup, Cabello, Gorrín, El Aissami, Rosales, Zambrano, Falcón, Fermín y todo aquel vinculado a la mafia cohabitadora podrán huirle a un reportero incómodo, pero no podrán huir de la justicia cuando esta sea restaurada y toque sus puertas.

Diego Arria: «La historia condenará a Guaidó, pero los verdaderos culpables saldrían ilesos»

Juan Guaidó ha contado con tres conglomerados de respaldo político durante su gestión de casi un año: el G4 (conformado por Voluntad Popular, Acción Democrática, Primero Justicia y Un Nuevo Tiempo), la Comunidad Internacional (liderada por Estados Unidos y el Grupo de Lima) y un sector opositor incómodo que se ha convertido en una suerte de conciencia de la que ha decidido prescindir.

Esa consciencia se personifica en María Corina Machado, Diego Arria y Antonio Ledezma. Ellos fueron aliados fundamentales de Guaidó en enero —cuando se juramentó pese al rechazo de PJ, AD y UNT–, pero una vez montado en el poder, el presidente encargado volteó su mirada hacia esquemas de negociación y cohabitación que los tres políticos rechazan contundentemente.

El respaldo fue inequívoco hasta el 23 de febrero. En adelante, todo han sido tensiones.

Ledezma y Machado han tenido un contacto esporádico con el presidente. Arria nunca ha hablado con él. No obstante, ha sido insistente en pedirle al diputado varguense que se independice del grupo partidista que ha secuestrado sus facultades y le impide actuar con la grandeza que requiere el momento histórico actual.

¿Es Juan Guaidó víctima de los intereses de sus amos o es simplemente miembro más en el club de los cohabitantes? ¿Hasta cuándo apoyarán Machado, Arria y Ledezma a Guaidó? ¿Vale la pena respaldar a quien insiste en errar? ¿Empiezan a valorar la posibilidad de una ruptura con el presidente interino?

De estos temas conversé con Diego Arria.

Quisiera empezar hablando sobre estas marchas que ha convocado el presidente Guaidó. Mientras se acercaba el 16 de noviembre, percibí, dígame si estoy equivocado, que usted apoyó esta iniciativa de salir a la calle.

Yo hice un vídeo la noche antes donde le decía: "mire presidente, las sociedades para activarse tienen que estar inspiradas y la única manera de inspirarlas es decirles algo importante. Yo le sacaba el ejemplo de Churchill en su famoso discurso en el Parlamento cuando estaba rodeado por los alemanes y todo mundo le decía que se rindiera porque no tenía el armamento para enfrentarlos, pero tenía las palabras. Churchill, como dijo uno por ahí, utilizó el idioma inglés y lo envió a la batalla. "Las palabras son poderosas, presidente, haga algo inspiracional". Lamentablemente ese no fue el caso, Jovel. Guaidó improvisó unas palabras montado en una tarima y al final terminaron yendo a la embajada de Bolivia que no era el camino mejor para inspirar a una sociedad tan necesitada de apoyo moral y de emoción como es la nuestra.

¿Usted tenía información de que algo podría pasar ese día?

No, ninguna.

Yo estuve en esa marcha. El 16 de noviembre estaba en Caracas y lo que pude percibir fue que la gente estaba en efecto animada a salir. Entiendo que la convocatoria fue menor que en el pasado, sin embargo, quienes estaban ahí de verdad tenían la intención de hacer algo más y estaban simplemente esperando la instrucción de este líder al que muchos le estaban dando una última oportunidad. Esa instrucción no llegó ¿cree usted que el presidente Guaidó tiene posibilidad de rectificar conforme pasan las semanas?

Ayer yo hice un vídeo muy particular donde decía: "Si yo fuera Juan Guaidó". En el fondo explico lo que creo que está haciendo falta según mi propia visión. Guaidó es un presidente accidental, porque es la constitución la que lo nombra, pero representó la esperanza y perder la esperanza para una sociedad es terrible. La gente se agarra y yo creo que se sigue agarrando, con razón, de lo que pudiera significar Guaidó. El problema es que la gente va a comenzar a preguntarse ahora qué contenido tiene esa esperanza. Qué viabilidad tiene esa esperanza y ahí es donde comienza la fragilidad de su apoyo, porque llegó un punto en que ya la sociedad venezolana no puede extender un cheque en blanco. Ese cheque blanco se lo dieron el día famoso de la autoproclamación. Yo creo que hoy en día ese cheque no existe.

Usted insiste en decir autoproclamación, pero en enero se insistió mucho en que ese no era el término correcto ¿por qué revivir ahora este término?

Porque el proceso comenzó mal. La Asamblea Nacional se negó a juramentar a Guaidó ¿por qué se negaron? Creo que en su propio partido. Yo creo que tuvieron temor de que, como fue el caso, se erigiera en una figura más importante que todos. Y dijeron: "esto tenemos que compartirlo entre los cuatro partidos fundamentales en la Asamblea, de ninguna manera podemos dejar que este muchacho se nos salga del corral y se convierta en el líder de Venezuela". En vez de dejar que se convirtiera en el líder del proceso de rescate de la libertad, dijeron "no". Le pusieron un freno. Lo obligaron a autoproclamarse, y eso trajo, como sabes, problemas muy serios para explicar al mundo que no era una autoproclamación, que era la constitución... Pero finalmente era una autoproclamación porque la Asamblea no lo juramentó.

¿Pero usted le da validez a esta autoproclamación? ¿Considera que es el presidente encargado?

Absolutamente, incluso algunos constitucionalistas mantienen que ni siquiera era necesario que lo juramentaran porque ya estaba juramentado como diputado previamente y como presidente de la Asamblea.

¿Usted cree que la calle es necesaria como lo dice el presidente? Porque ellos insisten en decir "necesitamos estar en la calle", "que nos encuentren en las calles", "activos", "romper con la normalidad" ¿usted considera que este planteamiento es correcto?

Lo que mantiene a Hong Kong, Santiago, La Paz o Bogotá en el radar internacional es justamente ver a la gente en la calle. Nosotros podemos parecer ausentes. Cuando estamos ausentes se preguntan: "¿qué está pasando en Venezuela?"; "Si se callaron, se acabó". La gente en el mundo tiene otras preocupaciones y no puede estar pendiente de conocer los detalles. La gente en la calle es la mejor manifestación de que algo está pasando.

Existe este mito a nivel internacional, seguramente usted está muy consciente de ello, de que la oposición en Venezuela no está unida, que lo que se requiere es unidad en la oposición. Yo veo que sí hay unidad en cierto sector de la oposición. Se han unido muy bien para defender sus intereses. Sin embargo, lo veo como un obstáculo para que finalmente se llegue al propósito que deberían estar persiguiendo, que es la libertad. Entonces, si usted coincide conmigo en este planteamiento ¿cómo explicarle a la Comunidad Internacional que es justamente esa unidad la que está perjudicando el proceso?

Definitivamente coincido contigo, Jovel. Yo tengo tal vez cerca de 20 años diciendo que en Venezuela no hay oposición, que lo que hay son posiciones. Esas posiciones sumadas no reflejan, no representan el interés nacional. Viene desde la coordinadora, después la MUD y sigue hoy en día con un gobierno colegiado. La unificación está en torno a cuatro partidos políticos que representan, al máximo a un 20 por ciento de la población de Venezuela. Esto hace que sea un verdadero obstáculo. Yo convocaría un gobierno nacional, extra-partido, representativo del país y eso sí sería una oposición. Hoy en día lo que hay son posiciones de grupos políticos en ese gobierno colegiado. Cada quien peleando por un espacio electoral que vale cero. Están en una lucha a muerte por la franquicia electoral que han tenido durante muchísimos años y se olvidan de que una franquicia electoral en una tiranía vale cero.

Le quedan al presidente Guaidó seis o siete semanas antes de que termine su mandato. Ahí habría o tendría que haber una reelección ¿usted cree que se logre? Entiendo que hay movidas económicas muy importantes para poner a algunos de los grupos aún más cercanos al régimen —si eso es posible— en la presidencia de la Asamblea.

Yo oigo lo mismo, pero tú sabes que nunca me ha gustado guiarme por rumores. Sobre todo cuando los rumores son tan complicados en Venezuela en esta época que vivimos. Yo creo que ese no será el caso, pero es mi intuición, yo me imagino que Guaidó será reelegido. Yo pienso eso hoy.

Pero probablemente adelante en las elecciones parlamentarias para cortar su mandato ¿no?

Yo creo que aquí hay un proceso para mí muy alarmante: están negociando elecciones. ¿Como tú vas a inspirar a un país, Jovel, diciendo que vamos a marchar por las calles para nombrar un nuevo Consejo Nacional Electoral? Eso no estimula a nadie. Sobre todo, no estimula nadie sabiendo que medio mundo les ha dicho que hacer elecciones bajo una narco-tiranía es un despropósito, o como dijo Felipe González, sería una tragedia; o el propio presidente de Colombia, el secretario de Estado Pompeo, el secretario Almagro. Curiosamente todos nuestros amigos internacionales lo rechazan, pero el gobierno colegiado lo apoya. Eso genera inmediatamente una sospecha de que hay un acuerdo de cohabitación, que yo creo que hoy en día existe. Yo lo dije en el último acto en la Asamblea, oficializaron la coexistencia con el narco régimen. Eso es terrible.

Lo que está pasando en la Asamblea Nacional también es llamativo. Después de decir que esos diputados chavistas que se habían retirado ya habían perdido la investidura, ahora no sólo permiten que vuelvan, sino que los meten en la comisión para nombrar este nuevo Consejo Nacional Electoral ¿cómo analizar eso?

¿Y quién los mete? Fíjate, uno de los cuatro partidos, que se llama Un Nuevo Tiempo. Hace dos años nosotros teníamos la mayoría para haber creado el nuevo Consejo Nacional Electoral.

Y era Juan Guaidó el presidente de esa comisión.

Exactamente. Y no enviaron a los dos diputados y sabotearon ¿eso tuvo algún costo político para Un Nuevo Tiempo? No, ninguno. Por el contrario, tienen una vicepresidencia en el Congreso. Y hoy en día son unos de los que están seleccionando a la gente para el Consejo Nacional Electoral. No hubo un precio para lo que, en mi opinión, era un delito de lesa patria, porque conspiraron contra el interés nacional y no les pasó nada.

Nosotros estamos hablando en sábado y para el lunes hay una nueva convocatoria de calle por parte del presidente. Él insiste en que debe haber una protesta sostenida, sin decir exactamente hasta qué punto hay que llegar. Él dice: "hasta lograrlo". ¿Hasta lograr qué? En la cadena de WhatsApp que él

envió el sábado hablaba de "calle sin retorno hasta encontrar una solución", pero no se hablaba de "cese de la usurpación" ¿cómo hacer para que el presidente entienda que la claridad es necesaria? ¿cómo hacer para que Juan Guaidó realmente adopte una postura coherente después de tantos desvíos? A mí me parece que eso ya es misión imposible, pero ¿usted tiene alguna esperanza?

Jovel, es que realmente no es Guaidó. Es el gobierno colegiado. Para llegar a cualquier decisión más o menos importante consultan a los cuatro. En el fondo no consultan a los partidos, consultan a los cogollos. Empezando por Leopoldo López, Borges, Ramos Allup y Rosales. Es lo que yo le decía: "¡Oye! ¡Libérate! ¡Deshazte! ¡Desmonta ese gobierno colegiado! Porque tú eres la principal víctima, pero si tú eres la víctima, los venezolanos seremos victimizados". Yo francamente creo eso.

Yo también he expresado mucho esta visión de que Juan Guaidó está secuestrado vamos a decirlo así...

¿O auto secuestrado?

Esa palabra justamente marca una gran diferencia porque entonces no sabemos si es que lo tienen atrapado o que él quiere estar así ¿usted qué piensa?

Ayer yo vi varios amigos míos que comentaban eso a raíz de mi nota. Me decían: "Diego, no es que está secuestrado... ¿y qué tal si está auto secuestrado?". Yo no me pronuncio por esa segunda. No quisiera. Porque si me pronunciara diciendo que está auto secuestrado diría: "Venezuela, no tenemos ninguna expectativa, ninguna esperanza, nada viable con este caballero porque evidentemente él mismo se auto secuestró". Yo todavía no creo eso.

Viendo hacia el futuro, en un plano en el cual eventualmente Juan Guaidó termina siendo un Capriles –un fantasma que deambula y aparece de vez en cuando para recordarnos los fracasos del pasado– ¿qué opción queda? ¿hay alguien más además de Juan Guaidó que pudiera liderar un proceso que conduzca a la libertad?

Fíjate, Jovel... Tú lo sabes bien. En la historia de Venezuela no hay ninguna persona que ha tenido las oportunidades que tiene Juan Guaidó. Ningún venezolano, ninguno, ha tenido un respaldo popular mayor. 50 o 60 países apoyando. Medio mundo esperando a que tomara determinadas posiciones ¿y que hizo? Cerró filas con su partido y el gobierno colegiado en vez de abrirse al país y decir: "puede que yo sea un accidente institucional, pero yo quiero sumar a todos los venezolanos. Yo no quiero un pacto de partidos, yo quiero un pacto con los venezolanos". Esa era su gran oportunidad, Jovel, y yo creo que la dejó a un lado. Eso es para mí lo que explica el estancamiento, la falta de dirección, la falta de combatividad. Se convirtió en una especie de gobierno colegiado en Suecia o en Dinamarca, no en medio de la peor tragedia de la narco-tiranía que tiene Venezuela. No se pusieron traje de combate. No. Se pusieron de saco y corbata como si fuéramos a alguna sesión ordinaria al parlamento inglés. En un proceso de negación de la realidad que nos rodea a todos. Yo encuentro realmente condenable que el gobierno colegiado tiene unos tiempos para ellos mientras el país tiene tiempos más acelerados y que parecen no atender. Yo lo encuentro trágico. El problema, Jovel, es que las consecuencias las va a pagar Guaidó. La historia lo condenará, su familia, sus amigos. Pero resulta que no es Guaidó, resulta que él tiene por detrás algunos que en el fondo no corren ningún riesgo. Están Leopoldo López, Borges, Ramos Allup, Rosales, pero el que agarra los golpes es Guaidó, porque es el vocero. Y el único realmente popular de esos cinco personajes es Guaidó. Él va a cargar con el peso completo de lo que esto significa para el país.

Claro, porque si el día de mañana por a o por b llega a la libertad, Leopoldo López puede salir de la embajada y simplemente decir: "no es que Guaidó nunca me hizo caso".

Es que tú puedes jurar que así será. "No, no, es que este muchacho era muy joven, no entendía, no sabía". Resulta que este muchacho es la esperanza. Este muchacho creo que tiene 36 o 35 años. Yo tenía 35 años cuando fui gobernador de Caracas y nadie decía que era un muchacho. Le quieren asignar ciertas cosas por la edad y otras no. Él se ha dedicado a construir la unidad de los cuatro partidos. Si él se dedicara a promover la unidad entre los venezolanos le iría mejor a él y nos iría maravillosamente bien a nosotros. Pero ese paso no lo toman porque temen que surjan otros líderes. Ellos están pensando en qué parte del pastel les tocará, porque ven a Venezuela como un pastel.

En Venezuela hay gente que lucha, por ejemplo, el caso de María Corina Machado. ¿Cómo tú vas a hacer un proceso de transición excluyendo a María Corina Machado que está ahí sufriendo? Eso te demuestra la limitación de miras, el egoísmo, la pequeñez... ¿Cómo vas a excluir a Antonio Ledezma, que es el alcalde que ha tenido más votos en la ciudad? Hay gente que debería estar ahí, pero no forma parte de la logia casi masónica –uno de ellos es masón, por cierto– del gobierno colegiado, entonces los excluyen. Lo que están excluyendo es la posibilidad de rescatar a Venezuela, Jovel, tú lo sabes.

¿Usted diría que María Corina Machado representa esa posibilidad dentro de Venezuela?

Bueno, claro, Jovel. Si yo los fuera a juzgar por los méritos, esfuerzos, dedicación, penurias, etc. Sin la menor duda está a la cabeza ella. No tengo la menor duda. Otro tema es que el país la respalde, o que Venezuela todavía es un país muy machista... Yo estoy dando mi evaluación personal. Excluir a Antonio Ledezma que es el alcalde de mayor votación en Venezuela es realmente un despropósito. Y lo más peligroso que eso indica es que un gobierno de transición, cuando lo tengamos, será un gobierno de Voluntad Popular, de Primero Justicia, no una transición venezolana. Al revés de lo que pasó con el Pacto de Punto Fijo en 1958, donde había gente que miraba el país de otra manera, como Rómulo Betancourt, Rafael Caldera, Jóvito Villalba y el mismo Wolfang Larrazábal. Esos eran venezolanos.

María Corina Machado lanzó un vídeo recientemente en el cual ella dice que se ofrece para rectificar, que ahí está para rectificar el camino de Juan Guaidó. Yo presumiría que ese vídeo va a ser desechado o no lo vieron o no lo terminaron de ver o no lo van a escuchar ¿pero hay alguna posibilidad de que la acojan en este proceso?

No. Yo no creo, para nada. Recuerda que ella tiene más personalidad y fuerza individual que muchos de los que están en ese gobierno colegiado y eso les espanta. Yo siempre quise rodearme de gente mucho más inteligente, preparada y calificada que yo, porque me daba cuenta de que no sólo era lo correcto, sino que yo me hacía más inteligente. Pero en esta dirigencia política hay un temor terrible. Ese fue el temor que le tuvieron a Juan Guaidó en enero. Dijeron: "¡Caramba! ¡Este va a volar y le estamos entregando el futuro de Venezuela". Y en vez de pensar que ese era el futuro de los venezolanos lo vieron desde el prisma de cada partido. Yo vi él mensaje de María Corina, que es muy bueno. Yo creo que es generoso. Algunos lo interpretarán como que se está ofreciendo porque quiere un puesto. No creo que ese fue el caso. Por el contrario, María Corina, Ledezma y yo le hemos hecho dos o tres cartas públicas a Guaidó diciéndole cómo es el camino. Yo le dije hace un tiempo: "cree un consejo de gobierno". Por supuesto, no hacen caso. Yo nunca, Jovel, he hablado con Guaidó y conozco a medio millón de venezolanos. Evidentemente no quieren oír nada que sea independiente y que no esté supeditado a la voluntad, en este caso, de Leopoldo López, lo cual para mí es muy triste. Los demócratas venezolanos hemos ayudado mucho. Por ejemplo, en el mismo caso de Leopoldo López. Esto nunca lo he contado, pero la primera vez que Lilian, que es una magnífica muchacha, fue a Ginebra yo fui el que llamó al príncipe Zeid, que era Alto Comisionado de los Derechos Humanos y le dije que esta era una causa importante. Cuando ellos entraron a la reunión en Ginebra en las Naciones Unidas lo primero que le dijo el príncipe Zeid fue: "mi amigo Diego Arria me ha llamado...", pero parece que las cosas las olvidan con una gran rapidez.

El presidente Guaidó se encuentra en este momento en una disyuntiva importante. Hemos visto como el camino del que usted habla o el que se emprendió en enero (cese de la usurpación, gobierno de transición y elecciones libres) se ha desviado. Usted me habla sobre cómo los han hecho un lado a lo largo de este año. Sin embargo, el respaldo de María Corina Machado, de Diego

Arria y de Antonio Ledezma a la figura de Juan Guaidó sigue ahí, sigue intacto ¿por qué?

Fíjate. Esa es una pregunta que por lo menos yo me estoy haciendo a mí mismo. Hay un dicho que dice que uno debe acompañar a los aliados hasta el cementerio, pero tiene que ver si se entierra con ellos o no. Nosotros los hemos venido acompañando de una manera permanente, eso sí, muy abierta, muy seria, indicando y siempre respaldando. Desde el diálogo de Noruega yo le dije a él que era un gran error ponerse una camisa de fuerza como la del lema "cese de la usurpación, gobierno de transición y elecciones libres". De hecho,

tenía tanta razón que ahora ya no se habla de ese lema. Y yo me niego a repetir eso del fin de la usurpación porque suena como un despropósito. Primero, ¿qué es el fin de la usurpación? ¡Es sacar al régimen! Si el paso uno fuese sacar al régimen, ahí estoy de acuerdo contigo. Si desalojas al régimen viene todo lo demás solo. No tienes que decir sino una cosa. Eso de ofrecer elecciones libres es lo que hacen las sociedades libres y democráticas. Volveremos a ser una sociedad libre y democrática y seguiremos todos los pasos naturales. Como desayunar, almorzar y cenar. Hay procesos normales. No tienes que decirlo.

¿Entonces hasta cuándo va a estar ese respaldo de parte de ustedes, o de parte suya particularmente?

Yo estoy mirando con profunda alarma una cosa. Algunos de estos dirigentes piensan que no nos siguen los pasos ¡nos siguen los pasos! Ellos se sorprenderían de cuán bien conocen las autoridades de inteligencia del mundo a cada uno de los dirigentes políticos venezolanos. Ellos saben cuáles dirigentes están vinculados a la corrupción boliburguesa, que es un tema que no se está tocando. Por ejemplo, con el caso del dueño de Globovisión. Pero que no lo sepamos los venezolanos no significa que no lo sepan las autoridades internacionales. Llegará un momento en que, si yo veo que hay una coexistencia formal yo no tendría ninguna limitación para pronunciarme y decir: "esto es un delito contra los intereses del país". Yo me enterraría con Guaidó en la medida en que se libere de los partidos políticos y cree un gobierno nacional. Ahí sí me entierro con él. Pero ¿qué puedo yo significarle? Yo soy simplemente un ciudadano activado. Yo no tengo ningún otro peso que no sea el propio, pero no estaría dispuesto a sacrificar eso en la medida en que no vea que hay una seriedad o un compromiso con Venezuela, no con su partido. No con Leopoldo. No con los otros cuatro dirigentes del gobierno colegiado. No sé si te lo aclaré.

Sí. Sin embargo, me queda la duda del "hasta cuándo". A él le quedan siete semanas. Si él se reelige ¿ustedes van a estar ahí durante este nuevo periodo de reelección?

Bueno, yo no tengo vela en ese entierro. Yo no tengo un diputado en eso. Yo tengo la impresión de que si lo van a reelegir. Yo creo que es el momento para que María Corina, el mismo Antonio y yo nos pronunciemos de una manera mucho más firme ante lo que significaría una reelección y qué tipo de compromisos debería asumir. Por ejemplo, yo te adelantaría uno: él no puede seguir de presidente interino sin un consejo de gobierno representativo del país. No con amigos de él de generación, de estudios o de partidos políticos. Eso no puede ser. Creo que *Soy Venezuela* le habló de un consejo ejecutivo. Yo vengo planteando eso desde las primarias del año 2011, cuando yo le decía a María Corina, Leopoldo y los otros: "ninguno de nosotros puede montarse encima un gobierno de transición". No tenemos espaldas. Tiene que ser un consejo de gobierno. Yo los molestaba diciéndoles: "yo les abro el camino, después de dos o tres años ustedes lo siguen". Y no me reeligen ni siquiera como recogedor de perros de Baruta, pero todos pensaban que tenían la absoluta capacidad para enfrentarse al régimen. Evidentemente ninguno la tenía y ninguno la tiene. Por eso creo en un consejo de gobierno representativo, con empresarios, sindicalistas, estudiantes, académicos... Y que la gente diga: "¡caramba! Esto sí es Venezuela". Pero los venezolanos ni siquiera saben quiénes los gobiernan hoy. Si lo supieran se escandalizarían muchísimo más de lo que nosotros estamos hablando hoy.

Después de ver y analizar toda esta fase política del proceso que se ha llevado en 2019 ¿podemos concluir que la única salida es por la fuerza?

Yo tenía una manera de calificar eso desde el 2011. Yo decía: "la salida de Venezuela no será convencional". Y nadie me preguntaba qué quiere decir esto. Evidentemente que no va a ser por votación, sino que va a ser por fuerza. La fuerza no significa necesariamente cañonazos, pero si yo te bloqueo y tomo una serie de acciones contra ti, eso es el uso de la fuerza. La disuasión. Pero no será intentando cada quien meterle un mordisco a Venezuela como si fuera un pastel.

Una cosa: ¿qué es la comunidad internacional, Jovel? ¡Estados Unidos! Si Estados Unidos ve un país apagado, y comienza a ver que los propios cuatro partidos opositores conspiran contra el éxito futuro del país... Porque los americanos también están cansados de ver como colapsó Irak después de su invasión. O Libia. No quieren repetir otra vez lo de sacar a un gobernante para que las cosas sean peores. Evidentemente comienzan a ver con preocupación cómo sería Venezuela en un proceso de transición, que fue el error que iban a cometer el 30 de abril, cuando nos iban a dejar en manos del presidente del Tribunal Supremo ilegítimo, del señor Vladimir Padrino y a saber de qué otras personas más. Yo se lo dije a una alta autoridad norteamericana:

¡gracias a Dios que fracasaron! Porque habrían entronizado ustedes a un nuevo régimen.

La unidad es el problema

1 de diciembre de 2019

Sentado en una arepera de Miami acompañado por "agentes del G2" reflexiono sobre ese término que desde la cómoda ignorancia es esgrimido por quienes exigen de la oposición venezolana "unidad".

Quienes ignoran los problemas de fondo, afirman que Maduro no ha caído porque la oposición esta fragmentada. Eso es mentira.

No obstante, antes de desmontar la farsa, tendríamos que explicarle a los ignorantes o ingenuos que no todo aquel que se hace llamar opositor efectivamente adversa al régimen de Maduro.

Vamos a hablar con nombres: Leopoldo López, Henrique Capriles, Julio Borges, Henry Ramos Allup, Edgar Zambrano, Manuel Rosales y Stalin González conforman el G4 (grupo de 4 partidos que han secuestrado las facultades otorgadas por la constitución a Juan Guaidó).

Sea por prebendas, sobornos, tratos por debajo de la mesa, afinidades ocultas o estupidez, este conglomerado partidista se ha encargado de enfriar cualquier iniciativa popular de rebelión.

Entre los hechos oprobiosos que se les imputan figuran: regalar triunfos electorales y desconvocar manifestaciones (Capriles Radonski), tener negocios ilícitos con un régimen al que dicen adversar (Ramos Allup), buscar estrategias de cohabitación con las mafias con tal de llegar al poder (López Mendoza), propiciar falsos diálogos para oxigenar al régimen y traicionar la esperanza puesta en ellos con todo descaro (todos los anteriores).

Si bien este grupo no es la verdadera oposición, tampoco lo es ese puño de descarados, que ni siquiera finge desprecio y pacta con el régimen en una mesa de diálogo con tal de enriquecerse a costa de la tragedia. A esos los llamaremos directamente "hijos de puta" (Zambrano, Falcón, Fermín, Bertucci, entre otros).

Por último, hay una oposición minoritaria en términos partidistas y de Congreso, pero que dice entender con mayor tino la naturaleza de este conflicto y lo que se debe hacer para resolverlo (plomo). Esa oposición la encabeza María Corina Machado junto a Antonio Ledezma y Diego Arria.

Es justamente este último grupo al que Juan Guaidó utilizó a principio de año para hacerse de prestigio y finalmente despreció para poder seguir la ruta que le marcó el G4.

Entonces entra la duda: ¿por qué la oposición venezolana no se une? Bueno, permítame, querido lector, explicarle que la "oposición" venezolana está tan unida como puede y debe estarlo.

Los tiranos están unidos entre tiranos (en eso que llaman la MUD/FA), los descarados con los descarados (en la mesa de la Casa Amarilla) y los radicales están unidos en una estructura partidaria que apenas nace, pero crece a paso firme.

Es justamente esa unidad la que obstaculiza el camino a la libertad. Ciertamente, la unión es necesaria. Pero el problema radica en el propósito por el cual existe esa comunión de ideas.

Para proteger sus intereses económicos y a sus amigos chavistas, la "unidad" ha servido a la perfección. Para monopolizar el apoyo internacional y evitar que una alternativa de mayor coherencia tenga respaldo extranjero, también han servido muy bien. Esos señores prefieren tener al país sumido en la crisis hasta lograr un pacto que les convenga en su afán de plata y poder.

Sentado en esta mesa de Miami entiendo que nosotros, los periodistas "radicales", somos parte de la unidad buena. De esa que expone sus diferencias, pero lucha en torno a un propósito definido: sacar del poder a Maduro y a sus cómplices (rojos, azules, blancos, naranjas, amarillos o verdes) para siempre.

Esa es la unidad que sirve. La unidad incómoda, pero coherente.

Una noche con Bayly

Crónica del 3 de diciembre de 2019

Las luces del frío estudio se apagan tras la intensa grabación del recuento anual de *Agárrate* que he presentado junto con Patricia Poleo. Ha sido un recorrido honesto: una ilustración de los momentos de emoción y apoyo al proceso liderado por Guaidó, y también de aquellos marcados por la rabia y la desilusión. Todo ha sido plasmado y asumido. Palabra por palabra.

Mientras se termina este año histórico, muchos de los periodistas que hemos coincidido en los lares del reporteo y la crónica –en el terreno o desde el exilio– nos hemos reunido en Miami para reflexionar sobre lo acontecido. Este fin de semana hemos celebrado el Día de Acción de Gracias en casa de Patricia con una copiosa cena familiar.

Hoy, tras el recuento anual, está serena, ha visto cada video y comentado cada momento con su actitud diáfana, fiel a su estilo. Los hemos seleccionado y editado Germania –su hija y colega– y yo, para que fuese ella quien pusiera en contexto cada momento y cada discusión. Patricia es una mujer perfeccionista, organizada. No ha querido que este programa se hiciese con el set tradicional de *Agárrate*, sino con uno especial, viendo hacia la cabina de producción. Controló el tiro de la cámara hasta que fuese apropiado. También la altura de las sillas. Decidió que nos vestiríamos de azul e incluso compró la camisa que traigo puesta. Cada detalle lo preparó con esmero y disciplina.

Es un misterio esta mujer. La veo y no me explico cómo hace para resistir. Lucha a pesar de los ataques –y vaya que nos han atacado este año–. Su postura le ha costado el exilio y la enemistad de muchos, pero ella sigue adelante. Mientras la mayoría de los periodistas venezolanos se han alineado a la estrategia comunicacional del gobierno interino, Patricia ha resistido. A pesar de haberse emocionado al inicio –como todos– , rápidamente empezó a denunciar los vicios que veía en el camino de Guaidó, primero con la esperanza de que corrigiera el rumbo. Desde que fue evidente que ello no ocurriría, ha seguido denunciando sus tropelías. Todo aquello que hoy lo tiene flotando en un pantano ella lo vio venir. Denunció y por ello pugnó con muchos que siguen asidos a la esperanza, aunque la realidad vaya por un camino radicalmente distinto al de la quimera.

Este plató es un prodigio. *Factores de Poder* comenzó como una columna de periódico, y mira lo que es hoy... En Miami, desde el exilio forzado, como asilada en los Estados Unidos, Patricia se ha resistido a callar. No le dio gusto al chavismo, pero tampoco a los que adoptaron el mote de oposición. Es la líder de un equipo pequeño, pero sólido. Anfitriona tanto de colaboradores icónicos como de voces nuevas.

Disfruto mucho de las largas conversaciones en la cocina de su casa, cuando me habla de su amada Caracas, de las anécdotas de su carrera o de la casa abandonada –en virtud de su exilio– cuando apenas había logrado terminarla. Habla de una Venezuela que sobrevive en su memoria, pero que asume casi extinta.

Sus historias son sobrecogedoras. Me las narra ahíta de anhelo, como quien desea que alguien reciba un poco de la sabiduría que dan los años.

Una vez terminada la grabación nos despedimos, ella me da su bendición y me desea lo mejor en mi próximo compromiso: mi primera entrevista en el programa de Jaime Bayly. No podrá acompañarme, pues unas llamadas urgentes requerirán su atención.

Me despido del equipo, que asegura su apoyo a la distancia en mi debut en el show que se ha convertido en un ícono para los venezolanos en el exilio. Todas las voces, de cada una de las corrientes opositoras al chavismo han pasado por el programa de Bayly. Hoy será mi turno.

Jaime Bayly es uno de mis referentes periodísticos. Un personaje brillante. Ínclito escritor de probado talento. Gallardo. Implacable. Atrevido. Pero, por encima de todo, siempre he admirado su manejo de la lengua española. Envidiable. Exquisito.

Su osadía llega a límites inauditos. Tanto que provoca verlo desde la barrera, a sabiendas de ser incapaz de imitarlo en su genialidad.

Cuando estaba en Venezuela veía sus programas, casi con miedo de que me rastrearan por seguirlo. A él no le tiembla la lengua para repartir improperios a los chavistas, aunque con la oposición ha ejercido una virtuosa paciencia que a otros no nos ha sido dada.

He recibido la invitación de su productor con sorpresa, y para este punto –mientras subo al carro con Germania, que me acompañará– los nervios me corroen. Bayly es un periodista simpático y despiadado. Son históricas las entrevistas en las que desuela a sus invitados ante un punto de discrepancia irremediable. Estoy cierto de que, ante un escenario semejante, me vería disminuido y haría el ridículo en televisión en vivo.

– ¿Qué tienes? – Me pregunta Germania, quien conduce el carro.

– Nada, nada. Me preocupa equivocarme.

– ¡Todo va a salir bien! ¡Pongamos música! – me dice con su actitud alegre.

En los parlantes del carro suena *"Vivir así es morir de amor"* de Camilo Sesto –mi selección–, que rápidamente pasa a ser *"Set Fire to The Rain"*, de Adele –selección de Germania, que genera comunión absoluta.

Los estudios de *Mega TV* están a 15 minutos de *Factores de Poder*. Durante el recorrido nos distraemos y hablamos de todo y nada a la vez. Germania me calma.

Llegamos al canal, cuya extraña entrada –que es directamente el pasillo que conduce a los estudios– carece de sofás, recepción o seguridad. Esperamos de pie al productor del programa que nos indica un pequeño camerino donde podemos descansar.

Entramos, nos sentamos y los nervios regresan, pero Germania me ignora para no darles importancia. Escuchamos la voz de Bayly a lo lejos. Están maquillándolo. Una vez que está listo y sale del área donde estamos, su productor entra al camerino y nos dice que puedo pasar a maquillarme. Germania me acompaña y hace algunas fotos... En mi carrera estos episodios de glamour son bastante atípicos. La maquillista, cubana, bromea conmigo para tranquilizarme.

Una vez listo, me dirijo al estudio. Al entrar me recibe efusivo un grupo de venezolanos que participarán como público del programa. En primera fila hay dos sillas listas, una para mí y otra para Germania.

Tras unos minutos de intercambio con la audiencia, llega Bayly al estudio, ataviado con un traje sastre decorado elegantemente con casi imperceptibles cuadros azules. Saluda a todos personalmente y reparte a cada uno una trufa de chocolate deliciosa.

– ¡Bienvenido! ¡Gracias por estar aquí hoy! – me dice. Le presento a Germania, que desde el primer momento se muestra fascinada intelectualmente por él. Le entrego un paquete de café de Costa Rica que traigo como regalo y lo recibe encantado, se lo lleva y lo esconde debajo del escritorio del programa.

– ¡Costa Rica! ¡Tengo muchos años de no ir! Me encanta el Golfo de Papagayo – exclama desde la silla de su plató – Espero volver pronto.

– ¡Eres siempre bienvenido! – le respondo desde mi silla entre el público.

Poco tiempo transcurre antes de que se escuche la sintonía del programa. Todos en el piso empiezan a aplaudir y Jaime agradece.

– Muchas gracias, muchas gracias. Gracias de corazón. Hola, hola. Buenas noches. Bienvenidos al programa, yo soy Jaime Bayly, hoy es lunes dos de diciembre ¡qué mes tan bonito es diciembre! Estamos inaugurando el último mes del año 2019. Ha sido un fin de semana largo aquí en Miami por *Thanksgiving*. Espero que hayan pasado unas fiestas contentas, sosegadas, bien comidas y bien irrigadas –dice con elegante ironía–. Por mi parte no hay ninguna queja. Y aquí estamos de regreso. Son las 9 en punto, hora

Miami. Nos están viendo en Estados Unidos, en Puerto Rico, en el aire libre de *MegaTV*. Hoy ha venido desde Costa Rica un joven y muy talentoso periodista llamado Jovel Álvarez –dice tras corroborar mi extraño nombre en la hoja que tiene ante sí–. No se pierdan a Jovel Álvarez que últimamente ha volcado su atención, su curiosidad periodística, sobre Venezuela. Hay mucho de qué hablar respecto de Venezuela hoy. No todas son buenas noticias. Generalmente soy yo portador de malas o muy malas noticias...

Empieza su repaso noticioso por la actualidad del mundo. Estados Unidos, Venezuela, Colombia... La agenda del programa está colmada de todos los temas habidos y por haber. Tras la primera pausa, Jaime anuncia de nuevo la entrevista.

– En un momentito voy a conversar con un brillante periodista costarricense, de paso por Miami, que se llama Jovel Álvarez y vamos a hablar de Venezuela principalmente. Pero antes quería compartir con ustedes algunas cosas tremendas, destempladas que ha dicho hoy un diputado opositor venezolano, aunque ya no se sabe si es opositor a Maduro o si es opositor a Guaidó porque es mucho más encarnizado con Guaidó que con Maduro, se ensaña mucho más con Guaidó que con Maduro, este señor se llama José Brito.

Al escucharlo hablar de Brito, despreciable personaje desde todo punto de vista, brotan nuevamente mis aprensiones. En este tiempo han sido notorios los enfrentamientos de Jaime con quienes critican a Guaidó. Mi trabajo ha sido, ciertamente, crítico del gobierno interino. Ese es el aspecto que podría ocasionar la colisión con Jaime, a la que no quiero llegar.

Tras escuchar el video de Brito, Bayly comenta:

– Bueno todo esto es desalentador para quienes soñamos con una Venezuela libre, porque está bastante claro que la oposición está dividida en dos o en tres o en cuatro y que en este momento Guaidó quizás solamente representa a su partido, Voluntad Popular, con 16 escasos parlamentarios o asambleístas. De modo que si estos otros tres partidos le dan la espalda y votan por un nuevo presidente de la Asamblea Nacional Guaidó se va a quedar fuera de la foto y el más contento va a ser Maduro.

Continúa el recuento hasta el corte comercial. De manera matemática, al comenzar la pausa, Jaime se pone en pie y camina hasta el borde del palco, extiende su mano y me invita a tomar mi silla como invitado. Irradia cortesía. Nadie podría decir que es un maleducado. Parece haber creado un protocolo de hospitalidad que aplica cada noche con sus invitados.

Conversamos brevemente sobre lo comentado en la primera parte del programa. Jaime tiene un pequeño cronómetro consigo, que activa en cuanto suena la sintonía del programa para controlar los minutos que dura el segmento. No usa apuntador, no lee el *teleprompter*. Todo lo que sale de su boca surge sobre la marcha.

– Bienvenidos de vuelta al programa. Bueno, nos visita esta noche un brillante joven y talentoso periodista costarricense, pero muy especializado en el drama venezolano. Ha estado recientemente en Caracas y hace un año también. Está grabando un documental. Se llama Jovel Álvarez un aplauso para él, por favor.

– Gracias – respondo sereno al aplauso.

– Gracias por estar aquí. Bueno, has estado la semana pasada en Caracas...

– Así es. Asistimos con una plataforma con la que trabajo en Costa Rica que se llama *No Pasa Nada* para grabar un documental sobre la situación de Venezuela. Motivados específicamente por la convocatoria que había hecho el presidente Guaidó para el 16 de noviembre. Ya que había convocado con un mes de antelación, en ese mes nos preparamos. Dijimos: "si está convocando con tanta antelación debe ser que algo está pasando.

– ¿Estabas el 16 de noviembre en Caracas?

– Sí, estaba en Caracas.

– Era un sábado.

– Sí, era un sábado.

– ¿Y qué pasó?

– Nada. Había gente que decía que la convocatoria fue un fracaso. Yo no considero que haya sido un fracaso. La convocatoria fue exitosa. La gente con la que hablé antes de que llegara Guaidó me decía: "mira, si estamos aquí es porque algo va a pasar. Nos tiene que usar. Estamos aquí dándole una última oportunidad".

– Eso te decía la gente en la calle... – exclama Jaime siguiendo atentamente mi relato.

– Sí. Yo también pensé que tenía que ser así. Incluso mucha gente que me conoce me decía: "no puedo creer que estés otra vez ilusionado, después de todo lo que ha pasado este año".

– ¡Yo también estaba ilusionado! – confiesa Jaime.

– ¡Claro! Yo quiero que él triunfe. De hecho, unas semanas antes me escribió alguien del equipo de Guaidó y me preguntó si era verdad que iba a Venezuela. Le respondí que estaba analizándolo, pero le dije: "quiero que me digas si voy a ver algo que me cierre la boca, porque tú sabes todo lo que he dicho este año. Si voy a ver algo que me cierre la boca, voy". Me dijo: "lo vas a ver". Bueno, al final no lo vi y fue muy decepcionante, porque en esos diez minutos de tarima lo que vi fue incongru...

¡*Bam*! Suena un ruido tremendo detrás de mí. Un corto circuito reventó una de las lámparas. Todos los monitores del estudio se apagan.

– ¡Perdón! ¡Perdón! – me dice Jaime – No te asustes.

Vuelvo a ver los monitores para cerciorarme de que estamos fuera del aire y respondo con humor:

– ¡Es el espíritu de Leopoldo López!

Jaime responde con una sonora carcajada.

– ¡No te quiere Leopoldo López!

– ¡No! – respondo entre risas, relajado por la discreción del momento. Atento a la indicación una vez que logre retomarse la transmisión.

– Bueno si tiene esa fuerza espiritual ¡debería ser capaz de tumbar a Maduro! –bromea Bayly.

– ¡Nos está viendo! – afirmo en son de broma.

– ¡Que no venga a reventarnos cohetes aquí! ¡Tranquilo, está todo bien! – me dice Jaime con sorna, a lo que Germania profiere una carcajada que, de estar al aire, habría sido capaz de penetrar por los micrófonos.

– ¡Nos está viendo! ¡Nos está viendo! – insisto. Los monitores vuelven a encenderse y asumo que volvemos a estar al aire. Bayly hace como si nada hubiese pasado y sigue con la próxima pregunta.

– Y entonces ¿qué crees que la gente esperaba que hiciera Guaidó? ¿La gente pensó que Guaidó la iba a llevar a Miraflores?

– Bueno, una parte de ellos sí. Otros esperaban que hubiese un levantamiento militar que probablemente era lo que más sonaba en esos días en Caracas. Yo te puedo decir que la tensión el día antes de esa protesta era tremenda – le digo, mientras vuelven a mi mente los tensos momentos que vivimos aquella tarde en La Guaira, adonde habíamos acudido a hacer algunas entrevistas y sucedió lo que no queríamos: la noche nos alcanzó. La presencia policial era abrumadora, fuimos detenidos por una alcabala y el agente de seguridad nos ordenó esconder las cámaras. Abrió la puerta, mostró su arma y logramos pasar hacia Caracas. Se hablaba de un posible levantamiento militar. Esa tarde me llamó Patricia Poleo para advertirme que sus fuentes le habían informado que podían suceder eventos importantes, por lo que me rogaba que me cuidara y encontrara refugio en caso de que las cosas se encendieran. Incluso nuestro hotel, que estaba cerca del punto de concentración de la convocatoria, estaba lleno de policías. Teníamos miedo de hablar en el cuarto, en caso de que estuviésemos siendo escuchados. Todo lo hacíamos en silencio, comunicándonos por señales, con lenguaje cifrado o por WhatsApp.

– El sábado 16, cuando la gente comprende que no va a pasar nada ¿hubo un desencanto? – pregunta Bayly.

– Eso fue terrible, y lo o entendieron en el momento en que Guaidó dijo: "¡vamos a mantenernos en una protesta sostenida toda la semana!". En ese momento muchos le dieron la espalda y empezaron a irse. Yo pensé que no era posible que hubiese sacado a la gente para eso. Luego pidió que fuéramos a la Embajada de Bolivia. La gente decía: "¡¿Pero para qué?! ¿A qué vamos a ir a la embajada de Bolivia?".

– ¿Adónde quería ir la gente?

– A Miraflores, probablemente. Y estaban ahí. Esto es curioso, porque las crónicas del 23 de enero de 2019, por ejemplo, dicen que la mayoría de gente que estaba en las calles eran jóvenes. Este 16 no, eran sobre todo adultos mayores.

– ¿Ah sí? – inquiere Jaime sorprendido.

– Estaban ahí dispuestos a lo que fuera, Jaime.

– ¿Estaban a distancia caminable de Miraflores?

– No. No. Estaban a mitad de la ciudad. Les faltaba el otro trecho, pero recuerda que el oeste de la ciudad de Caracas para la oposición ha sido impenetrable desde el 11 de abril de 2002.

– O sea que el 16 de noviembre Guaidó quizá dilapidó su última oportunidad.

– Considero que sí. Guaidó no puso un pie en la calle para protestar el resto de la semana. Había tres convocatorias de protesta esa semana. Le dijo a la gente que fuera, pero él no salió más. La última fue un espectáculo bochornoso porque lo que vimos en Altamira eran quince personas.

– Bueno, es interesantísimo tu testimonio porque has estado allí, no te lo han contado ¡has estado allí! Ahora, cuando ha sonado... Ha estallado este reflector, o este bombillo, o lo que fuera que nos hemos asustado todos, naturalmente, tú has invocado a Leopoldo López ¿por qué? ¿por qué Leopoldo López no te quiere? – esta pregunta me hace entender que quizás nunca salimos del aire y quizás se escuchó lo que dije.

– Bueno, yo creo que últimamente es omnipresente, no se ve, pero se hace sentir. Yo supongo que no me quiere porque después de que él faltó a su palabra con la entrevista que habíamos pactado, unos meses después yo publiqué las preguntas que no quiso contestar. Lo hice muy temeroso, porque la verdad es que Leopoldo para mí ha sido la gran decepción de este año. Yo creí mucho en él. Cuando yo le propuse esta entrevista y entramos en contacto era porque yo mismo quería darle la oportunidad de que me dijera si todo lo que se decía de él era verdad o no. Yo tenía mis dudas.

– ¿Hablaste con él? Estuvimos hablando durante dos semanas

– ¿Por teléfono?

– Por Whatsapp. Por mensajes. Me decía: "mira hoy hacemos la entrevista". Me tuvo dos semanas esperando. El último día me llamó por teléfono y hablamos un poco y ahí fue donde el preguntó: "¿qué es lo que se dice de mí?". "Bueno Jaime Bayly, por ejemplo, está diciendo que presionaste a Juan Guaidó para que fuera Noruega y él no quería ir". Él me dijo: "no, eso es mentira". "Bueno, Patricia Poleo y Nitu Pérez Osuna están diciendo que Gorrín había sido la bisagra entre el régimen y la oposición para el 30 de abril". "No, eso es mentira. Jaime Bayly y Patricia Poleo responden a intereses particulares". Entonces él me dijo que no importaba, que él contestaría "con la verdad por delante". Fui muy ingenuo, porque le creí, pero a partir de ese momento pidió que mejor hiciéramos la entrevista por escrito. Como periodista uno sabe que esa es la peor modalidad en que pueden darte una entrevista. Cuando le mandé las preguntas...

– ¡Ah! ¡Le mandaste las preguntas para que las contestara! – exclama Jaime sorprendido, mientras admito que estoy confesando públicamente mi estupidez como periodista.

– Después de esto, él desapareció.

– ¿No contestó?

– No. Hubo un contacto después y le dije: "mira Leopoldo, yo pensé que ibas a contestar. Ya que no lo hiciste, voy a publicar las preguntas".

– ¿Eran preguntas muy duras? ¿Muy hostiles?

– Eran las preguntas que yo consideraba que había que hacer.

– ¿Cuál era la más dura, por ejemplo?

– Había de todo pero, por ejemplo, quise saber por qué adelantaron la operación del 30 de Abril. Había otra en la que le preguntaba: "¿es Juan Guaidó un presidente autónomo o cada decisión que toma él tiene que ser consultada con Leopoldo López, con Henry Ramos?".

– ¡Pero es una muy buena pregunta! – exclama Bayly.

– ¡Claro! La respuesta la conocemos.

– ¡Claro!

– Lo que pasa es que él no la puede contestar.

– O la podría contestar con la verdad.

– Eso es lo que yo esperaba.

– Podría decir: "yo fui el maestro de Juan, profesor en la universidad, mentor suyo y cuando él tiene que tomar una decisión importante me la consulta". ¿Por qué tenerle miedo a la verdad? – dice Bayly, quien considera constructiva la relación de Guaidó y Leopoldo, mientras que otras corrientes la ven como la piedra de tropiezo de este proceso. Aquí empiezan a atisbarse puntos de divergencia entre nosotros.

– Ahora que estuve en Caracas hubo un video que se hizo un poco viral... Bueno, bastante. Porque perseguí a Henry Ramos por la asamblea preguntándole...

– ¡Lo vi!

– Le pregunto cómo responde a los casos de corrupción en su contra. Cuando él no me contesta. Después yo hice la reflexión: "mira cómo Leopoldo López y Henry Ramos son de la misma escuela". Ante un periodista incómodo que les hace las preguntas que nos hacemos todos, porque yo creo que la gente debe tener acceso a la verdad, es increíble cómo los dos optan por el silencio.

– Sí, es un grave error. Además, los periodistas tenemos que ser incómodos. Para Leopoldo fue sumamente incómodo hace unos años que yo lo entrevisté, antes de que lo tomaran como heroico preso político. Fue muy incómodo que yo le dijera: "Maduro es un dictador, Venezuela es una dictadura". Y él decía que no.

– Lo recuerdo.

– Ahora, cuando él dice que Patricia y yo respondemos a intereses particulares ¿Qué crees tú que quiso decir? ¿cómo se lee o interpreta eso?

En este momento entiendo que me he metido en camisa de once varas al revelar lo que me ha dicho Leopoldo, que, por otra parte, podría leerse como un acto de despecho de un reportero traicionado, y quizás lo sea.

– Bueno, yo me voy a ir a esta frase que usa Rafael Poleo, quien piensa radicalmente distinto a Patricia y es muy cercano a Henry Ramos. Él dice, por ejemplo, que yo trabajo para los "delincuentes financieros". No sé exactamente a qué se refiere con eso.

Pero al final creo que todos ellos piensan que los periodistas opinamos a cambio de dinero. Que nuestra opinión está comprada por sectores, y esto en nuestro caso, estoy seguro, es una mentira.

– Claro, por supuesto.

– Ellos creen eso.

– Sí... ¡qué curioso! –dice Jaime– Intereses particulares... Bueno, yo digo aquí lo que pienso y ni siquiera el dueño del canal ni los gerentes saben lo que yo voy a decir, porque yo no sé lo que estoy pensando –exclama con una seriedad invadida por su genial ironía, que suscita risas en el público y en mí– ¡Generalmente digo lo que pienso, pero no pienso lo que digo! ¿Me entiendes? Improviso bastante. De manera que eso es ingobernable. No hay ningún interés particular, o corporativo o de la CIA que nos regule o censure ¡no, no! ¡para nada! ¡Somos periodistas independientes! ¡Y ya está! ¡Alguien nos tiene que pagar! ¡A mí me paga el dueño del canal y los auspiciadores!

– Al final el periodismo en Venezuela es también un gran enigma, Jaime, yo no pretendo decir que por ser extranjero llegue a hacer algo excepcional. Sin embargo, Henry Ramos Allup pasa por ese mismo espacio por donde yo lo perseguí todas las semanas, y ningún periodista de los que cubren la fuente parlamentaria desde agosto, cuando Orlando Avendaño publicó el reportaje donde se denuncian los vínculos familiares de Henry Ramos con el chavismo.

– De los hijos – enfatiza.

– Sí, de los hijos. Pero nadie le preguntó nada nunca. Desde agosto hasta noviembre ¿por qué? ¿por qué la prensa en Venezuela tiene esta dificultad para ser crítica con los líderes de la oposición? Al chavismo nunca vas a tener acceso...

– ¿Pero le has pedido, por ejemplo, una entrevista a Maduro?

– No. No se la he pedido – respondo parco, sabiendo que el mismo Bayly ha dicho que jamás acudiría a entrevistar al dictador.

– ¿Pero lo criticas también a él o solamente a la oposición? Dime la verdad – pregunta de manera incisiva. Mis temores vuelven, veo venir la explosión de los ánimos.

– Yo, particularmente, me enfocado muchísimo en aquellos de quienes he esperado tanto. Yo de Maduro no esperaba nada. Nitu Pérez Osuna dice que como periodista uno tiene que ser crítico con aquellos a quienes consideramos nuestros, y a Guaidó yo lo consideré uno de los nuestros. Siempre pensé, hasta hace unos meses, que él tenía una intención positiva detrás de todo esto. Si la tiene o no, no lo sé, lo que sé es que su grupo, ese G4 que gobierna por encima de él, lo ha inhabilitado totalmente, pero él no ha opuesto resistencia a esta injerencia tóxica que finalmente ha causado el fracaso este año –afirmo, preparándome para la escalada retórica.

– Yo comparto. Creo que es una buena lectura –afirma Bayly sereno, para mi sorpresa– Yo sí creo que tiene ha tenido y tiene todavía una intención positiva, pero al final del día las decisiones importantes no las tomaba él. Bueno, tenemos que ir un ratito a la publicidad. Luego seguimos conversando con nuestro buen amigo Jovel Álvarez de Costa Rica.

En el tiempo del corte comercial pregunto a Jaime si salimos del aire cuando explotó el reflector, a lo que me responde que no. Me pregunto si fui imprudente al hacer el comentario sobre Leopoldo, pero a lo hecho, pecho.

El corte comercial es breve, pero Jaime sigue conversando conmigo con serenidad. Cuenta chistes, nos reímos. Es un anfitrión estupendo.

Muestra particular interés por lo que sucederá en los primeros días de enero, cuando debería renovarse la elección de Guaidó por parte del Congreso. Tiene un cuaderno en el que ha escrito a mano las estadísticas del reparto de la Asamblea y otros datos relevantes.

En las últimas semanas se ha hablado de posibles movidas económicas para colocar en dicho puesto a una figura opositora colaboracionista con el régimen. Patricia Poleo ha señalado como un posible elegido a Timoteo Zambrano, un diputado de los grupos minoritarios que firmó un pacto con el régimen en un acto público en la Casa Amarilla. Ella ha denunciado una táctica de compra de votos para esta elección. Comentamos un poco al respecto *off the record*. Al regresar de la pausa comercial, continúa la conversación.

– Bueno, ha venido el periodista costarricense don Jovel Álvarez. Entonces ¿has criticado más duramente a Leopoldo López o a Guaidó? – dispara el *francotirador*.

Un segundo de silencio y una mueca reflexiva se apoderan de mí. Pienso, pondero.

– A Guaidó. Contra Leopoldo... –me interrumpo. Quiero dejar en claro que no ha sido mi intención atacar con encono visceral, aunque comprendo que Bayly tenga esa sospecha–. De Leopoldo solo he publicado las preguntas que no quiso contestar.

– ¡Qué error! ¿no? Debió contestarte, por supuesto. Además, le habías dado la facilidad de contestar por escrito. Tenía todo a su favor ¿qué crees que va a pasar el 5 de enero? ¿crees que van a reelegir a Guaidó como presidente de la Asamblea y por extensión presidente interino del país o eso se le va a terminar?

– Lo veo muy difícil, y de no pasar, de no haber esta reelección creo que tendrá que salir de Venezuela. Pensando un poco como el régimen: si ya no es presidente de la

Asamblea y tenía la inmunidad allanada, probablemente vayan a buscarlo para encarcelarlo.

– ¿Pero si el 5 de enero la Asamblea Nacional elige a otro presidente del congreso...? Tú me habías mencionado un nombre fuera de cámara, que no sé si lo quieres decir o no... – me pregunta con respeto en lo que constituye un compromiso a mi presunta bizarría. Decido replicar lo que Patricia había revelado.

– Se está hablando de que Timoteo Zambrano sería una de las personas que están intentando poner ahí. Yo lo veo difícil, pero es lo que hemos escuchado.

– ¿Este Timoteo Zambrano de qué grupo es? – pregunta mirándome de forma penetrante.

– Es uno de los minoritarios que firmó el pacto en la Casa Amarilla.

– ¡Ahhhh! Uno de los minoritarios... – exclama pausado – No creo que lo elijan presidente de la Asamblea.

– Sin embargo, estos minoritarios han llegado con maletines de dólares a la Asamblea a comprar voluntades. A comprar diputados. Ahora que estuve en la Asamblea me decían: "mira ese que está ahí ya dijo que su voto no es gratis...". "Ese que está ella ha recibido tanto" – Jaime gruñe dos veces al escuchar esto–. A mí no me consta, por eso no digo los nombres, pero se ha denunciado públicamente que están intentando comprar a los diputados de la Asamblea Nacional.

– No me sorprende para nada. Es interesante esto. Estos minoritarios son Mujica y esos ¿no? Porque hay otro Zambrano.

– Está Edgar Zambrano que es el vicepresidente actual de la Asamblea Nacional, que al final la ha resultado tan colaboracionista como los otros –afirmo, sabiendo que con ello entro en el sagrado espacio del G4 que en otras ocasiones Bayly ha defendido con fiereza.

– Lo que es improbable es que estos tres partidos políticos: el de Capriles, el de Rosales y el de Ramos Allup voten para reelegir a Guaidó – reflexiona.

– Ahora lo veo cada vez más complicado. Hasta hace poco yo pensaba que sí iban a votar por él, honestamente, porque ellos se han unido... – en este momento golpea mi mente la necesidad de esclarecer un punto que considero fundamental. El tiempo de la entrevista se acaba. Es ahora o nunca – Jaime, existe este mito afuera de Venezuela en el que dicen: "Maduro no ha caído porque la oposición está fragmentada". Y eso es una mentira porque la oposición está tan unida como puede y debe estar. Porque de un lado están estas minorías que quieren pactar con el régimen y ya lo hicieron. Por el otro están estos que lo único que buscan es defender intereses económicos y que por supuesto no les conviene que haya una democracia verdadera porque van a salir investigados ¿por qué María Corina pertenece a otro tercer grupo opositor? Porque ella ha dicho que adonde vayan va a buscar investigar, enjuiciar, encarcelar y quitarle el dinero que se han robado a todas las personas, sin importar el color del que se vistan. Entonces imagínate si Henry Ramos Allup va a querer que María Corina esté en cualquier posición de poder – sentencio, temiendo una respuesta encolerizada.

– Pero entonces tú dices que la división de la oposición no es el motivo por el que Maduro no ha caído. Entonces la pregunta es ¿por qué no ha caído?

– No ha caído justamente porque se han unido para que siga ahí.

– ¿Quiénes se han unido para que siga ahí? – me pregunta con tono parco.

– La Mesa de la Unidad Democrática (MUD) porque los esfuerzos que han hecho han sido tan torpes que ya cuesta creer que esa torpeza sea por ingenuidad – respondo, con temor de que este sea el momento en que Jaime explote por mi osadía y salga en defensa de Guaidó.

– O sea, tú piensas que Guaidó, *in pectore*, en su fuero íntimo no quiere que caiga Maduro.

– No, de Guaidó no lo pienso. Personalmente, yo no lo veo a él así. Hay quien me dice que ya no debería pensar de esta manera. Sin embargo, lo pienso de Henry Ramos Allup; de Julio Borges, que en el pasado ya entregó a un grupo de militares que estaban intentando hacer un golpe; de Henrique Capriles, con las acusaciones que tiene de intereses económicos con Odebrecht. Ahí hay mucha plata que está siendo movida y me cuesta pensar que esa gente esté dispuesta a sacrificar esa plata por la democracia. Me cuesta creerlo, lo he querido creer todo el año hasta hace poco.

– O sea que tú crees que los dirigentes políticos están en una sospechosa zona de confort. Están demasiado cómodos para ser opositores que quieren derribar a la dictadura. Tú crees que en realidad no quieren derribarla... – pregunta, en lo que veo como un resumen estupendo de lo que he intentado decir, y por lo que otros invitados en el pasado han salido de este programa trasquilados.

– Yo creo que quieren dejarla ahí el mayor tiempo posible. No sé cuál será el punto en el que digan: "ahora sí vamos con todo", pero todas las oportunidades las tuvieron este año. Todas.

– Sí. O sea que eres pesimista. Has estado en Caracas hace un año y la semana pasada. Dos veces. Has notado el brutal empeoramiento de la situación... – comenta. Entiendo que da valor a mi análisis y mi testimonio justamente por estos viajes. Sé que este es un tema delicado, pues el régimen ha intentado imponer una normalidad en la capital, y decir que en la ciudad las cosas han mejorado, para muchos es sinónimo de querer reconocer veladamente algún mérito al chavismo. Una cosa semejante Bayly no la aceptaría jamás, y yo tampoco.

– Mira, el empeoramiento se ve en el interior del país. Caracas, en diciembre del año pasado era una ciudad fantasma. Esto lo digo porque me sorprendió mucho cuando fui.... Actualmente, como está tan mal el interior, mucha gente ha migrado a Caracas. Ahora se ve mucha más gente. Hay tráfico, lo cual me sorprendió tremendamente, porque no había cuando yo fui la primera vez. Actualmente se cierne una falsa, y quiero que esto quede claro, es una falsa normalidad. Han hecho que la gente crea que tener luz, pero no tener plata, o tener agua cuatro horas al día, es mucho mejor que estar en cualquier otra situación. Entonces, en Caracas particularmente me ha asustado esta falsa normalidad, porque hace que la gente se apacigüe y hay una apatía política absoluta.

– Apatía – lamenta Jaime.

– Esta es una falsa normalidad, que Guaidó ha dicho que hay que romper, y en eso estoy de acuerdo con él. La cosa que no veo es cómo... La gente dice: "si no hiciste lo que tenías que hacer al principio del año, me tuviste medio año esperando, te fuiste a dialogar y al final no llegaste a nada, yo voy a seguir viviendo". Yo creo que esto no viene de la política, porque en un Estado fallido la política no tiene nada qué hacer, es la gente la que debería estar articulándose para poder hacer algún tipo de revuelta masiva...

– ¿Y por qué no ocurre?

– Se han vuelto apáticos.

– Por la apatía – reafirma Bayly.

– En Venezuela hay un mesianismo tremendo y todo el mundo cree que es una figura, un hombre o una mujer, quien va a llegar a liberarlos. Un nuevo Bolívar. Hay algunos que se creen Bolívar. Yo creo que Leopoldo López es uno de ellos. Al final se han quedado cortos para el papel que la gente esperaba y el que ellos querían jugar – afirmo, consciente de que quedan pocos segundos de programa, pero lanzándome a la posibilidad de una reyerta conclusiva.

– Muy interesante escucharte, muy interesante. Gracias por venir, gracias por haber ido a Caracas tan valientemente – concluye Jaime. Respiro aliviado. La entrevista ha terminado sin mayores sobresaltos.

Cuando estamos fuera del aire Bayly se pone en pie de nuevo. Su protocolo indica que debemos hacernos una fotografía final. Muy a mi pesar, tras despedirme de él debo retirarme del estudio. No puedo quedarme a ver el último segmento. Sigo las normas establecidas. Me despido de mi ídolo, quien me dice: "me gustó mucho tu sentido del humor".

Salgo junto con Germania, quien sigue fascinada con Bayly y que también habría disfrutado de una conversación con él posterior al programa. No será posible.

Una vez en el carro le pregunto:

– ¿Cómo salió todo?

– ¡Estupendo! ¡Salió muy bien!

– Yo pensé que habíamos salido del aire cuando dije lo de Leopoldo...

– ¡Eso fue divertidísimo! Fue lo que más le gustó a Bayly... – dice convencida.

Estoy contento. Aliviado. No obstante, muchas preguntas quedan dentro de mí. Esta conversación, estos temores, la mirada penetrante de Bayly denuncian dentro de mí una verdad: mi ahínco periodístico se ha inclinado hacia la oposición más que hacia Maduro. Quizás es momento de dar un giro profesional e igualar el tiempo y esfuerzo que dedico a denunciar a ambos bandos. Me he dejado llevar por la rabia y la indignación ¿cuánto tiempo podría soportar viviendo así? Probablemente poco.

J.J. Rendón y el final de su película

28 de diciembre de 2019

En los últimos días el alto consejero del presidente Juan Guaidó, Juan José Rendón (o J. J.), decidió romper el silencio que se impuso tras el inicio de sus funciones.

Lo hizo por primera vez en *CNN* en español con el periodista Fernando del Rincón. En dicha conversación, sorprendió el desinterés del estratega por los hechos irregulares acaecidos durante estos meses y su afán por concentrarse en lo que llamó "el final de la película".

No voy a analizar esa conversación, pues creo que tuvo mayor profundidad la segunda entrevista que concedió.

El lunes 23 de diciembre J. J. acudió al programa *Agárrate* para conversar con la directora de *Factores de Poder*, Patricia Poleo. La periodista, habiendo estudiado la entrevista de *CNN*, le pidió a Rendón que no hablara del "final de la película". Con ello, desmontó la estrategia de discurso que surtió efecto con Fernando del Rincón.

Rendón afirmó algo que yo ya sabía: él ha abogado en favor de que Guaidó le dé una entrevista a Patricia Poleo y a Orlando Avendaño. Sin embargo, afirma que él no obliga a nadie a hacer lo que no quiere.

Este es un síntoma que denota su claridad en un aspecto: esta no es una campaña electoral. No me cabe duda de que durante una contienda presidencial un estratega como Rendón tendría plena autoridad para imponer a un candidato que hable con los periodistas más influyentes del país, así sean críticos. En este caso, Rendón parece no tener suficiente influencia o interés en imponer una entrevista. Eso es de respetar.

Yo he aprendido que un político honesto y con espíritu de trascendencia se enfrenta a cualquier periodista porque confía en su discurso y su ética. La conveniente escogencia de interlocutores termina por dejar mal parados al político timorato y a los comunicadores complacientes.

Rendón fue contundente al decir que no lidia con el ego de Leopoldo López, lo cual me hace pensar que él se maneja en una esfera paralela al G4. Él parece estar "construyendo capacidades" para dominar por encima de ellos, pero hasta hoy no lo ha conseguido.

Sobre el "*Leopoldazo*", J. J. afirmó que la operación estaba destinada al fracaso desde antes de que ocurriera, pues hubo cuatro errores fundamentales:

1. Si mucha gente sabe sobre algo, es probable que ese algo no ocurra.
2. Si confías en un grupo que ha demostrado que se deja infiltrar y no son confiables, error.
3. Si pones tus fichas en una sola solución, error.
4. Si dependes de demasiados factores, es probable que fracases.

Rendón reconoce que López sigue teniendo una gran influencia sobre Guaidó y le recomendó al presidente que se abra a escuchar a más gente y se cierre a escuchar a esos a quienes escucha excesivamente.

Rendón justifica la influencia del G4 sobre Guaidó con el hecho de que su poder está sujeto a la Asamblea Nacional y los partidos mayoritarios. Yo considero que esa visión es justamente la que tiene este proceso trancado.

Seguir tratando de construir soluciones políticas desde un parlamento para sacar del poder a un conjunto de mafias no va a llevarnos a ningún lado. Si la figura del presidente encargado debe seguir sometida a los votos de AD, PJ, VP y UNT, estamos perdidos.

J. J. reconoce que un presidente transicional no debería partidizarse, pero considera que Guaidó "no es un presidente de transición todavía". Ese "todavía" se plantea como la justificación para que Guaidó siga unido a las dirigencias partidistas.

Rendón habla del Estatuto de la Transición como un "amarre" que se instituyó "pensando que esto [el régimen] iba a caer más rápido y que era mejor que no hubiera una sola persona, sino una especie de colegiatura".

Ante el planteamiento de Patricia sobre la capacidad que tenía Guaidó en enero de deslindarse de todos los demás factores y que el apoyo popular lo legitimara como presidente, Rendón difirió y consideró que ahora el presidente está obligado a gestionar su poder e independencia.

"Está claro que ellos pensaron que este momento podía funcionar así (bajo el Estatuto de la Transición) pero no funcionó", dijo J. J., sugiriendo que se debe entrar en una "transición de la transición".

Sobre la exclusión de María Corina Machado y Antonio Ledezma, Rendón afirmó que es una de las falencias que deben corregirse, y ha abogado para que sean incluidos en el proceso (sin haber tenido éxito hasta ahora).

Rendón afirmó que la caída de Guaidó en las encuestas no ha sido suficiente para que deje de ser el líder de la oposición (recordemos que la encuesta más reciente de *Meganálisis* lo ubicó con un 10,3% de respaldo).

Yo considero que ahí encontramos, otro error. Guaidó tuvo el respaldo para ser el líder de la oposición, pero decidió disolver ese poder entre cuatro partidos que lo sometieron e inhabilitaron en el sentido práctico para tomar las decisiones que correspondían al momento histórico. Guaidó pudo ser el líder de la oposición, pero no lo fue. Es un sirviente del G4.

Rendón considera que se debe desburocratizar la toma de decisiones. Coincido, pero ello no ocurrirá mientras el ejecutivo esté poseído por el legislativo.

Sobre la prepotencia que proyecta Guaidó, el estratega considera que es una capa de protección creada producto de los numerosos ataques que ha recibido, pero que no corresponde con la verdadera forma de ser del presidente. Eso, yo lo creo.

El alto consejero presidencial habló sobre la noción de que estamos en algún tipo de campaña por parte de los estrategas en comunicación del presidente. A esa percepción errada se le pueden atribuir los *spots* y sesiones fotográficas carentes de empatía con el momento actual. Rendón afirma que esos elementos, que desde afuera parecen intencionales, mediocres y descuidados, son en realidad producto de la espontaneidad y desorden.

El estratega aceptó que la forma de expresarse de Guaidó no corresponde a su cargo y que le ha dicho que no puede permitirse "deslices verbales".

Sobre el regreso de los diputados del PSUV a la Asamblea, J. J. cree que ellos no están relacionados con la compra de diputados opositores para evitar la reelección de Guaidó.

Acerca de la orientación política del presidente, Rendón dice que el hecho de que Voluntad Popular esté en la Internacional Socialista "no significa que todos los partidos que están ahí son de izquierda". Ahí me permito corregirlo, pues en el sitio web de dicha entidad se afirma que son "la organización mundial de partidos socialdemócratas, socialistas y laboristas" y en una entrevista con *El Estímulo*, Guaidó afirmó que se considera de centro, pero su "corazoncito" está a la izquierda.

Rendón se dice a favor de tenderle "puente de plata" al enemigo.

J. J. considera que la toma de decisiones de Guaidó hasta ahora no se ha visto modificada por presiones de los adecos o de Manuel Rosales, pues cree que ese entorno "ha sido muy colaborador con él". Aun así, reconoce que ha tenido que tomarlos en cuenta más de lo que él recomendaría debido a la naturaleza colegiada de este gobierno.

Acerca del llamado "*Cucutazo*", el estratega cree que se "exacerbó lo que ahí ocurrió", no solo en los montos sino en la atribución de delitos que no habrían sido precisos.

Rendón considera que hubo un juicio previo contra los implicados producto del sensacionalismo.

Sobre las investigaciones por corrupción en la Comisión de Contraloría hechas por Factores de Poder, el estratega lamentó que *Armando.Info* no diera el crédito correspondiente, pero omitió decir que tampoco en el gobierno interino nombraron nunca la investigación de Poleo y se refirieron siempre a la del portal informativo.

Sobre su relación con *PanAm Post*, Rendón afirmó en un punto de la entrevista que habla con todos nosotros: "Con el dueño y los periodistas". Según he confirmado, el contacto en efecto existe: con Luis Henrique Ball, director, y Orlando Avendaño, co-editor en jefe. Otros periodistas y analistas que cubrimos el tema venezolano no tenemos contacto con él.

La conversación continuó y Poleo consideró que al final la salida será militar, pero afirmó que "eso no tendrá que ver con Guaidó", en lo que J. J. difirió afirmando que "todo tiene que ver con todo".

En ese programa Patricia aclaró que el asalto al Batallón 513 en el estado Bolívar, fue real. Según sus fuentes, la extracción de las armas fue exitosa y llamaron a la sublevación "Operación Aurora". En este movimiento militar, Guaidó no estaría implicado.

El debate entre Rendón y Poleo alcanzó su punto más álgido cuando tocaron el tema de la fiscal general, Luisa Ortega Díaz.

Patricia esgrimió el argumento de que el Gobierno interino no puede aliarse con violadores de Derechos Humanos, mientras Rendón defendió el aporte de Ortega a la causa de la libertad, apostando por un debido proceso posterior a la caída del régimen.

Finalmente, ambos coincidieron en que su trabajo está enfocado en el cese de la usurpación y una vez alcanzada la libertad, considerarán el retiro.

Pensamientos finales

De esta entrevista concluyo que J. J. Rendón es quizás la influencia más positiva dentro del círculo de Juan Guaidó. Tiene gran claridad en algunos de los errores que deben corregirse y eso lo celebro.

No obstante, es evidente que en estos meses no ha logrado hacerse con la cuota necesaria de poder para corregir los desatinos de la ruta emprendida.

Considero que tiene razones de peso para seguir ahí y esos motivos son éticos, no económicos. Él cree que hay una serie de elementos que pueden conducirse en un sentido distinto al actual y ello produciría el cese de la usurpación.

Su determinación, desafortunadamente, no es la que comunica el Gobierno interino, pero él espera que 2020 sea el año en que finalmente se dejen conducir por el camino del bien.

De no ser así, creo que él sabrá hacerse a un lado y dejar que ese barco se hunda sin él.

Hay algo en lo que deberíamos coincidir: todos queremos que el final de la película sea el que J. J. proyecta. Vendrá después una secuela: esa en la que todos los responsables

El caos es culpa de Guaidó, pero nos obliga a ponernos de su lado

6 de enero de 2020

Ni el más creativo de los analistas pudo prever la magnitud de las traiciones que se fraguaron para remover a Juan Guaidó de la presidencia de la Asamblea Nacional este 5 de enero. El resultado es preocupante: el régimen reconoce como presidente del Parlamento a Luis Parra, pero la comunidad internacional reconoce la reelección de Juan Guaidó como cabeza del Legislativo.

Este martes habrá sesión ordinaria y ambos parlamentarios tienen la intención de presidirla. Es previsible que los organismos de fuerza que controla el régimen respalden a Parra e impidan que Guaidó regrese a la silla que durante un año ha ocupado de manera legítima.

Los diputados que vendieron su voto el 5 de enero se cuentan por decenas. Guaidó logró reelegirse con una cantidad importante de Parlamentarios suplentes que asistieron a la sesión instalada en *El Nacional* después de que los titulares de esas curules respaldaran a Parra, generando una doble representación técnica que deberá ser esclarecida.

Hoy esa estructura que durante un año hemos llamado "gobierno interino" se enfrenta la mayor amenaza que el régimen ha podido construir para debilitarla. Lo peor es que todo esto pudo haberse evitado procurando la división de poderes que se le sugirió a Guaidó incesantemente.

Justamente porque esa división era imprescindible, una vez juramentado como presidente interino, los partidos del G4 se apresuraron a crear el infame "Estatuto de la transición", que sometió al poder ejecutivo legítimo a la voluntad de las mayorías en el Parlamento.

Si Guaidó hubiese asumido la Presidencia de la República plenamente, la Asamblea Nacional habría tenido que escoger desde enero del año pasado a un nuevo presidente del legislativo. No obstante, el interino decidió mantener ambos cargos y con ello dio cabida al caos institucional actual.

Debo confesar que me resulta difícil opinar en esta circunstancia, pues me siento llamado a defender la reelección de Guaidó como presidente del Parlamento. No obstante, también me siento obligado a recordar que el balance del primer periodo de Guaidó como presidente no podría ser más lamentable. Su desempeño –que empezó

273

con rasgos heroicos– terminó sumido en la mediocridad producto de un secuestro partidista que él aceptó.

Ahora, un año después de que se le dijera hasta el cansancio que los partidos terminarían hundiéndolo, el presidente interino renuncia a Voluntad Popular. Sin embargo, durante un año completo permitió que cuatro dirigentes lo condujeran hacia la negociación y la cohabitación.

Hoy esos partidos lo abandonaron. Treinta de sus diputados le dieron la espalda. Régimen y oposición comparten vicios y costumbres –entre ellas la traición –.

Sí, se lo dijimos. Advertimos incesantemente que Guaidó se había dejado secuestrar.

Parece que el presidente encargado tuvo que verse trepado sobre una reja en aras de entrar al Palacio Federal Legislativo para entender que su poder no era perenne, y que el acompañamiento —que más bien era una conducción– que se procuró, resultó contraproducente.

Este caos es culpa de Guaidó, pero de alguna manera nos obliga a ponernos de su lado.

Juan Guaidó no merecía la reelección como presidente de la Asamblea Nacional porque traicionó la ruta con la que enamoró al país. Mintió descaradamente y se dejó guiar por los zorros viejos de la política que lo exprimieron hasta dejarlo vulnerable ante un régimen criminal.

Con la inmunidad allanada y sin el reconocimiento del régimen como cabeza del Parlamento, me preocupa muchísimo la suerte que pueda correr Juan Guaidó en las próximas horas.

Hoy Guaidó tiene pocas opciones. Espero que tenga la madurez para saber darle la razón a quienes le advirtieron que esto pasaría y la valentía para alejarse de quienes lo llevaron a una guillotina y lo convencieron de que eso era lo mejor.

El dilema entre Juan y sus amigos

18 de febrero de 2020

Una bifurcación ha aparecido en el camino de Juan, el más joven entre sus amigos.

Juan fue por mucho tiempo ese miembro del grupo al que nadie le veía un futuro. Por azares del destino, el buen Juan terminó cobrando una relevancia inesperada. Ahora su responsabilidad es gigantesca. Ha fallado demasiado. Un error más no se lo van a consentir.

Juan fue un compañero leal para Leopoldo, Henrique, Henry, Manuel y Julio. No obstante, cuando el joven de La Guaira cobró su protagonismo, los otrora galanes de telenovela y oradores experimentados se acercaron a él para hacerlo sentir acompañado. Cobijado. En las buenas o en las malas han estado junto a él.

Vamos a ser claros. Para quienes tienen sus esperanzas puestas en Juan, resulta difícil confiar en el círculo del que se rodea. A lo largo de los años todos han vivido jugadas deshonestas por parte de sus amigos y aunque quieren confiar en la honestidad del buen Juan y acompañarlo en su cometido de aplastar al monstruo de Miraflores, sienten que si esos amigos están junto a él, volverán a ser traicionados.

Juan quiere creer en sus amigos. Han sido fieles a él. No cree que sean capaces de hacer tanto mal. De hecho, ellos han sacado a sus seguidores a la calle cada vez que Juan visitaba un pueblo para hablar sobre sus planes. Eso permitió que el mundo viese imágenes de Juan rodeado por gente (cada vez menos) en todas las ciudades a las que fue. La sola idea de visitar pueblos y ciudades sin el respaldo de sus amigos le parece una locura.

Yo soy el narrador omnisciente en esta historia. No puedo intervenir en las conciencias de los personajes, pero puedo comentar lo que me parece sobre el actuar de cada uno.

Hablemos sobre Juan. Nuestro protagonista. Dentro de sus convicciones figura la necesidad de mantener intacta la llamada mesa redonda. Está convencido de que ese es el primer requisito para vencer.

Sin embargo, sus amigos de la mesa parecen tener ideas distintas sobre cómo salir del régimen que oprime a aquel gran país.

Una bifurcación se ha presentado en el camino de Juan y sus amigos. Hacia el este quieren ir Henrique, Henry y Manuel. Ese es el camino que los conducirá a un terreno pantanoso, en el cual el monstruo de Miraflores terminará convirtiéndolos en sus aliados.

Henrique, el apuesto galán, ahora dice que todos en aquella lejana tierra aman los pantanos. Henry es experto en pantanología, así que no se le dificulta ir junto al joven Henrique por el camino que les marca la temible bestia. Manuel se queda callado, pero su pasado lo delata. Él creció entre pantanos. Julio está en la disyuntiva.

Leopoldo y Juan parecen estar solos. Les tocará tomar el camino hacia el oeste. A lo lejos se ve la tierra prometida, pero el terreno para llegar a ella es escabroso.

Juan insiste por última vez. Quiere que sus amigos se queden con él. Trata de convencerlos de que el mejor camino es el que conduce hacia el oeste, pero por motivos que escapan de su control, todos están determinados: harán lo que plantea el monstruo.

Este es el punto de la historia en el que Juan debe dejar ir a sus amigos por el camino que les apetece.

Yo, como narrador, puedo adelantarle a Juan el que podría ser el final de esa historia.

Por el camino que conduce hacia el oeste, que Juan emprenderá junto a Leopoldo, se encontrará a María, una vieja amiga que empezó a incomodar al grupo cuando les decía en la cara sus errores. Juntos ellos tres podrían convocar a los habitantes de aquel país lejano para salir a la calle y luchar de nuevo contra el tirano.

De tener éxito en la convocatoria, los aliados en el extranjero harán lo necesario para que el abominable monstruo sea aplastado.

El elemento protagónico de este relato es la confianza, esa que Juan quiere tener en sus amigos. Esa que el pueblo ha perdido en los amigos de Juan. Mientras Juan confíe en aquellos sujetos mil veces señalados, la gente no podrá confiar en Juan y lo dejarán solo en las calles.

Este cuento termina con más preguntas que respuestas. Como narrador solo espero contar pronto un final de éxito, pero la decisión recae nuevamente en el joven Juan de La Guaira, quien deberá renunciar a lo viejo y apostar por lo nuevo. Eso, claro está, si es que de verdad quiere ser el héroe de esta historia que precisa urgentemente de un final.

Epílogo

No hizo caso. No quiso escuchar. Sus salidas en busca de ayuda acabaron en nada, y en un giro dramático inesperado, una pandemia hubo de aparecer en el camino, paralizando cualquier intento de convocatoria que nuestro joven protagonista hubiese querido hacer.

El imberbe Juan habría de terminar solo. Sus amigos lo abandonaron en la ciénaga para continuar por los caminos de antaño. Los que conocían. De los que nunca quisieron desviarse.

Cuando la desidia se hubo asentado y la abulia reinaba impune, la historia optó por expulsarlo de Venezuela para escupirlo en Miami.

El apoyo de los amigos allende las fronteras se diluyó. Colombia, nación otrora aliada de su causa, hubo de convertirse en una concubina más del monstruo de Miraflores y del gran espectro de La Habana.

A su salida de Venezuela, tras cuatro años de intensa y atípica actividad, el cabello del joven Juan ya pintaba muchas canas. Tan delgado como siempre y tan limitado en su capacidad de oratoria como el primer día, hubo de partir al exilio con un morral a cuestas. Profirió comparaciones deshonestas con los caminantes venezolanos, a quienes yo, simple narrador de esta historia, vi caminar sin nada –realmente sin nada– para llegar a Medellín buscando trabajar en las cosechas de café, o permanecer en las ciudades colombianas como indigentes mientras lograban avanzar en su camino a cualquier urbe sudamericana un poco menos fastidiada que Venezuela. Esos a quienes vi dormir en el borde de carreteras montañosas de Colombia, so riesgo de no amanecer al día siguiente o morir de frío, albanados en la más abyecta precariedad. Me sorprendió que tuviese los arrestos de prorrumpir semejante paragón, pero la raza política es así.

Mi voz de narrador hubo de mantenerse acallada por dos años, durante los cuales corté contacto con cualquier actor de esta historia.

Cuando desperté de aquel torpor, hube de caer en cuenta de hechos que, si me los hubiesen contado, no hubiese creído. La brillante María había decidido seguir la vía que tanto criticó en mi presencia: aceptó concurrir en unas elecciones con la dictadura en el poder. No tardó en llegar un veto del monstruo a su intención, pero los focos de otros narradores –más expertos, activos y talentosos que yo– se posaron sobre ella, haciéndome entender que la historia del joven Juan había terminado. De ese nuevo episodio mi voz ya no formaba parte. La esperanza renacía, y mi deseo de que llegase a buen puerto también, pero los golpes recibidos por esta historia me hacen hesitar antes de volver a lanzarme al ruedo.

Al reencontrarme con las notas que escribí en aquellos días, me di cuenta de que ellas se habían configurado en testigos de la esperanza, de la rabia y de la desilusión. Garantes del esfuerzo que realizamos desde nuestra trinchera para orientar al joven Juan hacia un camino realmente capaz de dar un resultado. Quisimos sacarlo del pantano en el que se había metido, pero no quiso escuchar.

Es verdad, mi papel de narrador discurrió entre los campos del activismo y el periodismo. Mi inexperiencia me hizo tambalear entre ambos sin saber delinear bien la frontera. Me corresponde cargar con el peso de cada palabra escrita y pronunciada, aunque los años me digan a la cara que podría haber hecho las cosas de otra manera.

Jovel Álvarez, 5 de julio de 2023

Glosario

AD: Partido político socialdemócrata "Acción Democrática", dirigido durante este período por Henry Ramos Allup. Fue el co-protagonista del bipartidismo venezolano.

Adeco: Que pertenece al partido político Acción Democrática

Alcabala: Puesto de policía en las salidas de las ciudades y carreteras.

Bachaquero: Dicho de quien se dedica a la reventa de productos, gasolina y divisas.

Bolsa: Dicho de una persona caracterizada por su escaso de entendimiento.

Calar: Tolerar o llevar con paciencia a alguien o algo molesto o desagradable.

Carrizo: en sustitución de una grosería como "-coño" o "-carajo".

Cogollo: Dicho de quienes ocupan la cabeza de una organización y de quienes se presume poca transparencia.

Conchupancia: Complicidad. Cohonestar. Ponerse de acuerdo para alguna fechoría de mutuo beneficio.

Copeyano: Que milita en el partido político socialcristiano Comité de Organización Política Electoral Independiente, protagonista durante el bipartidismo venezolano.

ELN: Grupo terrorista colombiano autodenominado Ejército de Liberación Nacional.

Enchufado: Dicho de quien, producto de sus vínculos con el chavismo, logra emprender una actividad económica o recibir prebendas de las autoridades del régimen.

Escuálido: insulto chavista dirigido a la oposición

FARC: grupo terrorista colombiano autodenominado Fuerzas Armadas Revolucionarias de Colombia.

G2: Inteligencia de la dictadura cubana.

G4: Grupo conformado por los dirigentes de los partidos políticos Acción Democrática, Un Nuevo Tiempo, Primero Justicia y Voluntad Popular.

Gafo: Dicho de una persona: De poca inteligencia o que hace o dice torpezas.

Guáramo: Valor, pujanza

Guarimberos: manifestantes que toman las calles cerrando el paso con la quema de objetos.

Helicoide: Centro de tortura del régimen chavista ubicado en Caracas.

Mamagüevo: Insulto que hace referencia a una persona estúpida, idiota.

Oligarquía: Grupo reducido de personas que tiene poder e influencia en un determinado sector social, económico y político.

Palangrista: Dicho de un periodista o de un periódico: Que recibe palangre (pago ilícito).

Papelón: Tapa de azúcar morena con la que hace la bebida típica papelón con limón.

Parapeto: dicho de un montaje mal hecho.

PDVSA: Petróleos de Venezuela, empresa estatal encargada de la industria petrolera. Fue conducida a la quiebra por el chavismo a lo largo de su gestión.

Pemón: Dicho de una persona del pueblo amerindio que habita en la cuenca del río Caroní, en la región sudeste del estado venezolano de Bolívar.

Pesetero: Dicho de una persona que da mucha importancia al dinero, incluso en las cantidades más pequeñas.

PJ: Partido político "Primero Justicia", dirigido durante este período por Henrique Capriles.

Pote: recipiente pequeño

Pran: Delincuente que funge como jefe de una cárcel
RCTV: Radio Caracas Televisión, principal canal televisivo de Venezuela, cerrado por el régimen chavista en 2007.

Real: Dinero

Resteado: Dicho de quien se juega el todo por el todo.

SEBIN: Servicio Nacional Bolivariano de Inteligencia del régimen chavista.

TIAR: Tratado Interamericano de Asistencia Recíproca

Tupamaros: organización paramilitar chavista

UCV: Universidad Central de Venezuela

UNT: Partido político "Un Nuevo Tiempo", dirigido durante este período por Manuel Rosales

VP: Partido Político "Voluntad Popular", dirigido por Leopoldo López y al que perteneció Juan Guaidó durante este período.